Juan de Mesa

LUIS MIRANDA

Juan de Mesa

La caza del aliento

ALMUZARA

Primera edición: febrero de 2021

COLECCIÓN MEMORIAS Y BIOGRAFÍAS
EDITORIAL ALMUZARA

Director editorial: Antonio E. Cuesta López
Edición al cuidado de Rosa García Perea

www.editorialalmuzara.com
pedidos@almuzaralibros.com — info@almuzaralibros.com
Imprime: Romanyá Valls

ISBN: 978-84-18578-33-5
Depósito Legal: CO-103-2021
Hecho e impreso en España — *Made and printed in Spain*

A mi padre, que me traía los periódicos y suplementos
en que leía escrito el nombre de Juan de Mesa
A mi madre, que me habló de la Virgen de las Angustias

«Para que yo alcance diese
a aqueste lance divino,
tanto volar me convino
que de vista me perdiese;
y con todo, en este trance,
en el vuelo quedé falto;
mas el amor fue tan alto,
que le di a la caza alcance.»
San Juan de la Cruz

«¿Qué haces en la noche de Delfos,
junto al abismo que arañan los olivos,
con el lejano pavés del mar sagrado
centelleante a la indecisa luna
y el canto de los alemanes de un tour
profanando la calma augusta de las piedras?»
Pablo García Baena

ÍNDICE

1

LA EDAD DE JUAN DE MESA

Escribo este libro con cuarenta y cuatro años, los mismos que tenía Juan de Mesa cuando murió. Como todo el mundo, yo también asocio enseguida el número treinta y tres con la edad que tenía Cristo cuando lo crucificaron; desde hace tanto tiempo que apenas puedo recordarlo, el número cuarenta y cuatro, redondo como un círculo, simétrico y especular, imposible de confundir, es el de Juan de Mesa, y tanto he pensado en él y en su obra, y tanto he mirado en sus esculturas buscando alguna respuesta a todas las preguntas que me hago sobre él, que apenas puedo creerme que mientras escribo sobre Juan de Mesa sea yo un hombre como lo era él, con la juventud ya abandonada, canas en el pelo, una cierta madurez al tomar decisiones, y más de la mitad de la vida dedicada al trabajo. Y aquí se acaban las analogías.

Cuatro siglos justos después de aquellos meses prodigiosos de 1620 en que comenzó a alumbrar sus obras maestras, y eran maestras por su perfección y también por mostrar los senderos totalmente nuevos por los que iba a seguir su trabajo en los pocos, intensos años que le quedaban, el nombre de Juan de Mesa sigue pronunciándose. Sus imágenes, y con ellas su recuerdo cuando se consiguió por fin rescatarlo, están elevadas al olimpo de la perfección artística y a la vez al altar de la mayor representación divina para los cristianos. Mi trabajo de periodista rara vez alcanza más vigencia que la de serpentear unos cuantos días por internet y resistir una semana antes de llegar al contenedor de papel.

De mis cuarenta y cuatro años he vivido más de treinta fascinado por la obra del hombre al que dedico este libro que escribo cuando tengo la misma edad con la que él murió. He buscado en las obras dedicadas al arte barroco su nombre, he leído aquellas que se dedicaban solo a él y he conversado con profesores sabios que merecen ese nombre y con sencillos cofrades que apenas tienen intuición, y ese apenas no quiere decir poca cosa, porque también me ha revelado mucho. He estado muchas veces delante de sus imágenes y, según el momento de mi vida, lo he hecho con admiración inconmensurable, con curiosidad o con la indiferencia de una cierta decepción, aunque allí mismo me hubiera estremecido antes y me volviera a conmover después; he rezado sin saber qué pedir y he dado gracias por lo que he recibido; me he alejado como si formaran parte de un pasado al que no se quiere mirar y he regresado para recibir el mismo abrazo que el padre misericordioso dedica al hijo de la parábola cuando lo ve volver desde lejos.

Me he sentado a buscar aquellos detalles que tengo que admirar, como si estuviese tan ciego que no los veía, y otras veces su grandeza me ha llenado tanto que he sido incapaz de explicarlo con palabras escritas o habladas. Me ha admirado la perfección de la forma y otras veces ese intangible que llaman unción me ha hecho olvidar cualquier forma que no fuera el contenido de lo que veía, aunque en realidad una y otra no se pudieran separar. He viajado más de cien kilómetros solamente para conocer algunas de sus obras, he entrado en templos sólo por saber que se veneraban esculturas suyas y en mi trabajo he escrito muchas veces sobre él, porque entre las glorias de las cofradías de Córdoba siempre estuvo el recordar que Juan de Mesa era hijo de la ciudad, y tal vez era la única forma de pensar que lo tenía delante de mí.

He besado las manos y los pies de muchas de sus imágenes y he notado quizá el mismo vértigo sagrado que Moisés ante la zarza ardiente, he vestido la túnica de nazareno acompañando a una de ellas y me he despedido sin prisas al terminar como para llevarme en el alma todo lo que pudiera de su presencia, pero también he tomado a esas imágenes en brazos y he notado que me fallaban las piernas al sostenerlas. A los cuarenta y cuatro años, y todavía al empezar a escribir no sé si viviré más días que él o si Dios me llamará a una hora para la que no faltan demasiados golpes de aguja, hablo y pregunto sobre Juan de Mesa más que nunca y cuando empiezo este libro lo hago con la inquietud de quien no sabe si dedica su tiempo a una exageración. A ratos me ha asaltado la tentación de pensar que aquel trono al que yo lo tenía elevado era inmerecido o excesivo. Los cofrades, y yo me acerqué a Juan de Mesa como uno de ellos ya que no puedo hablar de arte más que como un contemplador, tienden a llenar de palabrería vana e irritante todo aquello que les gusta, como si pudiesen adornar con metáforas sobadas e hipérboles aquello que en realidad no posee otro valor que el del sentimentalismo.

En ciertos momentos, y cuarenta y cuatro años de vida dan para bastantes viajes de ida y vuelta y para muchos cambios de opinión, de prioridades y de perspectiva, llegué a pensar en Juan de Mesa como un artesano esforzado en la rama menor de la imaginería, perito en el delicado equilibrio de los crucificados y hábil para expresar el dolor, pero no con mucho más crédito que un orfebre capaz de moldear la plata o un bordador que crease formas con el hilo. El resto lo pondría la imaginación desaforada de los cofrades y la pasión del devoto que reviste a su imagen con las prendas de la memoria y la religión que les une a los suyos, y que pone en ella más de lo que recibe, aunque sea mucho. Es decir, la imagen no sería grande por sí misma, sino por lo que tiene alrededor de ella, y Juan de Mesa el autor accidental que medió entre las cofradías y el pueblo.

Cuando escribo este libro, a mis cuarenta y cuatro años, estoy sin embargo convencido y sin asomo de dudas de que esta última idea es falsa y de que la trascendencia y la emoción de la obra de Juan de Mesa son reales, pero todavía no soy consciente de cuánto. Acabo de doblar el cabo de los días a los que él llegó, aunque tenga presente, quizá como él lo tuvo cuando se acercaba aquel noviembre, que en cualquier momento me pueden pedir cuentas, porque como el resto de mi país he vivido encerrado en mi casa a la espera de que pase una epidemia, la del Covid, que ha segado la vida de personas más jóvenes que yo.

Como me ha pasado desde que mi trabajo es preguntar y escribir, este largo recorrido de viajes y cuestiones, en que tantos desconocidos absolutos me han atendido y hasta me han dejado ver una parte de su alma que he visto como auténtica, y luego el proceso de reflexionar y ponerlo por escrito, me han cambiado la mirada al mundo y a aquel hombre irrepetible que hoy tenemos que reconstruir por sus obras y por la forma en que siguen llegando a quienes están delante de ellas. Juan de Mesa.

2

NUESTRO CONTEMPORÁNEO

No sé si tengo que sentirme aliviado, satisfecho del trabajo o nostálgico de los días en que he recorrido Sevilla en busca de las huellas de Juan de Mesa. La añoranza sería rara, porque estos días ni siquiera han terminado; aunque haya apagado la grabadora del teléfono todavía estoy con los últimos que han escuchado las preguntas de un desconocido que quería escribir un libro y que hasta han dejado ver algunas respuestas hondas y personales. El hermano mayor de Montserrat, Antonio Vera, y la restauradora y consiliaria de su junta de gobierno Rocío Sáez han hablado conmigo, me han enseñado su patrimonio, su manto y el inconfundible palio de la Virgen, y ahora me han invitado a pasar a la azotea de su capilla. Cuando el tiempo invita, allí hacen los hermanos convivencia.

En días como el 1 de julio parece que el sol no se terminará de poner nunca y que antes de que sea noche cerrada aparecerá de nuevo por el este para empezar otra jornada de calor inclemente, pero después de haber pasado por Osuna, Las Cabezas de San Juan y Bellavista, y de conducir casi trescientos kilómetros, me ha acostumbrado a la temperatura y prefiero disfrutar de las vistas. El sol ha dejado unas largas brasas por el agua que un día fue el cauce del Guadalquivir y la vida fluye en las terrazas recién recuperadas. Dentro de unas horas quizá la ciudad quede tan vacía como la he visto unas cuantas veces, pero ahora se escuchan las voces por la calle Reyes Católicos. Delante de nosotros está la espadaña de la Magdalena con su iconografía dominicana. Todavía tengo que volver a Córdoba y a esa hora, en un momento de silencio en la conversación y en la hospitalidad de los cofrades, pienso en lo que ha cambiado todo desde aquella mañana de enero en que tomé un tren para viajar y no sabía ni dónde me iba a llevar el libro ni cómo iba a cambiar la vida.

A ese tren y a esa mañana de invierno vuelvo ahora, cuando lo que me espera es un camino de incógnitas que al llegar a Montserrat ya estarán resueltas. Las huertas y pueblos que me dan la bienvenida con su alegría blanca, los puentes entonces recientes que fueron alguna vez señales impactantes de un futuro que parecía adelantarse, se me habían quedado en la memoria como una canción de despedida. Me recuerdo sentado de espaldas a la locomotora del tren, con un libro en las manos y la maleta llena de ropa sucia y folios de apuntes. Le decía adiós a Sevilla mientras se iba diluyendo en la arquitectura a ratos ostentosa, pero siempre monocorde y como seriada que tienen casi todas las ciudades grandes conforme crecen hacia fuera. Lo mismo tenía que ver cuando llegara en aquellos mismos tiempos, pero de esos años del tren, los dos últimos de mi época de estudiante, la memoria me ha guardado sobre todo las despedidas, el camino que va perdiendo poco a poco la luz más clara para hacerse interior, el lento bogar Guadalquivir arriba hacia la Andalucía del norte.

Lo revivo cuando el tren me va devolviendo aquel paisaje al que apenas pongo nombres concretos, porque nunca quise conocer Sevilla mucho más allá de su caserío histórico, y tomo el camino por los mismos lugares que entonces. He vuelto muchas veces desde 1998, pero casi siempre en coche, cuando la ciudad querida me iba naciendo conforme Kansas City me llevaba a ese punto en que tenía que elegir entre Nervión y la Puerta Osario. Cuando en estos años había tomado el tren era el AVE, que parece pensado para mirar menos el paisaje que el poco tiempo que pasa cuando se recorre. Esta vez, igual que antes, es un tren de media distancia, aunque yo prefiero llamarlo, como entonces, Andalucía Exprés, y mientras por la ventana van subiendo y bajando viajeros en Posadas, Palma del Río, Peñaflor y Lora, me vuelvo a sentir como el estudiante de dieciocho años que llegaba a la ciudad que sabía que le iba a deslumbrar, pero que no adivinaba que en algún momento tendría que apartar la vista para no dañarse los ojos.

No intuía yo entonces que leer no era lo mismo que conocer, que acumular datos no significaba saber, y que el mapa que me podía hacer de ensoñar cofradías con la ayuda de un libro y de algunos periódicos no tenía que coincidir con el que después la realidad me mostrara. Pensaba, con la quimera inmadura de 1994, que me servirían aquellos suplementos, un par de años del Boletín de las Cofradías de Sevilla y varios especiales de ABC que me disparaban la sed en los días anteriores a una Semana Santa que yo todavía no pasaba en aquella Atlántida inalcanzable. Supe que muchas de esas lecturas eran buenas, pero también reflejos pálidos de una realidad que se mueve.

El 21 de enero de 2020 ha amanecido en Córdoba gris y frío, pero se hace azul y más agradable conforme el tren se acerca a Sevilla. A mitad del viaje lento junto al río he dejado ya la lectura de las primeras páginas de *La fiesta del chivo*, de Mario Vargas Llosa. Tengo que preparar un poco las preguntas para las personas que, sin conocerme en absoluto y apenas con la referencia de quienes me han facilitado sus teléfonos, acceden a darme unos minutos para hablar de Juan de Mesa y de sus imágenes. Mientras me comparo conmigo mismo en 1994 creo que tiene mucho sentido que empiece con Carlos Colón.

Antes que en las calles yo había vivido la fiesta según me la contó él en la *Guía de la Semana Santa de Sevilla* que editó El País Aguilar, y que compré el 19 de junio de 1992. Su firma no estaba en la portada, sino en el interior del libro que salió en aquel año en que la ciudad se abría a un futuro nuevo con la Exposición Universal, y no tardé en verlo escrito otra vez cuando me puse delante de la película asombrosa que se llamó *Semana Santa* y que en algún momento me pareció la sabia adaptación cinematográfica de ese libro, con el ojo magistral de Manuel Gutiérrez Aragón y la orquestación insuperable e idealizada de las marchas clásicas que ideó Antón García Abril. Ambas obras entendían la fiesta de la misma manera e invitaban a hacerlo igual a quien se pusiera delante. Ninguna de las dos era un relato cerrado, sino una sugerencia para llevarla a la vida propia.

En la noche grande, como él recomendaba, empezaba por la Macarena y seguía por el Silencio, Gran Poder y el Calvario, porque saltarse a la Esperanza primero, decía, era «ver las cofradías, no la Madrugada», y acabé el Domingo de Ramos desde San Roque al Amor y de ahí a la entrada deslumbrante de la Amargura. Su pregón de la Semana Santa me ha acompañado desde que lo vi en la televisión en 1996 y en cada relectura aparecen pasajes que parecen escritos para el momento exacto en que vuelvo a tomarlo en las manos. Para que el círculo sea más redondo tenía otro libro suyo en las manos —*Dios de la ciudad*— el lunes uno de febrero de 1999. Había terminado la carrera ocho meses antes y había pasado un par de días en Sevilla con mis compañeros de clase, y a la vuelta supe que el ciclo había terminado y que ya no era el estudiante que salía los sábados sin otra preocupación que divertirse, sino el joven periodista que tenía que abrirse camino en otro lugar. Iba por el camino inverso al que ahora tomo, mientras las huertas van dejando paso a la ciudad, los puentes se suceden y aparece otra vez, lejana y majestuosa, esa torre que siempre fue mejor en persona que en fotografías o descripciones. No gigante, que puede significar monstruosa, sino esbelta, que es mucho más natural. Puesta como para admirarla en la planicie luminosa que la rodea.

El tren ha llegado con un poco de retraso y tengo que acelerar el paso por el camino mientras me detengo a mirar el detalle de las losas hexagonales en las aceras. Siempre me han parecido una señal cotidiana de estar en Sevilla, porque la ciudad vive también en las cosas pequeñas y no sólo en las grandes. Dije antes que me despedí y así fue, y cuando volví lo hice como un turista que ha visitado tantas veces que los pies lo llevan solo. Ahora tengo la misma sensación de desvalimiento de mis dieciocho, veinte y hasta veintidós años, solo en una ciudad en la que no tengo llaves para abrir ninguna puerta, al menos como las que me da mi trabajo en Córdoba. La vieja facultad, hoy auxiliar de Bellas Artes, tiene el mismo aspecto de fábrica o edificio antiguo; me alegra el viejo cruce de la calle Puñonrostro, donde sigo viendo una cierta Sevilla popular, casi extinta, y echo de menos al pasar por la plaza el cine Rialto en que vi *Cadena perpetua* y *Pena de muerte*, y la taberna Quitapesares de Peregil, a quien escuché cantar pleno de poderío al Cristo de la Expiración y la Virgen de las Aguas en la plaza del Museo, en la época en que los regresos tardíos eran pletóricos y multitudinarios.

Carlos Colón me ha citado en Ochoa. Me llegó a impresionar su voz profunda cuando me cogió el teléfono y todavía más la naturalidad con la que aceptó verme, porque a esas horas yo soy otra vez el estudiante empequeñecido por la ciudad, ajeno e invisible. Sus artículos han sido en este tiempo uno de los hilos que me ha dejado unido a Sevilla y a veces he tenido que dejar de leerlos porque me cansaba de no poder vivir lo que me contaba. Otras veces sí que me han abierto los ojos del entendimiento y los de la fe, mejor que muchos ordenados, y ahí no faltaban Juan de Mesa y lo que había dejado. Me viene a la memoria cuando voy por Sierpes, bulliciosa en una mañana que ya es de luz transparente, uno de los que siguieron a la última restauración del Gran Poder, en el verano de 2006:

> «Si se hubiera podido fotografiar la mirada herida de ternura con la que Dios contempló al hombre alejarse de él tras esa misteriosa ruptura a la que se llama pecado original, esa mirada sería la del Gran Poder. Si se hubiera podido fotografiar la mirada de compasión con la que, desde entonces, vio a su criatura vivir sometida a la naturaleza sabiéndose más que naturaleza, arrojada al mundo sin gozar de la inocencia de los animales ni de la gracia de los ángeles y por ello, como escribió Kierkegaard, condenada a la angustia del expatriado, esa mirada de compasión sería la del Gran Poder.»

Es la primera vez que entro en ese sitio clásico que sigue guardando la vigilia en Cuaresma y lo encuentro en la barra, esperándome, y de pronto ha desaparecido el miedo. Empiezo de usted, pero me obliga enseguida al tuteo y me cuenta que su padre, Antonio Colón, escribió en ABC. Y mientras preparo el teléfono para grabar, le voy contando cómo empecé a conocer su obra con aquella vieja guía. «Ya hace rato de eso», me dice riendo. Así que empiezo.

—Hay otros escultores que han hecho grandes obras para las cofradías, imágenes a las que rezamos y que nos dicen mucho. Pero pocos nos han marcado tanto como Juan de Mesa, o ninguno.

—En el ámbito andaluz, yo creo que ninguno. Ni siquiera el grandísimo Montañés, maestro de todos, o el estupendo Roldán, o el fantástico Andrés o Francisco de Ocampo. Ninguno —contesta—. A través de varias imágenes muy concretas ligadas a zonas muy concretas, y de forma muy especial al Señor del Gran Poder, evidentemente, que es, probablemente, sin que se ofenda ninguna hermandad que tenga imágenes suyas, su obra cumbre. Probablemente porque yo cada vez tengo más la sensación de que, como pasa con alguna obra de arte, el Gran Poder desborda los límites de la época en que la que fue hecho y está como aguardando tiempos que permitan interpretarlo mejor. Creo que fue muy importante, no creo que fuera una casualidad. Siempre se ha dicho que la eclosión de la devoción al Gran Poder fueron las predicaciones del beato fray Diego de Cádiz, a finales del siglo XVIII, y, a finales del XIX, la etapa de Spínola como párroco de San Lorenzo. Pero el hermano mayor actual, Félix Ríos, ha encontrado un documento muy curioso. Cuando se van del convento del Valle, y estamos hablando del siglo XVII, una de las razones es que no se llevan bien con los frailes, por las horas que necesitan de apertura. Después se van a ir al convento de los Descalzos, en la actual calle Dormitorio, y no llegan a un acuerdo porque la devoción que tenía exigía un número. Luego parece ser que todo arranca antes. Aun así, la eclosión, la novena..., se produce, y es muy casual que fuera una época de cambio tan convulsa. Igual que fue una época muy convulsa la de Spínola.

Habla con un tono grave y matizado, que luego me daré cuenta de que es hipnótico, y en sus palabras hay un torrente de ideas maduradas con la paciencia de muchos años y más lecturas, pero no repetidas; bien argumentadas, pero jamás recitadas con la rutina de aquello que se dice aunque no se termina de creer. Ha pensado y ha escrito, y habla después de reflexionar.

—Entonces yo creo que la imagen que rompe por completo el esquema montañesino, lo subvierte, y si hay dos polos opuestos son el Señor de Pasión y el Gran Poder, estaba esperando tiempos que permitieran lecturas distintas. Evidentemente hay una lectura del Gran Poder en el XVII y en el XVIII, porque como se está demostrando siempre que ha tenido mucha devoción. Lo atormentado de la imagen, lo irregular de la imagen, el romper la proporcionalidad voluntariamente para lograr un efecto, el carácter sumamente complejo y, de alguna forma, atormentado, que tiene la imagen, parecía estar esperando los siglos XIX y XX. Yo creo, aunque la devoción popular no tiene nada que ver con eso, que después de Rodin se ve mejor al Gran Poder. Por ejemplo, creo que después de las grandes crisis de los siglos XIX y XX se entiende mejor al Gran Poder. Y a lo mejor ha pasado, lo cual puede no tener proyección, o sí, en la devoción popular. Gracias al cubismo se entendió mejor a pintores muy geometrizantes como Paolo Uccello. Y en Sevilla siempre ha habido como un mantra de la imperfección de Mesa frente a la perfección montañesina. Que el Gran Poder necesita de una cinta metálica y un vástago de hierro porque es tan atrevido el movimiento que la imagen se dañaría, mientras que Pasión reposa perfectamente sobre un dedo de un pie… Bueno, ese es un concepto de la perfección muy académico, muy académico. Yo les digo a los amigos de Pasión que la grandeza de Pasión no es el perfecto equilibrio, el canon, sino la hondura teológica que tiene la imagen. En el caso del Gran Poder, los «defectos» de Juan de Mesa, estoy convencido de que fueron deliberadamente buscados para producir un efecto. Y eso, de una parte, es muy del barroco, pero, de otra parte, muy alejado del canon sevillano. Creo que esa es una de las claves. Después, cuando llega la modernidad, las rupturas sociales, el liberalismo, el choque tremendo entre la Iglesia, la religiosidad y las corrientes ilustradas y liberales, hay otra lectura del Gran Poder que el pueblo asume, y eso se ve muy bien en las letras de las saetas, en que es un perseguido como ellos, es alguien tratado injustamente por los poderes, como ellos. Las letras de las saetas lo expresan muy bien. O está el estupendo y famoso salmo que escribe Antonio Núñez de Herrera que lo vincula a los proletarios y dice que sobre su túnica hay briznas de la carpintería de José. Es decir que hay una lectura republicano-obrerista del Señor, que en el siglo XIX hubiera sido imposible. Creo que eso permite ver que es una imagen que se adapta muy bien a los nuevos tiempos y muy especialmente a los de los dos últimos siglos, XIX y XX.

—Es contemporáneo nuestro siempre, entonces —es mi forma de animarlo a seguir. No ha hecho más que empezar y ya pienso que el libro tendría que escribirlo él, y no yo. Y lo que queda.

—Siempre —sigue—. Toda obra de arte es contemporánea de todas las épocas, pero el Gran Poder parecía que estaba como esperando tiempos digamos difíciles, o muy cambiantes, para decir del todo su palabra. Creo que nunca se le ha entendido mejor, y siguiendo los textos que se han escrito sobre él, creo que se va afinando cada vez más en lo que el Señor representa y destruyendo cada vez más aquella leyenda academicista de que era «imperfecto» frente a la perfección montañesina.

—Me ha llamado la atención lo que has dicho antes: rompe la proporcionalidad voluntariamente. ¿Voluntariamente o por impericia, porque era su primera imagen de nazareno? —Quería preguntarle por eso mismo, pero la conversación atropella mis planes.

—No, yo creo que voluntario. Yo creo que voluntario. El volumen del cuerpo, el pronunciamiento de la pierna avanzada de la rodilla, el escorzo tan violento que tiene. Cuando se han visto fotos de la restauración, y muchos hemos podido ver lo que sólo pueden ver sus priostes, que es la espalda, por ejemplo, el prodigioso tratamiento de la espalda, lejos de haber inexperiencia lo que hay es una voluntad expresiva extraordinaria. Es que no hay documentos: la hermandad conserva la carta de pago nada más, del 1 de octubre de 1620. Como bien sabes, a veces en los contratos, la hermandad le pedía que expresara tal cosa. Pasa con el Cristo del Amor, pero ese documento no existe. Ahora, que hay una voluntad expresiva deliberada, está claro. Creo que la grandeza del Gran Poder es presentar solucionado, solventado, aclarado, de tal forma que la persona sencilla que lo ve lo entiende, los problemas con los que la teología lleva cinco siglos rompiéndose la cabeza. Lo soluciona por una extraordinaria conjunción de opuestos. Es enormemente poderoso y enormemente débil, es enormemente duro en su juicio y enormemente misericordioso en su perdón. Es un derrotado y es un triunfador. Tiene la advocación de Gran Poder y no puede haber hombre más abatido ni más hecho polvo, un hombre que lo ha perdido todo. Creo que ese juego de contrarios es poderosísimo. El devoto común, que va a allí y que tiene penas y preocupaciones, ve toda su carga de dolor en él y la imagen le rebota toda su carga de dignidad, de fuerza y de integridad en la derrota. Yo estoy convencido de que esa es la clave.

—Es duro en su juicio por lo que vemos que sufre.

—Sí, es sufriente, es un derrotado. Tiene una mirada muy triste, tiene una mirada inmensamente triste, y eso no es casual ni un escultor ni el encarnador que trabajara con él, que creo que no se sabe quién es.

A esas alturas de la conversación me acuerdo de que tengo un café delante, lo muevo un poco y me lo llevó a los labios. Está frío. No sé el tiempo que ha pasado desde que escucho a Carlos Colón embobado, pero al demonio el café caliente, que se puede tomar cualquier día. Era el decano de mi facultad en mis tres últimos años de estudiante, aunque nunca lo tuve como profesor porque él daba clases ante todo a los alumnos de Comunicación Audiovisual y nunca tomé ninguna asignatura de aquella carrera. Todo esto me pasa por la cabeza antes de seguir:

—En aquella época los escultores no se atrevían a policromar.

—Claro, por los gremios. Creo que, igual que de Montañés se sabía que era Pacheco en los primeros tiempos, con Mesa creo que no se sabe.

—Sí, al principio hasta que se pelearon.

—Sí, la famosa bronca —dice riendo, y de pronto vamos a un detalle sobrenatural del Gran Poder. No está mal traído—. El debate sobre la corona de espinas. ¿Es una serpiente o no? Yo soy de los que dicen que sí, yo le veo los ojitos y la boca. Si no lo fuera, como dicen los italianos, «si non e vero e ben trovatto». Punto: el pecado oprimiéndole las sienes.

—Sí, yo también veo la serpiente.

—Las marcas de crueldad tan patentes que tiene, lo que ha descubierto la restauración, que la espina era mucho más larga, y que la ceja se la atravesaba una espina que era visible. Creo que está todo calculado, absolutamente. Creo que Mesa, y es una hipótesis, naturalmente, volcó mucho de sufrimiento interior, incluso de dudas interiores. No fue un hombre con una vida fácil. El testamento es tristísimo —parece aquí compadecerse de eso—. Cuando se está muriendo y dice que está terminando la imagen, que es la de Córdoba, creo que dice algo así como que le faltan tres días.

—No le faltan tres días trabajo…

—No le faltan tres días de trabajo. Qué pena morirse un imaginero con ese agobio de que tiene que entregar una obra que no ha terminado.

—Tenía algo más previsto, hay contratos de 1627.

Entonces no me doy cuenta, pero sí al transcribir y al enfrentarme al texto. Estamos donde quería, en algo que es mucho más una conversación que una entrevista propiamente dicha. Alguna entrevista profesional ha sido conversación y a veces monólogo caótico, pero esto no es un cuestionario para sacar un titular, y además no tengo límites de espacio ni me sobrarán líneas. Entramos en la personalidad de Juan de Mesa.

—Sospecho que no tuvo una vida fácil. Creo que, en ese sentido, igual que en Montañés es muy fácil ver una fe profunda, fundamentada, de quien no tiene la más mínima duda, de quien está muy seguro de sí mismo, en Mesa veo unos desequilibrios emocionales que dan la fuerza a sus imágenes. Aparte del barroco excepcional. El que hace andar hacia adelante al Gran Poder, que realmente anda. No conozco otro escultor que haya logrado esculpir un crucificado como el Amor, que estando crucificado tiene el mismo movimiento de arrojo hacia adelante, con una separación prodigiosa entre el cuerpo y la cruz. Luego creo que es como todos los barrocos, pero con un tono expresivo en que calculaba muy bien el efecto que quería producir, digamos por sobreexposición en vez de por sustracción, como podía ser Montañés.

—Todos los que hemos pensado alguna vez sobre él, quizá hayamos fantaseado sobre cómo era. ¿Cómo podía ser Juan de Mesa?

—Yo me lo imagino un hombre atormentado. Viendo a Conversión del Buen Ladrón, viendo el Amor. Buena Muerte no, porque me imagino que se disciplinó al encargo jesuita —y aquí ríe—. Hombre, Montañés era un hombre tormentoso, y estuvo involucrado en un crimen y todo, pero no lo transmiten sus imágenes, al contrario, al contrario. A Juan de Mesa lo veo como un hombre miguelangelesco, de carácter fuerte, tormentoso.

—¿Quizá porque intuyera que iba a tener poco tiempo, como ha dicho alguien, enseguida toma los crucificados, que es una prueba de fuego? Es una iconografía muy complicada, pero su primera obra pasionista es el Cristo del Amor. Enseguida encuentra un lenguaje propio.

—Sí, muy pronto. Salvo en Buena Muerte, muy poquito, no hay huella de Montañés en él.

—Y forma muy pronto un binomio con las cofradías. Entiende lo que le piden, entiende al pueblo que tiene que ver a las imágenes.

—Sí, sí, muy bien.

—Dicen que él es un protobarroco, que no es un barroco pleno, es un primer barroco, no es el barroco de Roldán —y quiero entonces contar algo que contaré más de una vez—. Yo nunca he estado un Viernes Santo en Sevilla y al Cristo de la Conversión siempre lo había visto en su capilla, en el altar. Viene al Vía Crucis Magno que no pudo ser en 2013, y cuando entendí a ese crucificado fue cuando estuve en la vertical de su mirada, bajo el paso. Me atrapó, me marcó muchísimo. Porque tenía que estar justo detrás del Buen Ladrón, tenía que verlo allí. Él entiende eso, ese sentido de conversión para el pueblo. Lo intuye. No sabemos si él conoce a las cofradías como las conocemos nosotros, pero de alguna forma se avanza a lo que quieren

—Sin lugar a duda. Hay un libro que, si no conoces te lo recomiendo muy mucho, que se llama *Predicación esculpida e imágenes en el barroco.* Ha estudiado toda la oratoria de los predicadores, toda la teoría de cómo los predicadores debían llegar al pueblo, todos los trucos. Trata sobre todo de pintura, pero es muy útil. Creo que sí, y en ese sentido yo lo considero un barroco extremo, más que Roldán. En Semana Santa quitando, si se acreditara que es todo de Roldán, el misterio de la Quinta Angustia, que probablemente es el más espectacularmente teatral de Sevilla, la conversación entre Conversión y el ladrón, el arrojo del Cristo no casualmente denominado del Amor proyectándose desde la cruz con una fuerza brutal, y la teatralidad del Gran Poder, que en sí mismo es un misterio, como si lo rodearan personajes, lo consideraría del barroco muy avanzado, muy por encima de Roldán, por supuesto de Ocampo, que es muy ascético, muy quieto, y solo comparable con, mira por dónde, el que le hizo el paso, con Ruiz Gijón. Creo que alcanza la cumbre expresiva de Ruiz Gijón, y ahí hubo un golpe de suerte, que para esta imagen tan potente y expresiva le encargaran el paso precisamente al que cierra el ciclo sevillano de la imaginería. Fue un acierto.

—Providencial.

—Totalmente.

—Ahí están también las advocaciones: Gran Poder, Amor, Buena Muerte, Conversión que se le encarga con ese propósito. Ayudan mucho a comprenderlo.

—Ayuda mucho, pero es justo lo contrario —y ahora puntualiza—. Aparentemente. Es lo que me fascina del Gran Poder. Traes a alguien a Sevilla y le dices que le vas a enseñar una imagen que se llama Jesús del Gran Poder. Y lo que ve al principio debe chocarle, porque de Gran Poder, aparentemente, nada; y, sin embargo, de

Gran Poder, todo. Poder armar ese discurso solo a través de formas me parece portentoso. Había un hombre muy modesto que auxiliaba en las cosas de la hermandad, y cuando bajaba el Señor en la rampa, para el besamanos, estaba siempre debajo. Chicote. Decía una y otra vez, y se lo tomaban a guasa, que había que hacer beato a Juan de Mesa. Bueno, pues yo ya lo sostengo como cosa propia. Si se ha hecho beatos a predicadores por su fuerza de conversión, a místicos por sus textos, el que ha esculpido una imagen que ha orientado la vida de muchas personas a través de cuatrocientos años, ¿por qué no?

La historia de Chicote la leí en algún artículo y pensaba recordarla. Carlos Colón la había defendido y nunca entendí a quienes se tomaban a risa pensar que quien había conducido a tanta gente a Dios merecía cierta veneración. Sería difícil reunir virtudes heroicas probadas, al menos con los modernos procesos, pero el que reciba con sarcasmo esa propuesta no ha debido de entender nada más que unas cuantas palabras gastadas por otros.

—Tenía pensando preguntar eso. Es una persona de espiritualidad profunda, además de atormentado.

—Es que la tiene, y además con un discurso complejo, que es lo llamativo. Si fuera un discurso seductor, de fuerza... pero no, es muy potente y débil. Insisto: lo que más me fascina es la conjunción de contrarios que se armonizan en el Gran Poder y que requieren caracteres y caracteres y caracteres de ordenador para poder expresarlo, pero muchos. Y sin embargo, cualquier persona va, lo ve... y está todo solventado.

—Y es devoción de los sencillos.

—Claro, porque yo creo que perciben ese doble juego —revela—. Las personas sencillas saben la dignidad que les es propia, saben las injusticias de la vida, saben el peso de la vida, saben lo insignificantes que a lo mejor son en el conjunto de la sociedad. Todo eso lo tiene, pero a la vez, viéndolo, saben que tienen una dignidad inalienable, que su vida tiene un sentido. Lo saben porque las dos cosas están en la imagen, y chocan extraordinariamente. Y Mesa las armoniza.

Aquí está la conversación en otra pregunta que tenía preparada. Me acuerdo de una entrevista al escritor José Luis Sampedro en la que cargaba contra la fe y contra la teología. «Y después de decir que existe Dios, ya solo hay que ponerle atributos», clamaba. No habría iglesias si todo el mundo escuchase a los que en este tiempo hacen obligatoria profesión de ateísmo en la televisión, pero la fe, y me lo dirán y aparecerá a lo largo de este libro en boca de gente que sabe mucho más que yo, es un camino y nadie que de verdad la tenga la proclamará como segura y sólida. Su símbolo es la llama vacilante y nunca la roca inmóvil y sin vida.

—¿Y esto son atributos que le ponemos nosotros con nuestro entusiasmo o los podemos probar de alguna forma? —Es algo que le preguntaron en una conferencia sobre Juan de Mesa en la Universidad de Córdoba en la que hubo un coloquio que empezó animado y terminó en polémico en el sentido más clásico de la palabra. ¿Y si todo esto no fueran más que añadidos condicionados? Entonces contestó con claridad y ahora también.

—No, con seguridad no se los ponemos nosotros, porque hay muchos testimonios de quien se encuentra por primera vez con Él, un extranjero o alguien que no lo ha visto nunca, y sucumbe —cuenta, y pone ejemplos—. Yo lo he vivido con Eugenio Trías, el filósofo, a quien llevé al besamanos, y se quedó absolutamente trastornado, muy conmovido, por eso, por la complejidad. Dijo que nunca esperaba, bajo esa advocación, encontrarse un rostro tan triste, tan atormentado. No es ombliguismo andaluz o sevillano, son valores objetivos de la imagen que han sido reconocidos más allá de Sevilla por mucha gente. Otra cosa es que, como bien sabes, la imaginería polícroma no ha tenido grandes defensores en el terreno de la Historia del Arte. Y yo estoy convencido, y alguna vez lo he escrito, que los artistas necesitan mánagers, alguien que escriba de ellos, que tenga mucho nombre en la escena internacional. En los libros de Historia del Arte convencionales Montañés aparece, sobre todo, como autor de retablos.

—Porque se consideraba que el arte de la arquitectura era superior al de la escultura.

—Claro, y que la imagen de vestir polícroma, el efecto truco de la túnica, algunas que sólo tienen manos y cara. Y ahí meten también a los crucificados, los pobres, no sé por qué. Pero no ha recibido el tratamiento que debería recibir. Para mí, y lo digo sin exageración, es la obra cumbre del arte cristiano occidental.

—El mismo Pacheco cobró, en alguna ocasión, más que Montañés por policromar una obra que Montañés había tallado. Y ante eso él se rebeló, como es lógico.

—Te aconsejaría que vieras una foto del Señor que ha circulado, pero no mucho. Se la hizo un miembro de la junta de gobierno que es fotógrafo, Roberto Pardo, en la restauración, sin túnica, de perfil. Es la foto definitiva que expresa todo eso que hablamos sin necesidad, porque el cuello se ve entero. Y no estoy hablando desde el punto de vista artístico, sino de la fuerza expresiva, indisociable de lo artístico, evidentemente: el Señor no tiene más lengua para hablar que los gubiazos de Juan de Mesa. Se ve muy bien esa fuerza que es única, absolutamente única.

—Dentro del olvido en que cayó tras su muerte, con los famosos escritos del siglo XIX en que todo se le atribuye a Montañés, luego lo recuperamos. Quizá los cofrades seamos los que más los hemos rescatado.

—Sí.

—Mi mujer tiene un libro de Historia del Arte de COU, de Vicens Vives, en que no se menciona a Juan de Mesa, y estamos hablando de los años noventa.

—Sí, sí, muy habitual. Y no creo que nombraran a Ocampo o a Roldán.

—Montañés y Pedro de Mena, creo recordar.

—Efectivamente, luego Salzillo y Gregorio Fernández. Esos sí se llevaban mucho. Probablemente porque fueran las imágenes todas de talla, y los historiadores del arte les dan más valor que a las de vestir. Las imágenes de vestir, no sé en Córdoba, pero se les da tan poca importancia que ni una sola Virgen de Sevilla está documentada. Ni una.

—Es verdad.

—No se han preocupado. Ni la Macarena, ni la Amargura, ni el Valle.

—Porque entonces los nombres de los imagineros no importaban.

—Y porque como esas sí que eran cara, mascarilla y manos…

—Y también se les alteraba mucho.

—Sí, continuamente. Porque es muy curioso que la Amargura conserve el contrato del San Juan, pero no el de la Virgen; el Calvario conserva el contrato de Astorga del San Juan, pero no el de la Virgen. Es curioso, y dentro de ese no dar valor, no me extraña que no aparezca Juan de Mesa, nada.

—Claro, porque la imagen importaba por su antigüedad o por su devoción, porque eran imágenes contemporáneas.

—Sí, pero los del libro ese podrían haber cogido un poquito el paso, jeje.

—Sí, a la Victoria le metieron una cuña para inclinar la cabeza

—Tiene la cuña, los ojos de cristal como se los cambiaron a casi todas, pestañas postizas, las manos no son las suyas…

—Quizá —y ahí busco otra parte—, el único inconveniente de Juan de Mesa es que los imagineros contemporáneos no lo hayan superado, se han quedado en clichés.

—Bueno, ahí estamos en el drama de la imaginería. La grandeza de Mesa, Montañés y los demás es que eran coetáneos del estilo artístico vigente en su época. Y los estilos artísticos vigentes en el siglo XX no dan para la religiosidad popular y para las procesiones. No nos podemos imaginar una imagen cubista, abstracta, expresionista, ni siquiera muy atrevida. Luego se repite y se repite el modelo barroco. Yo creo que eso necesariamente se agota.

—Antes has mencionado a Rodin, pero se habla del Cristo que hizo Joaquín Bilbao para las Cigarreras como una imagen en esa línea.

—Sí, en ese sentido es muy moderno. Nunca ha cuajado.

—Y Ortega Bru también va un poquito más allá.

—Y no ha cuajado.

—Sí ha cuajado – disiento, por esta vez—. Santa Marta gusta mucho.

—Lo más clásico. Es que está el canon barroco, más o menos realista, y lo que se salga mucho de ahí, salvo que acentúe algunas líneas... Sobre todo, es que no se puede esculpir en el siglo XX como en el XVII, imposible. Es como si Mesa hubiera esculpido románico. Son coetáneos, pero el arte actual tiene una enorme brecha con lo religioso. Creo que es el drama de los imagineros es que están muy bien para recambios, como Lastrucci, teatralización de misterios, como Lastrucci, pero más allá de eso no pueden ser tan grandes creadores como eran Mesa, Montañés, Roldán. Estos están en la misma parrilla que Zurbarán y Murillo. Mira la iglesia del hospital de la Caridad, donde se integra todo: pintura, arquitectura. Hoy encarga una hermandad una obra y se pasa el imaginero de «moderno» y no gusta. Si pasa hasta con los carteles; no con las imágenes, hasta con los carteles.

—Es quizá lo más innovador que hay en las cofradías de hoy —admito.

—Pero, aun así, como se exceda el autor un poquito, hay polémica.

—Sí, porque nos gusta que la imagen se parezca, que sea muy realista. El gusto de las cofradías es muy rancio.

—O no, yo qué sé, ahí ya me pierdo. Creo que lo importante es que el cartel dialogue con la cultura del entorno. Por ejemplo, el muy atrevido cartel de Juan Miguel Sánchez, de 1931, de la Macarena. Es la Sevilla de esa época. Y cuajó. Y es valiente, tela. Ahora, probablemente las corrientes más innovadoras de la pintura era difícil que cuajaran con la Sevilla de la época. Es posible que se pase.

—Es que en esa época se innovaba en la Semana Santa —digo

—Muchísimo.

—Estaba trabajando Rodríguez Ojeda, en su última etapa. Farfán escribía sus marchas.

—Hay dos textos que te recomiendo muchísimo. Uno es de Bécquer, contra la Semana Santa de Sevilla y a favor de la de Toledo. Es excepcional, porque la de Toledo le parece medieval, antigua, y la de Sevilla muy moderna. Ahí, en un texto de 1856, testimonia que la Semana Santa se reinventa después de la crisis. Y Bécquer dice que no le interesan nada esos pasos nuevos, esos nazarenos con túnicas brillantes, esas señoritas sentadas en sillas donde los nazarenos les dan caramelos. Y otro de Georges Latour, de por esa época, muy curioso. Al hablar de la reinvención de la Semana Santa suelo decir de manto a manto, del camaronero al de tisú. Lo que se hace ahí: Ojeda, Olmo, Farfán el tallista inventando el paso de caoba con hachones, Farfán el músico. Y Font de Anta, otro gran músico, y antes Gómez Zarzuela. La Semana Santa cambia totalmente. Mantiene algunos elementos esenciales. O el diseño prodigioso de la cofradía de la Macarena. Bueno, Juan de Mesa: el Gran Poder. La sustitución de los candelabros por los faroles, la sustitución de los respiraderos de madera por los de Juan Manuel Rodríguez Ojeda. La túnica persa de Juan Manuel Rodríguez Ojeda, la túnica morada lisa que empieza a sacar a partir del año 1910. Conserva el paso, pero se redefine. Y la Macarena totalmente.

—Y a partir de ahí, quizá desde el palio de la Virgen de los Ángeles de los Negritos no se ha avanzado.

—No. Y nos equivocamos todos, ¿eh? Que no nos gustó a ninguno —reconoce.

—A mí ahora sí me gusta —aporto. Y ahí también digo que no me gustaba.

—A mí ahora me enloquece. Pero yo creo que nos equivocamos todos, porque lo consideramos yeyé y no era yeyé, era años treinta. Yo no lo entendí del todo hasta que descubrí del todo su cartel de 1931. Dije «¡puñeta!, que está jugando a lo mismo». No está jugando a la estética posconciliar de los años sesenta. No es moderno. Es casi anticuado, porque está en los treinta. Ha cuajado muy bien, yo creo que es la única pieza potente que se ha añadido.

De la relación del arte de Juan de Mesa con la Sevilla de su tiempo hemos terminado en las vanguardias de principios del siglo XX, en los carteles y en Juan Miguel Sánchez. Al final me he decidido por mantener este fragmento de la conversación, porque creo que explica bien lo que he defendido siempre: que Juan de Mesa era un vanguardista en su tiempo y que sus imágenes gustaron, pero también crearían la inevitable controversia de lo nuevo. Vuelvo a él y a la forma en que se conservan sus obras.

—¿Cómo se entra en el debate con la restauración de las imágenes? El Amor está a punto, ya ha estado en el Instituto Andaluz de Patrimonio Histórico. Con el Señor quizá se pudo actuar más.

—Yo creo que el IAPH ha ido acertando últimamente equilibrando conservación y retirar cosas que dañen, como insectos, clavos metidos. Y después conservación-restauración hasta allí donde ya planteara problemas al devoto de no poder reconocer a la imagen. Creo que ese es el equilibrio perfecto. La intervención sobre el Cristo de las Misericordias de Santa Cruz fue tremenda. Ganó y no supuso ningún problema, porque estaba tan ennegrecido que había perdido toda expresividad. O una intervención del Señor del Silencio en el Desprecio de Herodes de la que es también mi hermandad de la Amargura. Volvió el pobre blanco como una sábana. Se excedieron. Ese famoso debate de si llegar a la capa más baja de policromía, o cómo era cuando salió de las manos… Creo que el IAPH se ha frenado, como otros restauradores estupendos. En lo que dañe a la imagen ahí no tiene discusión, que hay que quitarlo, como capas de suciedad y repintes. Cuando restauraron a Pasión, en el IAPH, tomaron la excelente decisión de dejar lo que llaman huella devocional, que es la pintura perdida del talón de los besapiés, para dejar esa huella, que ha hecho el tiempo. Yo creo que ese es el punto de equilibrio perfecto.

Nos despedimos luego en la calle Sierpes, entonces con la bulla del ir y venir de cualquier día laborable. Me habla de la exposición por el cuarto centenario del Gran Poder, que dirige y que se inaugurará al cabo de pocos días en la sala de Cajasol. Intuyo que será muy buena, pero me dejará con la boca abierta, porque va mucho más allá de la exposición pasiva de fondos y explica tanto lo que está en la historia como lo que vive en los corazones, lo que se puede contar y lo inefable que se tiene que explicar por documentos. También charlamos de lo que nos parece seguro en aquel momento, aunque se tenga que suspender: las visitas del Gran Poder a lo que han llamado las periferias: los barrios de Los Pajaritos, las Candelarias y Santa Teresa. Siempre he pensado que las cosas que hace el Señor parecen pertinentes y apropiadas y nunca responden al deseo de ver a las imágenes en la calle. «Sí, y focalizar también en esos barrios, que reivindican que son Sevilla. Dirigir un poco la mirada a ver si la Junta de Andalucía actúa. Porque la hermandad y los párrocos pueden hacer algo, pero el problema es de gran magnitud. Suma marginación, droga y paro. Lo que hace la hermandad es ayudar y llamar la atención, que al menos tres semanas sea noticia constante en esos barrios, que no estén olvidados», dice.

Me habla también de la Virgen de las Angustias de Córdoba como una de las imágenes de Juan de Mesa que conoce fuera de Sevilla. A él le doy la primera de las estampas que llevo en la cartera y que entrego a todas las personas que me atienden. Todos la conocen ya y la reciben con una sonrisa y creo que con admiración sincero. «Es extraordinaria. Que haya tenido digamos relación de verla en persona, creo que es la única. Entre otras cosas, porque Córdoba me gusta con locura y la envidio muchísimo».

—La proporción, ¿no? —adivino de lo que le he leído.

—La proporción. Nosotros nos hemos convertido en un poblachón. Ni somos una gran ciudad ni somos una ciudad de provincias cómoda.

Ahora tengo un rato para pasear, pero sé que no voy en busca de documentos y vestigios, sino de una obra que no deja de ser nueva, como si en cuatro siglos sus imágenes fueran totalmente frescas sin dejar de ser antiguas y venerables, como si en cada visita ganaran significaciones. Me lo ha dicho Carlos Colón: la obra de arte es contemporánea de quien la mira, porque todas las épocas le añaden sus valores y su visión del mundo, y el Gran Poder, desde el beato Diego de Cádiz a Núñez de Herrera y a la exposición que se ha celebrado en este año, no ha dejado de hacerse una y otra vez en sí mismo.

El aprendizaje con Montañés en que parece nacer al mundo, los contratos con las cofradías y las órdenes religiosas que le pidieron sus obras, las cartas de pago en que las concluía y hasta el testamento con el que parecía regresar a la ciudad en la que había nacido son esenciales y delimitan en el tiempo y en el espacio su existencia física cuando no hay más testigos que esos papeles firmados. Sus obras siguen vivas mucho más allá de la muerte de su autor y le aseguran tanto la memoria que creo que preguntarles a ellas, o a los que hablan con ellas, será la mejor forma de describir a Juan de Mesa.

Entre Santa Catalina y San Pedro, la calle que Sevilla dedicó a Juan de Mesa. Foto del autor.

El Cristo no casualmente llamado del Amor.
Foto: Manuel Jesús Rodríguez Rechi

Conjunción de opuestos. Enormemente poderoso y
enormemente débil. Foto: Manuel Jesús Rodríguez Rechi

3

COMO ÉL LO SABE

La luz de la tarde de verano en la Magdalena me ha recordado a otra tarde en el Salvador, en lo que parecía entonces una espera gozosa que terminaría con nazarenos en la calle. No es todavía Cuaresma y sin embargo ya es primavera. Acabo de salir del Salvador y me he detenido un poco a mirar la fachada roja dorada por el sol y las portadas de piedra tallada, que me han parecido marcos refinados que, en ciertos momentos del año, cuando el rito y el calendario lo permiten, hacen de contrapunto discreto e imprescindible para algo que es siempre más que una procesión en la calle. Como pasa después de enfrentarse a una gran obra de arte, el impacto perdura en la cabeza y otra vez, aunque ya no lo pueden ver los ojos, aparece la cabeza vencida por el peso, la caída como si más que la gravedad fuera toda la muerte la que atrajera al cuerpo a la tierra, los ojos cerrados y los gestos en que todavía está el sufrimiento como un latido. A quien se asomó a las obras de la pasión de Jesús en todo el siglo XX y en el siglo XXI le parecerá que el Cristo del Amor representa lo clásico, si es que entiende clásico como inamovible; lo perfecto para quien piense que es una revelación y no una revolución que se coronó después de asumir riesgos y escuchar palabras de los que no comprendían.

Hoy el dolor trascendido y la muerte terrible que se va diluyendo en sueño de alivio son naturales al modo de un verso endecasílabo o del arco que sostiene la nave de una iglesia, y nadie sabe que antes de llegar a ellos hubo un alma que se detuvo delante del barro o de la madera. Dudó y dio vueltas, tuvo que tirar a la basura lo que no resultase, aunque no tanto porque apremiarían los plazos, y mientras la imagen había dejado de ser un boceto para ir haciéndose realidad tangible, todavía iría pensando en si aquel salto de la serenidad y el equilibrio al camino del dolor y de la expresión no terminarían con el golpe cruel del desencanto. Quizá a Juan de Mesa se le abrió el abismo del miedo al fracaso por delante cuando terminaba la primera de las obras por las que su genio había de perdurar para días sin término, o tal vez estaba tan seguro que avanzó en cada palmo de la madera con la determinación de quien se sabía ungido por una fiebre histórica.

Lo que pasó antes del Cristo del Amor parte el tiempo para él. Con anterioridad está el enigma de los años en Córdoba, el fecundo aprendizaje con Martínez Montañés, las obras en el taller en que ni siguiera el anonimato puede encubrir el talento y las primeras con su firma como maestro escultor. Ese momento anterior no se escribe en viñetas inconexas, y tampoco el posterior lo hará. Se narra en una línea en que el tiempo es caprichoso, con tendencias que van y que vienen y también con momentos en que late el cambio y se prepara el salto al vacío. Todo hasta el momento en que el Cristo del Amor abre un tiempo nuevo en que la pasión de Jesús empezará a ocupar el centro del escenario de la escultura.

Doce años antes del encargo y cuando todavía faltan catorce para el momento en que lo vieran alzado sobre algún altar de la iglesia de los Terceros o desplegado de dramatismo y de volúmenes en algunos de los pasos procesionales de aquella Semana Santa incipiente, el gran salto adelante del Cristo del Amor empieza con un simple paso de un joven que quizá duda y un maestro muy seguro. Median quince años y algo más de experiencia entre los dos hombres que han comparecido ante García Gutiérrez de Perea, teniente de asistente de la ciudad de Sevilla, y el escribano público Jerónimo de Lara. Con un rápido vistazo ellos mismos y cualquiera pueden distinguir, mientras redactan los términos del contrato, quién es el maestro y quién el discípulo, pero entre ellos hay más distancia que la de la madurez y la juventud. Aunque quede tanto tiempo, ahí comienza todo.

Es probable que los dos testigos conozcan a Juan Martínez Montañés, que en esa Sevilla que recibe y gasta el oro de América, y en la que entre otras cosas florecen las letras y el arte, es el escultor más admirado, el que llena la arquitectura de los retablos de obras plasmadas con la naturalidad del escultor y la capacidad narrativa del dibujante. Por la ciudad corren las palabras de admiración a un hombre al que atribuyen una destreza sobrenatural para dar vida a la madera. Es posible imaginarlo confiado en las cualidades que ya ha podido demostrar y que muchos han visto; consagrado y a la vez con el desafío de seguir siendo digno de su fama, porque se le podrán decir muchas cosas, pero nunca conformista.

Quien le acompaña todavía no ha tenido tiempo de demostrar tanto y en su mirada tal vez se puedan encontrar menos certezas y más titubeos; también la chispa de la esperanza de alcanzar a algún día parecidas glorias. Algo valdrá, desde luego, si ese al que luego llamarán *Dios de la madera*, se toma la molestia de acompañarle y de admitirle en su taller. El que va con Juan Martínez Montañés es un «mansebo que se nombró Juan de Mesa», y que por su aspecto «parecía mayor de diez y ocho años y menor de veinte y sinco».

Como un árbol no nace en el momento en que se adivinan la primera madera del tronco y las hojas que delatan su especie, Juan de Mesa no ha nacido entonces, pero sí es el primer día en que un documento deja constancia de su vida pública, de aquella por la que su nombre se ha ganado la inmortalidad. Como los árboles, germinó y creció no bajo la tierra, sino a la vista tan solo de los suyos; como ellos, se nutrió del sol y del agua de quienes le alimentaron y formaron y aquel día ya era un ejemplar robusto del que se podía esperar fruto. Allí en realidad ni siquiera empiezan su camino juntos: Juan de Mesa lleva en el taller de Martínez Montañés un año y cinco meses, es decir, desde junio de 1606, «para aprender el oficio de escultor». Como pasa hoy con un varón de veinticuatro años, es un hombre joven, pero a diferencia de lo que hoy sucede es más hombre que joven. No hay en el siglo XVII años sabáticos ni carencias para buscar el camino en la vida. Ha tenido que madurar y esforzarse porque está en la edad en que casi todo el mundo se vale ya por sí mismo. Felipe de Ribas entraría luego en su taller como aprendiz con doce años y Francisco de Ocampo se trasladó a Sevilla con catorce. El documento cuenta que ha nacido en Córdoba, y tres siglos después se sabrá que fue en 1583. Sus padres, Juan de Mesa y Catalina de Velasco, ya han fallecido «de edad». Sin hermanos que se citen, parece solo en el mundo.

Si esto fuera una novela se le podría describir asombrado por la ciudad a la que habría llegado más de un año antes, y su impresión no habría sido distinta de la de quien llega hoy a Nueva York o a Londres. Sí, ahora están el cine y los medios de comunicación para condicionar y acostumbrar la mirada, o para pintar una postal que luego se acomodará a la realidad con el dolor de una decepción. Juan de Mesa no tendría quizá más que la fama que contaban y el consejo de los que le habían visto trabajar con la madera de que acudiera a Sevilla. Tuvo que admirarle la que en aquel momento era la ciudad más importante del mundo, porque era la capital económica del gran imperio. La Córdoba que había dejado atrás era una ciudad con treinta mil habitantes que iba a vivir un invierno en que conservaría su historia para que siguiese deslumbrando al mundo, con algo de pequeña industria y mirando al campo. Sevilla era una metrópoli de ciento cuarenta mil seres, mucho más que cualquier otra, activa y cosmopolita, con un diez por ciento de población de raza negra y gente de muchos países, profundamente mundana y mestiza. Por donde pasaba mucha gente también circulaban muchas ideas y bastantes novedades que interesarían a quien estuviera despierto para saber el momento en que vivía.

En 1540 Carlos I había concedido a Sevilla el monopolio del comercio con las Indias, y por el Guadalquivir subían los galeones con la plata del virreinato del Perú y las riquezas que se consumieron rápidamente en el fuego inútil de las guerras. Nunca una ciudad de interior fue tan marinera como aquella Sevilla que vivía mirando al océano Atlántico, aunque quedase unas leguas más abajo del río que además de riquezas le llevaba inundaciones y desgracias en cuanto llovía más de la cuenta. Antes que Juan de Mesa habían hecho el mismo viaje muchos, entre ellos Hernán Ruiz II, que había trabajado en la Catedral y había renovado las puertas de las murallas de Sevilla después de haber trabajado con su padre en la edificación del crucero de la iglesia mayor cordobesa, en el centro de la vieja Mezquita Aljama de los omeyas.

En aquella Sevilla rica de comercio y de todas sus industrias auxiliares, la Iglesia y las órdenes religiosas no tenían el monopolio de las artes plásticas, pero sí una buena parte. Montañés y Juan de Mesa se llamaron escultores y trabajaron sobre todo en el arte sacro, que florecía en mil iglesias, conventos, oratorios, beaterios, ermitas y capillas, y la piedad vivía junto a la incoherencia religiosa, el comercio carnal y el gusto por el desorden propios del barroco y de todos los lugares en que fluye el dinero y escasea la libertad de ideas. «De fe intensa y moral relajada». Con peores palabras como las de Pío IX para hablar de Isabel II: «Puta, pero piadosa». Juan de Mesa pudo ya conocer algunas señales del declive que Sevilla comenzó poco después, hacia 1619, cuando él trabajaba en el Cristo de la Conversión del Buen Ladrón.

El catedrático de Historia del Arte Alberto Villar me confirmaría en una conversación que Juan de Mesa tendría que demostrar mucho para aprender con Montañés, y que el aprendiz era casi el criado de la casa hasta que el maestro viera en él las dotes que le convencieran para que le dedicara tiempo a enseñarle. Para aquel momento de 1607 ya habría demostrado lo suficiente y el maestro pensaba que de él podría salir un escultor con personalidad.

El documento no hace más que poner por escrito lo que ha pasado antes y lo que tiene que suceder luego: que el maestro debe proporcionar alojamiento, comida y cuidados a su discípulo y se compromete a enseñarle «el dicho su oficio de escultor bien e cumplidamente como él lo sabe». Al escuchar la frase debió de estremecerse. Como él lo sabe. Como había sabido hacer en el Cristo de la Clemencia, muy poco antes, el punto de partida de los grandes Cristos sevillanos de todo este siglo. Como había sabido recoger el equilibrio y la perfección de la escultura clásica y fundirlos con la espiritualidad católica en el Niño Jesús del Sagrario. Como sabía hacer los retablos, como plasmaba a la Inmaculada y como sabía penetrar en la psicología de los santos con una simple mirada. El maestro tenía que enseñar como él lo sabía y el discípulo debía estar atento y aprenderlo, porque apenas tendría unos años de oportunidad.

Es muy probable y nada aventurado imaginar al joven escultor fascinado con la obra de su maestro, que, si cuatro siglos después se siguen admirando por su perfección inalcanzable, en aquel momento debía de pensarse empujada por lo sobrenatural. Francisco Pacheco dijo de Montañés, cuando se enfrentaron por la consideración social de la escultura y dejó de policromarle sus grandes obras a precio de oro, que era hombre como los demás y que sus esculturas tenían defectos por mucho que su autor no dejase de ponderarlas. La perfección es un horizonte al que acercarse para no llegar nunca; pero Montañés fue muy lejos, y los que estaban con él en el taller y aspiraban a hacer lo mismo serían los primeros en darse cuenta.

Cada vez que Juan de Mesa tuvo ocasión de hablar de sí mismo, y no fue más que en unos cuantos documentos, empleó siempre los datos cruciales que había en aquel contrato, y cuando firmaba sus obras con papeles escondidos en el interior se definía a sí mismo con decir que era de Córdoba y discípulo de Juan Martínez Montañés. Parecía estar orgulloso de su origen y del aprendizaje que avalaba su valía profesional. Era como decir que había estudiado en una universidad prestigiosa.

Alberto Villar cree que hasta 1606 Juan de Mesa tuvo que haberse formado y siempre ha mantenido la teoría de que estuvo en Granada más que en Córdoba. Algunos rasgos y grafismos parecen recordar a los hermanos Miguel y Jerónimo García, que trabajaron en aquel tiempo. También Montañés había estado en Granada con Pablo de Rojas y luego terminó por marcharse. Son hipótesis y conclusiones que no se apoyan en documentos, y el profesor empieza diciéndolo, pero la catedral de la obra de Juan de Mesa es tan grande que es normal pensar que antes de llegar a Montañés, que fue quien dejó una huella más notable en su obra, tuvo que estar familiarizado con la gubia y habría demostrado dotes, sobre todo cuando tenía más de veinte años.

Andrés de Ocampo trabajó en Córdoba en los primeros años del siglo XVII en el retablo del convento de Santa Marta y quién sabe si allí conoció a Juan de Mesa y le animó a marcharse a Sevilla, como poco antes había ido su sobrino Francisco de Ocampo, pero todo eso son hipótesis que no tienen base documental en que apoyarse.

El estilo de Juan de Mesa es montañesino y en sus documentos no reconoce a otro maestro que el de Alcalá la Real, pero entre 1583 y 1606 tuvo que haber fichas y eslabones que unieran la cadena entre Córdoba y Sevilla. Más de una vez he mirado con curiosidad imágenes antiguas en las iglesias de la ciudad en que nació y he pensado si algunas de ellas, de esas que se han catalogado en los últimos años del siglo XVI y primeros del XVII, tuvieron que ver con el escultor joven que pronto tendría que marcharse para no malograr el talento. No se podrían identificar por no haber aparecido todavía el magisterio que encauzó el talento de Juan de Mesa, así que serían, en una fantasía del todo improbable, las que llenaran el vacío entre los primeros años y aquellos en los que el gran maestro lo admitió como aprendiz y le enseñó su oficio conforme a aquella sentencia que debía de pesar como una obligación en uno y como un desafío en otro. «Como él lo sabe» significaría entonces el reto de ascender a un pico nevado, el miedo de enfrentarse a un gigante invencible, la obsesión insomne de aprenderlo todo para después ser distinto por haber caído en la cuenta de que por el mismo camino no se podía mejorar. Y es probable que tampoco el maestro hubiera admitido una imitación servil.

4

MENSAJE EN UNA BOTELLA

Todo el olvido negligente que había caído encima del nombre de Juan de Mesa en cuanto murió, al llegar el siglo XX se convirtió primero en diligencia, luego en estudio y más tarde en veneración. Los creyentes, que fueron muchos de los que se preocuparon por su obra, dirían que tampoco la Providencia quería mantener aquel silencio oprobioso y puso en las manos de los investigadores los papeles precisos para ir uniendo sus obras con su firma. Su camino no empieza con esculturas documentadas con su nombre, pero sí con atribuciones que tienen papeles que encajan con las fechas, y con trabajos que se corresponden con su estilo.

El hombre y la mujer del siglo XXI tienden a pensar que estuvo siempre en los altares y que hasta nació como santa, con todas las fatigas que tuvo que pasar en la vida. Para Juan de Mesa, Teresa Sánchez de Cepeda y Ahumada era un personaje casi contemporáneo, porque había muerto en Alba de Tormes en 1582, un año antes de que él naciera, y no sería raro que conociese a gente que hubiese tratado en persona a Teresa de Jesús. La Iglesia católica había reafirmado poco antes, en el Concilio de Trento, los fundamentos de su fe y de su culto a Dios, y las órdenes religiosas como expresiones de distintos carismas y formas de dirigirse a los creyentes arraigaban y daban fruto. No se sabe si Juan de Mesa se asomó al agua transparente y de comparaciones cotidianas de la santa de Ávila, pero sí que le resultó familiar: hizo dos de sus primeras obras para un convento que había fundado ella misma, conoció su beatificación en 1614 y su canonización en 1622, y en los últimos tiempos se le ha atribuido una imagen suya de rotundos rasgos monumentales que recuerdan a su fuerza expresiva.

Tal vez a ella le sorprendería ver hoy su nombre repetido en el paisaje urbano de Sevilla. Al convento que fundó, el de San José del Carmen, se le llama de las Teresas, la puerta se abre a la calle que se llama también de Santa Teresa, en el barrio de Santa Cruz, y su nombre se le dio a una moderna parroquia con pinturas de Juan Miguel Sánchez. A ella parecieron superarle el bullicio y la picaresca de aquella ciudad que ya era capital del comercio de Indias. «Esto es como el cielo. Aquí con no pecar basta», sentenció. Tenía más de sesenta años cuando fundó aquel convento que primero estuvo cerca de la calle Alfonso XII y luego se trasladó dos veces. No vivía ya para el definitivo, en 1586, pero sí estuvo presente en él fray Juan de la Cruz. Entre tantas casas y calles, como inserto en la vida de aquella ciudad ya tan poblada, parece más de clausura que ninguno por su voluntad de huir del mundo.

En el retablo mayor de aquella iglesia dejó Juan de Mesa las que pueden ser sus primeras obras conocidas. Ya era más que un aprendiz, pero todavía no un maestro escultor que hubiera pasado el examen, así que lo más probable es que las carmelitas contratasen con el taller de Montañés y allí se repartiera el trabajo. Es la explicación que tiene el sacerdote carmelita Juan Dobado, doctor en Historia del Arte y peregrino entre el Santo Ángel de Sevilla y San Cayetano de Córdoba, para la diversidad de manos que trabajaron en él. Hay documentos, pero no mencionan su nombre. En enero de 1610 se pagaron dos mil novecientos ochenta reales por las imágenes «de

Nuestra Señora y de Nuestro Padre San José», y en marzo ya consta que estaban allí.

Una Inmaculada Concepción es siempre una imagen simbólica, que une el dogma de pensar que la Virgen María no concibió el pecado original con la mujer del Apocalipsis. Como una prefiguración de lo que tiene que representar la Madre de Cristo. En esta imagen ya está el canon de todas las que hizo de la Virgen durante casi veinte años: párpados marcados, rostro ovalado, dulzura exquisita y el cuello elegante con una pequeña hendidura horizontal. Ni el dolor sería exagerado ni tampoco el gozo pasaría aquí de una pequeña sonrisa. «Siendo él tan joven, el tipo de rostro que modela de la Virgen es el canon de sus Vírgenes», dice el sacerdote.

Es la joya de las inmaculadas carmelitanas, y por eso invita a fijarse en la zona inferior, cuando bajo las vestiduras se adivina el hábito marrón de la orden. «Sabe para quién es esa Inmaculada. La van a estar viendo desde el coro unas monjas que se dedican a la contemplación. Entonces es una inmaculada contemplativa. Tiene ese recogimiento, esa oración, esa expresión tan bonita de que nada la distrae de su oración, que creo que es el doble modo en que la concibe Juan de Mesa», cuenta fray Juan Dobado.

Con veintiséis años, y ya como oficial en el taller de su maestro, imagino a Juan de Mesa peleando consigo mismo para buscar su lenguaje. Lo había visto trabajar en su primera Inmaculada Concepción, aquel concepto tan singular que se multiplicaba en cuadros y esculturas por todas partes en el momento en que defender el dogma de la Pura y Limpia era una forma de vida, y aunque admirase aquella imagen de El Pedroso pensaría en buscar otra forma.

La mirada de fray Juan Dobado se detiene en muchos detalles: «El volumen de la Inmaculada Carmelitana es más rectangular. El peso de la capa hace que se separe de Montañés, que suele estrecharle un poco en los pies, en las nubes. Mesa es más rotundo en el volumen, se le ve la diferencia». Tiene la Virgen la cabeza tapada por una toca, pero se ve el pelo largo y algo ondulado que cae sobre los hombros con delicadeza. Las yemas de los dedos apenas se unen para la oración y parece estar congelada en el instante de comenzar el rezo.

Debajo de la Virgen está la hornacina central del retablo con San José y el Niño Jesús, citados en el documento que habla del pago de las imágenes. Parece claro que el patriarca es una imagen más próxima a Montañés, con el rostro pleno de un equilibrio impecable y místico que prefigura Jesús de la Pasión. La primera imagen documentada de Juan de Mesa es precisamente una de San José cinco años después, y en esa obra de Fuentes de Andalucía ya hay mucha distancia con la que está en el barrio de Santa Cruz. Sí podría ser de Juan de Mesa el Niño por los rasgos que se separan del modelo tan influyente que el maestro había consagrado con el que hizo para la cofradía Sacramental del Sagrario. Si lo hizo es probable que aquel perfeccionista que tuvo que ser pensara que de la obra del discípulo que había algo de él en los volúmenes, en los ojos grandes y en la monumentalidad que se anunciaba, pero que todavía le quedaba camino por recorrer. Faltaban casi diez años para que aquello lo confirmase en el Cristo del Amor.

«Fueron para las imágenes al mejor sitio», dice fray Juan Dobado, y no le falta razón cuando explica que fue un encargo al taller y en él trabajaron, de forma indistinta y con un gran resultado, las manos del maestro y las del oficial que ya destacaba. El retablo llegó después y fue obra de otro discípulo de aquel portentoso criadero de artistas que estuvo en la calle de la Muela: Jerónimo Vázquez. No pudo estar en este momento San Juan de la Cruz, que no fue beato hasta 1675, pero para ese entonces se fue al taller de Roldán y se completó el feliz recorrido por el siglo XVII sevillano.

El título de ser las esculturas más antiguas conocidas de Juan de Mesa solo se lo puede arrebatar, aunque nadie pueda afinar tanto, una imagen que fue a tierras entonces de Castilla, a una de las cunas de la cultura en España. Su historia es tan novelesca que parecería que desde el principio quería tener un capítulo propio en lo que escribo.

El documento que encontré en un libro no me decidió a escribir este, porque aquel libro lo tomé precisamente para documentarme en este trabajo que ya quería hacer. Pero desde que apareció no ha hecho más que darme vueltas en la cabeza, como si se negara a ser un hallazgo casual y yo me hubiera convertido en el personaje de una narración que encuentra por azar un dato determinante. No cambiará nada la historia, pero sí es bastante simbólico y tan efectista que parece falso, cuando es del todo cierto. Entre los libros que quería consultar para escribir de Juan de Mesa no podía faltar el que escribió José Hernández Díaz. Desde luego que no lo tenía y no podía aspirar a comprarlo porque se agotó hace muchos años, así que lo encontré en la Biblioteca Pública Provincial de Córdoba. Era la edición que hizo la Diputación de Sevilla en 1983, con fotografías a color y con un estupendo resumen de la vida y la obra, a falta de algunas imágenes que se confirmaron muy poco después, del escultor que había emergido en las décadas anteriores para reclamar como suyas las obras que tanto engrandecieron la fama de Montañés.

Cuando el bibliotecario me lo entregó reparó en que entre las hojas tenía un par de papeles. «Vamos a dejarlo ahí», dijo al entregármelo. No es extraño. Más de una vez he perdido yo estampas y tarjetas que utilicé como marcapáginas en libros que después devolví sin darme cuenta de que los olvidaba, y desde luego recibos con la fecha en que había que devolverlo. Pero estos tenían mucho que ver con el libro, como si quien lo hubiese tenido antes hubiera trabajado en algo y hubiera querido dejar el papel en su interior. Pensar que sería un mensaje en una botella es disparatado, pero que estén allí precisamente parece una broma.

Había en primer lugar una estampa impresa en cartón de una escultura que identifiqué a primera vista. Era la Virgen de la Misericordia de Alcalá de Henares, una imagen de talla completa que muestra a María con el Niño en los brazos. También la conocí casi por casualidad, en una tarde de julio de 2011 en que visité junto a mi esposa y a mi hija Gloria, entonces muy pequeña, Alcalá de Henares. Yo sabía que en la ciudad natal de Cervantes había una imagen de Juan de Mesa, una de las dos primeras que se le atribuyen. No había planeado ir en busca del lugar, pero las imágenes de Juan de Mesa, como recuerda Carlos Colón, salen al encuentro, así que, al pasear por la calle Mayor, de los pórticos castellanos hacia la fachada plateresca de la Universidad, me asaltó el hospital de Antezana, y encima estaba abierto para que conociera a aquella imagen llena de majestad maternal y ternura, ajena del todo al hieratismo que muchas veces me alejaba de ese tipo de tallas letíficas. Me la llevé en la cabeza y en una fotografía casera que más de una vez me sirvió para hablar de Juan de Mesa en ABC. La Virgen que estaba en la foto no tenía leyenda al dorso, pero era Ella, sin duda.

El otro papel estaba, y debe de estar todavía, entre las páginas del libro, impreso por las dos caras y con letras de imprenta que lo hacían parecer antiguo, y se titulaba *La advocación de Nuestra Señora de la Misericordia: la Virgen en el arte del hospital*. Ya no quedaba duda de que una cosa y otra estaban relacionadas. El texto habla de varias imágenes, pero al referirse a la que está en el altar mayor de la capilla es concluyente: «Hemos encontrado la documentación que nos permite situarla como obra de Martínez Montañés».

Su autor recordaba cómo llegó al hospital en 1616, por la donación del hermano Diego de la Cruz, que la había traído de Sevilla con la advocación de Nuestra Señora del Remedio y Amparo. Y a partir de ahí venían las deducciones: llegó a Alcalá de Henares en 1616, se encargó un poco antes en Sevilla, y en 1609 Montañés ya tenía taller.

«Se conjuga el perfecto estilo barroco de la imagen con el estilo de Martínez Montañés». No se conforma con el prestigio de la talla y busca también el de la pintura, porque elogia la policromía y la atribuye a Francisco Pacheco, que encarnó muchas obras del maestro. El autor ratificaba la atribución «con escasísimo margen de error» y todavía le parecía que era la imagen más importante de la escuela sevillana del siglo XVII que había fuera de Andalucía.

Que ese documento estuviera en aquel libro habría sido un truco demasiado evidente para un guionista y demasiado antiguo y manido para un novelista, pero para un periodista que abordaba una obra con las herramientas de su profesión era una veta de oro con la que empezar. En el volumen que levantaba el recuerdo de lo poco que se conocía de la vida y lo mucho que se admiraba de la obra de Juan de Mesa había un texto en que se resumían todos los errores, comprensibles, pero en aquella época ya muy antiguos, que habían sepultado durante tantos años su figura. Cualquier escultura valiosa con rasgos propios de la escuela sevillana tenía que ser de Montañés. Ni Juan de Mesa, ni Andrés de Ocampo, ni Francisco de Ocampo ni Juan de Oviedo, unos discípulos y otros coetáneos bastantes años, merecían que se pensase en ellos. Todo lo que quienes leyeron e investigaron sobre Juan de Mesa habían encontrado durante tantos años.

Las letras y el tipo de imprenta me hicieron pensar en un documento antiguo, quizá de los años centrales del siglo XX, pero en uno de los márgenes estaba en vertical escrita la pertenencia de aquel texto: «Del libro de D. Jesús Fernández Majolero sobre el hospital». En internet encontré que el mismo hospital lo había publicado en el año 1985 y en las notas a pie de página se citaba una obra de 1984 con la misma atribución a Montañés. En un libro publicado en 1983 que volvía a levantar la memoria de Juan de Mesa con datos y obras había un extracto, de muy poco después, en el que su nombre continuaba en el olvido.

La coincidencia era poderosa y quizá da eco a un texto que no lo merecía, y no solo por la simplicidad de la atribución, que el profesor Luis Luna relacionó con Juan de Mesa poco después, sino por la hipérbole que suena a encargo del mecenas que lo paga, que era el mismo hospital. La imagen es una joya a la par rotunda y delicada, como hacía Juan de Mesa ya en época tan temprana, pero fuera de Andalucía hay muchas otras obras suyas, y de otros autores, seguramente superiores, como la Magdalena Penitente de Pedro de Mena y el Cristo de la Agonía en Vergara, que admite comparación con muy pocas imágenes sagradas en todo el mundo.

Los nombres originales y populares se confunden entre la imagen y su emplazamiento, entre las advocaciones y sus patrones. La Virgen era del Remedio y Amparo, el hospital de Nuestra Señora de la Misericordia. Hoy se le llama de Antezana por el apellido de su promotor, Luis de Antezana, que lo levantó, como otros tantos en tantas ciudades, en el año 1483, y a la Virgen se le llama de la Misericordia.

No es extraño que aquel escrito de seis siglos más tarde, y todavía casi todo lo que se encuentra en internet escrito en la ciudad de Alcalá de Henares, relacionen a la imagen con Montañés. En la Virgen de la Misericordia, o del Remedio y Amparo, Juan de Mesa parece respirar todavía en el mundo de su maestro, aunque su propio genio ya dé algunos gubiazos. Es todavía una imagen idealizada. En las obras de imaginería del maestro los rasgos son armoniosos, simétricos, regulares, como trazados por las manos de un escultor que identifica a Dios con la perfección. Juan de Mesa dejará luego ese camino, pero en la Virgen de la Misericordia vive todavía en la serenidad y la perfección de Montañés, aunque el volumen de la ropa empieza a ser importante.

La madre no tiene ya la introversión mística de las inmaculadas de Montañés, como aquella Cieguecita portentosa que parece cerrar sus ojos al mundo, sino una expresión mucho más cotidiana, y más diferencias que semejanzas entre el Niño Jesús y el del Sagrario de la Catedral de Sevilla. En el Hijo encontraron Álvaro Dávila-Armero y José Carlos Pérez Morales las distancias: la frente más despejada, los rizos y una anatomía algo más mórbida y blanda, muy suave, que contrasta con el vigor de los músculos y manos de la Virgen que lo sostienen, y que luego se vieron mucho más. No está todavía el tormento del dolor ni el misterio, sino una religiosidad dulce y una contemplación artística sublime en la túnica abierta que deja ver los hombros desnudos del Niño y en la toca que cubre un poco la cabeza de la Madre. Bella, serena, dulce.

Aquel Hospital gratuito de Nuestra Señora de la Misericordia, que es lo que dice todavía en la fachada, es ahora una pequeña residencia de ancianos, aunque funcionó como hospital hasta no hace tanto, sobre todo en la Guerra Civil. Sé que se puede visitar y que tiene un hermoso claustro renacentista. De él solo conocí la iglesia en la que entré buscando la huella de Juan de Mesa. Era pequeña, con una sola nave y presidida por la imagen de la Virgen. Cuando buscaba algún rastro por internet encontré la página personal de José Carlos Canalda, que entre otras curiosidades de muchas cosas dedicaba un apartado a las postales del hospital de Antezana. Había dos de la Virgen de la Misericordia y una de ellas es la misma foto que me apareció en el libro de Hernández Díaz, pero no lo mismo que yo encontré. Para empezar, lo mío era una estampa, y de lo que se hablaba era de una postal, que además tenía al dorso el nombre de la imagen. La otra era una fotografía, bellísima, que también conocía, y una hermosa oración escrita al dorso: la *Letanía de la Naturaleza*: «Santa María de los cielos, elévanos / Santa María de las Estrellas, guíanos / Santa María de la Luna, alúmbranos / Santa María del Sol, abrásanos». Las dos se hicieron en 1988, declarado Año Mariano por el papa san Juan Pablo II y demostraron que aquella Virgen, como yo vi en aquella tarde de julio, tenía culto y rezos.

Las dos imágenes de la Virgen María que pueden abrir el catálogo de Juan de Mesa se me vinieron a la cabeza cuando en los primeros días de la preparación de este libro supe que el Ministerio de Cultura había comprado una inmaculada atribuida a él para los fondos del Museo Nacional de Escultura. Es una imagen con mucho recogimiento interior y que se viste con manto azul, el tradicional de su iconografía. Sus ojos almendrados, la nariz pronunciada y el rostro de niña recuerdan a Juan de Mesa, que luchaba por tener lenguaje propio.

Si en tierras de Castilla todavía buscan el prestigio de Montañés, en Fuentes de Andalucía, en cambio, sí que supieron bien quién era el autor de aquellas imágenes de San José y el Niño Jesús que tenían en una de sus iglesias. Entre su Córdoba natal y la Sevilla en que terminó de aprender su oficio y se abrió camino como artista está el pueblo que tiene el primer rastro documental del maestro escultor Juan de Mesa. Fue en 1615 y cuatro siglos después celebraron el acontecimiento, porque al menos en su provincia y en toda Andalucía sabían quién era el autor de esa imagen y qué otras mucho más importantes había hecho. Aquel grupo escultórico sería su joya particular junto con un hecho seguro: era la primera obra documentada de Juan de Mesa, la primera que tenía detrás un contrato con su nombre y su hechura incuestionable.

Lo encargó fray Alonso de la Concepción, comendador del convento de los mercedarios descalzos de Fuentes de Andalucía, el 9 de octubre de 1615, se entregó el 23 de mayo de 1616 y fue la primera escultura para esta orden a la que después entregó piezas fundamentales. Y algo más. Si el Niño Jesús es más montañesino, el escultor emprende aquí un camino de movimiento plenamente barroco. Ya no lo lleva en brazos, sino de la mano, como guiándolo por el camino de la vida, y él mismo va caminando. El pliegue de las vestiduras, barroco y con gusto por la arruga y el dinamismo, deja notar la fuerza de la rodilla, que se mueve, y hablan por sí mismas las manos llenas de vigor y músculo, quizá acostumbradas a la labor del carpintero, que como el escultor trabaja en la madera, aunque sea de otra forma.

A todos aquellos que me animaron a hacer este libro y me ayudaron hablando conmigo, les confesé que era lego o menos en Historia del Arte, así que aquí apenas puedo decir que es uno de los primeros que tiene «cara de Juan de Mesa». Están los rasgos que aparecieron más tarde en sus grandes imágenes, sobre todo en el Cristo de la Buena Muerte, con el rostro triangular, acentuado por una barba terminada en pico, cara ancha, nariz marcada para mostrar los rasgos muy claros, y ojos almendrados. Y algo más: una expresión de cierta tristeza, un halo indefinible de preocupación y de inquietud que no casan con el hieratismo habitual de ciertas imágenes, como si al patriarca le inquietara algo.

Ya no está la idealización, como tampoco en otras dos imágenes de estos primeros años, cuando Juan de Mesa es un escultor que destaca, pero todavía no ha dado los pasos para saltar por encima de todas las sombras. Aquellos crucificados, nazarenos y dolorosas, iba yo buscando cuando tuve un hueco para buscar el San Blas que está ahora en el convento de Santa Inés. Si dejé a un lado la Historia del Arte es porque me había inclinado mucho más por la belleza de la palabra impresa y hablada. Aquel lugar era para mí el escenario de *Maese Pérez, el organista*, y al entrar casi me parecía escuchar la música sobrenatural que más parecía brotar del fondo de la tierra que de los tubos. Pasaba por allí aquellos días el Jubileo de las XL Horas y había algunas mujeres rezando al Santísimo, como hice yo. Encontré a San Blas en uno de esos retablos neoclásicos que siempre me llaman la atención por raros y poco valorados en la Andalucía del oro y las columnas salomónicas, y en la penumbra de la iglesia parecía un orante, como los demás, ante el Sacramento, con la mirada buscando el cielo, vestido de obispo y con la herida en el cuello que lo mató.

A su lado había exvotos relacionados con su condición de abogado frente a los males de garganta, que viene de cuando salvó a un niño que se atragantó con una espina. Juan de Mesa lo hizo en 1618 por encargo de Blas Martín Silvestre para la ermita que se le dedicaba, y que estaba entre los barrios de Santa Marina y Omnium Sanctorum. Cuando la capilla desapareció, en el siglo XVIII, pasó a Santa Inés.

Faltan muy pocos meses para que Juan de Mesa entre en el mundo catártico y abismal de sus grandes obras de pasión y en la siguiente ya late esa tensión. Está a muy pocos metros de la imagen que lo inauguró, al otro lado de la plaza del Salvador, en el hospital de la Paz. La Orden Hospitalaria de San Juan de Dios le encargó en 1618 una imagen de San Carlos Borromeo, canonizado en 1612. El rostro es valiente, con ojos grandes y nariz muy marcada, y el gesto de un hombre preocupado por los demás, ya que el escultor tenía que recordar que había atendido a los enfermos de la plaga de peste en Milán, donde era arzobispo.

En su ropa de cardenal está ya el artista con dominio de la madera capaz de recrear la textura de los encajes; en el rostro trascendente, el que está a punto de probar los límites entre la representación y la trascendencia. Seguramente por sí mismas estas obras no habrían pasado de interesantes: ahora, bien vistas, son prefiguraciones con detalles de la tormenta que se avecinaba.

Antes del momento en que da el salto al tiempo sin tiempo en que sus obras son siempre contemporáneas, Juan de Mesa ha crecido. Un novelista histórico se hubiera travestido de criado o trabajador menor del taller para contar los detalles de la forma en que Juan de Mesa corregía a Montañés o de la capacidad del cordobés para necesitar apenas de una indicación para seguir el buen camino. Quizá hubiera plasmado una mirada de admiración o resquemor en los ojos del gran maestro, a quien tantos admiradores de Mesa han figurado como un envidioso responsable del olvido de su discípulo. O tal vez, como relata Vicente Rus Herrera, el de Alcalá la Real fue el primero, como el gran artista que era, en comprender el talento sobrenatural de su discípulo y luego contaría que le había enseñado.

Fernando Carrasco, con quien tanto hablé de Juan de Mesa antes de que se marchase demasiado pronto, forjó eso mismo en *El hombre que esculpió a Dios*: aunque el escultor ya era un artista independiente, el maestro, y más aquel maestro, seguía pendiente de sus obras y era testigo del momento en que los cofrades del Traspaso ven a la imagen que luego hará sonar en todo el universo el nombre del Gran Poder. Al cordobés le importaba mucho lo que pensase el hombre que le había enseñado, pero a la vez marcaba las distancias con él.

Quizá aprendiera de Alonso de Mena o hiciera amistad con Francisco de Ocampo, cuatro años mayor que él. Los dos tuvieron luego talento suficiente para seguir por sus propios caminos, tan distintos. Lo imagino hablando con él del Cristo del Calvario, preguntándole por la forma en que había resuelto algunos detalles y compartiendo las inquietudes de los que dan sus primeros pasos. Luego lo debió de tener en cuenta para realizar su primer crucificado.

Hay artistas y escritores de los que hay que saber la vida para comprender la obra del todo, como si en el fondo, y a través de otros rostros, no hicieran más que confesarse en el papel, la madera, el lienzo o los pentagramas. Por eso antes del temporal de dolor y de belleza que está a punto de llegar hay que irse al 11 de noviembre de 1613. Es lunes, fecha extraña hoy para una boda, y Juan se casa con María de Flores en la iglesia parroquial de Omnium Sanctorum. A sus treinta años la mayoría de los varones ya están casados, aunque él ha tenido que cambiar al menos una vez de residencia y parecía hasta entonces más preocupado por formarse como escultor. De ella se sabe que era natural de Zufre, un pueblo de Sierra Morena que hoy forma parte de la provincia de Huelva, pero que entonces pertenecía al Reino y la diócesis de Sevilla, y que dista de la ciudad ochenta y cinco kilómetros.

No hay que dudar de que se casó con ella por amor, y eso se nota en el testamento, pero el gremio ayudaba a los artesanos que tenían familia. Me lo cuenta Alberto Villar: la madera era escasa y llegaba de los bosques de la Sierra de Segura por las aguas del Guadalquivir, como se ha hecho hasta bien entrado el siglo XX en muchos lugares. Los escultores casados podían recibir el doble de lo que tenían los solteros, que no tenían una familia que mantener.

Mientras termina de aprender y busca un hueco de personalidad en su trabajo, Juan de Mesa pone las bases de su vida y forma una familia. No tenía ya a la suya, porque sus padres habían muerto, y los allegados a su mujer fueron su círculo íntimo. Los historiadores piensan que en principio viviría con ellos Ana, su cuñada, hasta su boda en 1618 con Antonio de Santa Cruz, que era ensamblador de retablos. Trabajaron juntos varias veces y pareció un colaborador de mucha confianza. Juan de Mesa dotó a la joven con algunas obras de escultura para aquella boda, y más tarde sus suegros también llegarían a Sevilla para vivir con ellos. El matrimonio vivió entonces en la calle Peña Horadada, hoy González Cuadrado, a pocos metros de la iglesia en que se habían casado.

Algo antes de que recibiera el encargo de San José y el Niño Jesús para Fuentes de Andalucía, Juan de Mesa se presentó a un examen ante el gremio de escultores para convertirse en maestro, y un tribunal le tuvo que declarar «capaz y suficiente» para su oficio y para abrir su propio taller. No ha aparecido el documento, aunque debió de ser hacia la mitad de aquella década de 1610, y probablemente hasta entonces y desde que terminó su aprendizaje estaría como oficial en el taller de Juan Martínez Montañés.

Juan de Mesa no es el escultor del dolor en los crucificados y nazarenos, que todavía no le han encargado. Las imágenes de la Virgen no abundan en su obra, y son precisamente de este tiempo, casi siempre atribuidas y pocas veces documentadas. Entre 1617 y 1620, antes de aquellos años portentosos, el maestro pudo hacer una tercera escultura mariana que no tiene pruebas escritas que le relacionen con él, pero en la que sí se han encontrado rasgos de estilo. En 1617 nació en la iglesia de la Consolación, conocida como de Los Terceros, una Esclavitud de Nuestra Señora de la Encarnación, que quería venerar a la Virgen en el momento en que recibiese a San Gabriel —«He aquí la esclava del Señor, hágase en mi según tu palabra»— y aceptase la concepción en su seno del Redentor.

En esos primeros años de la cofradía debió de hacer Juan de Mesa aquella imagen que se ha desvelado como de su posible autoría en los últimos tiempos, cuando las restauraciones han eliminado policromías posteriores y se le ha estudiado con detenimiento. El catedrático Emilio Gómez Piñol fue el primero que habló de Juan de Mesa como autor de una imagen que siempre se había pensado como del círculo de Juan Martínez Montañés. La Virgen habla sobre todo a través de las manos, largas y huesudas, llenas de expresión, parecidas a las de la Virgen del Socorro y a las de las Angustias de Córdoba. Con ellas sostiene un libro que lee en el momento en que recibe al Arcángel, porque el escultor la representa atareada en la lectura, como tantos pintores de todas las épocas.

Juan Manuel Miñarro, que restauró a la Virgen en 2006, también avaló que fuera de Juan de Mesa. Retiró una gran capa de policromía del siglo XVIII y varios repintes y encontró allí la encarnadura original del siglo XVII, en pulimento satinado, «el que defendía en la época Francisco Pacheco». De ese período debían ser también los ojos de cristal, que le alteran la impronta. El resto sí son las cejas finas, el cuello largo y estilizado con algo de la hendidura femenina. Y algo más que no está a la vista: aunque es una imagen para vestir, tiene una túnica interior tallada, como la Virgen de las Angustias.

La esclavitud se integró en 1997 en la cofradía penitencial de la Sagrada Cena, que residía en el templo, y ahora sale en procesión en septiembre. Quién sabe si su hechura fue la semilla para que otra corporación de aquella misma iglesia, la del Amor de Cristo, hablase con Juan de Mesa para encargarle la imagen de su crucificado. Las fechas encajan con la naturalidad de un relato, como si al aceptar la Encarnación aquella Virgen recibiese la semilla de un mundo de dramatismo que habría de asombrar en los siglos siguientes. Aunque suene bien hay que frenar la tendencia al relato y a la fabulación. Sí se sabe que se le pidió también una imagen de san Francisco para aquel templo que no se ha identificado.

La misma suerte corrió otro encargo de este tipo, para un hospital bajo la advocación de San Bernardo, al que llamaban de los Viejos, y que cuidaba de personas ancianas. El seis de julio de 1618, casi al mismo tiempo que el Amor, se comprometió Juan de Mesa a hacer un retablo, que se perdió en el siglo XVIII y nunca se ha identificado. Pocos días después firmó una Inmaculada y un Niño Jesús que debía hacer en barro y que se pudieron enviar a América, aunque tampoco se han encontrado.

Los documentos sí conducen con certeza al momento en que el escultor se asentó en el lugar en que tendrían que nacer sus obras, y no es poca cosa para un artista tener un entorno en el que trabajar cómodo. En 1616, ya cuando era un escultor con taller propio, Juan de Mesa alquiló al pintor Diego López Bueno unas casas en la calle Pasaderas de la Europa, frente al hospital del Amor de Dios, en la collación de San Martín. A pocos metros estaba ya la Alameda de Hércules, aquel paseo abierto al Guadalquivir que tendía a inundarla como si el río y la ciudad fueran amantes que no pudieran vivir separados. En poco más de diez años, allí fue capaz de dirigir, desde las gubias hasta la madera, el aliento de una personalidad propia, que por fortuna para el arte brotó muy pronto y se marchó por desgracia también demasiado pronto. Por ser tan intensa, aquella inspiración no tardó en brotar, y también por ser tan intensa apagó la vida de su autor en pocos años.

Contemplación artística sublime. La Virgen de la Misericordia de Alcalá de Henares. Foto del autor

5

UNA ESPINA CLAVADA

El hombre que vivió en el vértigo de encontrar en la madera el punto en que confluyen la omnipotencia de Dios y la limitación y determinación de los hombres, dobló en 1620 el cabo de la existencia que tendría que hacerle inmortal. Antes que eso nació, se formó y trabajó, pero solo en ese año prodigioso presentó las cuatro obras que fundaban su estilo y su mundo. Lo de antes era aprendizaje e intuición, búsqueda y lucha por expresar en la madera lo que le crecía dentro; lo de 1620 fue hallazgo y gloria. Lo que llegó a partir de entonces fue avance y perfección del camino que él mismo se había abierto y que nadie conocía hasta entonces, al menos con esa intensidad. Lo que se hable de él tendrá que girar en torno a los cuatros hallazgos esenciales de su obra que aparecen entonces, y será anterior o posterior. Y a veces también superior.

Siempre me he preguntado cómo vería Juan de Mesa las procesiones de Semana Santa y las cofradías y en qué momento pensó que sería capaz de añadirles algo que muchas veces las haría inmortales. Me lo he imaginado ante las procesiones de Córdoba en sus años de niño, en las décadas de 1580 y 1590, asombrado ante el Crucificado de la Vera-Cruz o quizá delante de los disciplinantes de las

Angustias, mucho antes de que les enviara el gran tesoro de sus imágenes titulares. Cuando él llegó a Sevilla también la Semana Santa estaba casi recién inventada y las cofradías, que en parte eran las mismas pero que todavía tenían que pasar por muchas crisis y cambios, eran instituciones jóvenes que apenas podían pronunciar la palabra tradición. Hacia 1617, en el momento preciso en que está a punto de aportar las imágenes que en gran parte la definen, en Sevilla había unas treinta y seis cofradías de penitencia que procesionaban entre el Domingo de Ramos, Miércoles Santo, Jueves Santo y la Madrugada y tarde del Viernes Santo.

Carlos Colón siempre habló con ambigua precisión del «remoto origen medieval», de aquel antecedente en el Vía Crucis a la Cruz del Campo y en la mítica fundación de la cofradía de Jesús Nazareno en Omnium Sanctorum en 1340. Más de la mitad de las cofradías todavía no tenían cincuenta años de existencia y muchos historiadores saben que en ellas primaban la penitencia pública y el sentido de fraternidad sobre la devoción a las imágenes, que luego se hizo importante y más tarde esencial. Juan de Mesa llegó justo en el momento en que todo empezaba a girar alrededor de los titulares. Las que tenían a imágenes de papelón y de muy poco valor artístico las cambiaban; las nuevas iban a los talleres de escultura que florecían en la ciudad.

Cuando los que menos saben y más hablan quieren citar a los grandes escultores de las cofradías suelen citar a Juan Martínez Montañés, y del maestro de Juan de Mesa apenas hay una imagen, y atribuida, que salga en la Semana Santa de Sevilla. Una imagen cenital, sin duda, magistral en el sentido de que mostrase un camino las demás; reflejo de la perfección formal y también de una serie de conceptos teológicos que tienen que ser exactos para que la madera esculpida pase a ser también sagrada. Pero una sola: Jesús de la Pasión. Él se había ganado con la gubia la fama de un escultor de prestigio y, por lo tanto, se podía ofrecer a los mejores clientes: las órdenes religiosas y catedrales que le pagaban inmaculadas y santos, retablos y grandes relieves. Daban más ingresos y más libertad creativa, y los retablos, con su componente de arquitectura y la necesidad de una cierta narración, ofrecían mucho más prestigio.

Juan de Mesa se ganó a varios de los grandes institutos religiosos, pero empezó a trabajar en el momento en que las cofradías necesitaban imágenes y él quería mostrar su trabajo. De las más de treinta hermandades no todas llegaron hasta el siglo XX y otras muchas se reorganizaron después de malas épocas. Pocas tenían entonces a imágenes que hayan conservado hasta hoy. Estaban los Cristos góticos de san Agustín, la gran devoción de la época, y de la Vera-Cruz, titular de una cofradía que luego desapareció para volver en el siglo XX. Del siglo XVI son testimonio el Cristo de la Humildad y Paciencia, tan sencillo como hondo y doliente, y poco después alborea la escuela sevillana: el Cristo de Burgos, el Cristo de la Expiración de la cofradía que hoy se llama del Museo, el Cristo de las Tres Caídas de Triana, y tal vez dolorosas como la Soledad de San Lorenzo y la Virgen del Rosario de Monte-Sión.

Cuando Juan de Mesa ya estaba en su taller de Pasaderas de la Europa, su maestro Juan Martínez Montañés acababa de entregar a la cofradía de Pasión la portentosa imagen del Señor, y hacía una década que había labrado el Cristo de la Clemencia, que a pesar de no pertenecer nunca a una cofradía marcó a todos los demás. Francisco de Ocampo, compañero de Juan de Mesa en la formación, había hecho poco antes a Jesús Nazareno para el Silencio, al Cristo del Calvario, luego titular de una ejemplar cofradía penitencial, y seguramente al Cristo de la Salud de la Carretería. En algún momento de los primeros años del siglo XVII pudo hacerse el Señor con la Cruz al Hombro, titular de la cofradía del Valle. En 1618 las cofradías preparaban su primera edad de oro y estaban a punto de toparse con el escultor que más les ayudaría a encontrar lo que tenían que mostrar en la calle y cómo tenían que hacerlo, aunque él también había podido aprender de su maestro, de sus antecedentes, y de sus compañeros, que también dejaron caminos marcados.

No me atreveré a decir, aunque en algún momento lo haya pensado, que Juan de Mesa es más decisivo que nadie para lo que ahora es la Semana Santa, pero lo que consiguió en parte explica su éxito. Frente a las imágenes distantes y mayestáticas, él mostró a un Dios que se ha hecho hombre con todas las consecuencias, y que es tan débil que comparte el abatimiento y el cansancio con los que están al pie. El escultor de su tiempo tiene que mostrar su condición divina porque obedece normas claras de la teología, pero también sabe que no tiene que ocultar que no puede con la cruz, o que ha sufrido hasta troncharse y caer bajo el peso de la muerte.

Puedo pensar que las cofradías se lo pidieron, que él lo intuyó y buscó el favor del pueblo, pero, aunque hubiera algo de eso en la combinación, tiendo a creer en el artista que lleva todo un universo latente y que lo hace salir en cuanto está delante de un trozo de madera para darle forma. En el lenguaje de hoy se llamaría empatía y resulta imposible si el artista no ha puesto algo de sí mismo. Me lo han dicho antes y me lo dirán después: la gente sencilla ha acudido a sus imágenes para ver reflejado su mismo sufrimiento. Allí están el dolor del cuerpo y las heridas de haber perdido a alguien que se quiere, la angustia del futuro y la incertidumbre de las preguntas que se quedan sin responder. Las esculturas de Juan de Mesa nunca desde entonces han dejado de ser dolor que consuela del dolor.

Todo eso brotó por primera vez a la vista de todos, ya se ha dicho, en el Cristo del Amor, pero antes tuvo raíces y pequeños tallos más pequeños, ocultos bajo la vegetación de las clausuras y de los retablos, que si no sonaron como aldabonazos que llaman a un cambio de época, sí que tuvieron que servir al escultor para encontrar lo que quisiera hacer, aunque al retirarse para completar lo que tenía ante sí pensara que no estaba del todo mal, pero que tenía que seguir avanzando y arriesgándose. El paso previo más claro está recogido en un convento de clausura, de los que abren sólo por las mañanas y sobreviven como oasis de oraciones entre el fragor del tráfico. Igual que es minoritaria esa ciudad recogida y espiritual, ajena y esquiva al estereotipo de la gracieta y el exceso, también lo era aquella imagen, que pocos conocían por haber estado mucho tiempo en una clausura y menos identificarían como esculpida por Juan de Mesa.

Yo mismo soy incapaz de contar las veces que pasé por allí camino de la facultad o recorriendo la ciudad de Sevilla, y sólo recuerdo que entrase una vez. Me acuerdo de la iglesia barroca y pequeña y quizá de las monjas rezando, pero no imaginaba que allí iba a encontrar una imagen así. Nuestro Padre Jesús Nazareno del Perdón no fue nunca titular de una cofradía, pero con él empieza Juan de Mesa a recorrer su propio camino, que no es sereno y sutil, sino doliente y expresivo, que no devuelve al espectador paz y misticismo, sino un espejo de dolor e inquietudes.

Es una imagen de aprendizaje, que el profesor Hernández Díaz primero, y luego Álvaro Dávila-Armero y José Carlos Pérez Morales, datan en torno al año 1617, cuando todavía no había labrado ninguna de sus grandes obras de pasión. Mide ciento treinta y cinco centímetros, no está hecho para Semana Santa y le falta la madurez que llegó muy poco después, pero el ser humano enigmático y quizá herido de Juan de Mesa ya está allí.

No hay que pensar en que fuera una imagen para salir a la calle, porque estas estaban hechas para verse desde cualquier lugar, y el Nazareno del Perdón mira al espectador directamente, así que estaría en una hornacina o retablo. No puede dar una gran zancada, pero sí avanza la pierna de camino al Calvario, y se nota bajo la túnica tallada, que tiene color morado oscuro con estofados que recuerdan al bordado. Hay más salto de aquí al Gran

Poder que del Señor al Nazareno de La Rambla, pero el volumen y la condición de obra de talla ponen una distancia que no es tanta si se mira con calma.

Nunca perteneció a una cofradía penitencial, pero sí pisó las calles al menos en una ocasión. Fue en 1958, en un Vía Crucis que se organizó a la Cruz del Campo, como aquellos que se trajo el Marqués de Tarifa desde Tierra Santa y que se tienen como antecedente de la Semana Santa. Comenzó en su lugar primitivo, en la Casa de Pilatos, y el Señor fue en unas pequeñas andas y con la cruz larga que necesitaba su fugaz carácter procesional. En las fotografías se ve a la imagen crecer para desplegarse, como ocurre siempre con todo lo que toca Juan de Mesa. En todos los sentidos fue también un presagio de los Vía Crucis de las cofradías que llegarían veinte años después.

Es un Jesús que sufre bajo el peso de la cruz o, tal vez, debajo de otros pesos. Está en los ojos almendrados, más pequeños quizá que los de otras imágenes y con una expresividad latente que dialoga con el espectador; está en la sensación de desvalimiento, pero también en las fuerzas de flaqueza que se muestran en las manos poderosas y llenas de nervios y músculos que se aferran al madero. El estudio de los expertos parece tan coherente que no hay muchas dudas de que aquí ensayaba ese mundo proceloso y consolador de sus imágenes. La corona de espinas, tallada como siempre en el mismo bloque de la cabeza, recuerda a las que llegaron después, y de ellas hay una que es un poco más larga y atraviesa la ceja izquierda.

Para muchos la espina es la firma de Juan de Mesa, una especie de sello personal que dejaba el escultor al no poder poner su nombre en las imágenes. Esta es la primera, porque tampoco ha hecho antes una corona de espinas, y es larga porque también es más larga la distancia de la madera a la ceja en que pueda destacar. El catedrático de Historia del Arte Alberto Villar ha visto en ella una confesión y un dolor latente que no son del Señor, sino del mismo Juan de Mesa, que por primera vez habla de forma directa en su obra.

El artista de natural discreto, que prefería que la personalidad de sus imágenes llamase la atención sin necesidad de relaciones públicas, se abría las carnes en esa espina. Juan de Mesa se había casado en noviembre de 1613 con María de Flores. Cuando hizo el Nazareno del Perdón debían de llevar cuatro años de matrimonio y seguían sin tener hijos. Desde 1616, poco antes de hacer esta imagen, que en este 2020 se está restaurando en el Instituto Andaluz del Patrimonio Histórico, vivían en la feligresía de San Martín, y en esa iglesia parroquial se veneraba una espina de la que se pensaba que había pertenecido a la corona que los soldados trenzaron y colocaron al Señor para burlarse de él al comienzo de la Pasión.

Como pasaba con aquellas reliquias y santos que intercedían por algo en concreto, ante aquella astilla rezaban quienes buscaban algo muy concreto, y en ese caso era concebir hijos. Dicen las crónicas que muchos lo consiguieron con aquella reliquia milagrosa. Juan de Mesa y María de Flores seguían sin descendencia y en aquel mundo donde la práctica religiosa y la piedad popular formaban parte de todos los minutos de la vida diaria no sería raro verlos orar por los hijos que, según el testamento, no llegaron nunca. Es fácil ver a la mujer arrodillada ante el relicario en que se manifestase la espina, y al escultor que trabajaba y que cada ciertos golpes recordaba los meses que se sucedían sin cambios y sin que hubiese señal de que iba a llegar la descendencia que los dos ansiaban. Juan de Mesa tenía un trabajo creativo en el que debía, de vez en cuando, abrirse el alma para que sus imágenes expresasen y tuviesen personalidad, y en esa sinceridad era difícil que los problemas se pudiesen quedar fuera del estudio.

Si esa historia tan bien contada fue tal y como la supone el profesor, hasta el San José de Fuentes de Andalucía, realizado cuando ya habían pasado cuatro años de matrimonio, expresaría en ese rostro angustiado el dolor de quienes esperaban en vano a los hijos. ¿Con qué fuerzas de frustración haría aquel conjunto del que ya iba temiendo que no sería nunca un retrato suyo? Tal vez Juan de Mesa estuviese allí pensando que nunca tomaría con la suya una mano mucho más pequeña, que no vería a algún hijo fascinado ante el proceso por el que la madera tallada cobraba vida y no descubriría rasgos y gestos suyos en un ser humano que crecía sin parar. No se asomaría al vértigo de descubrir un día que habían pasado los años y que ya era más alto que él.

Él en cambio tuvo que vivir con la incierta esperanza de algunos meses que acabaría siendo vana, con el cansancio de otros muchos, con los remedios caseros y con los consejos de vecinas y de familiares. Pudo haber sido un rumor de primeros pasos y la sonrisa feliz al seguir la conversación casi aleatoria que tienen los hijos que aprenden a hablar, un susto infantil para abrazar al padre que está entregado al trabajo y el griterío feliz que escuchase al volver a casa cuando todavía no había abierto la puerta. No había entonces madres arrepentidas ni cálculos para el momento en que la paternidad fuese menos dañina para la carrera profesional. En vez de coloquios sin palabras con el recién nacido, las de Juan de Mesa fueron horas que se entregaban a un trabajo que tenía que ser titánico y en el que volcaba los hondos conocimientos de anatomía y de la forma en que el cuerpo recibe el latigazo del dolor. Acaso, cada cierto tiempo, cuando algún movimiento pudiera ser automático y la cabeza tuviera más libertad para moverse hasta las regiones que más daño podían hacer a su dueño, aparecerían otra vez los hijos que no llegaban. La espina de sus Cristos y de aquella mano postrera con la que también él se despidió atormentaba mucho más al escultor que al representado.

El Señor del Perdón del convento de Santa María de Jesús, prefiguración de sus nazarenos. Foto: IAPH

Las imágenes de las cofradías de Sevilla antes de Juan de Mesa: Cristo de la Humildad y Paciencia (mitad del siglo XVI), Cristo de la Expiración del Museo (Marcos de Cabrera, 1575), Nuestro Padre Jesús de la Pasión (Juan Martínez Montañés, hacia 1615) y Nuestro Padre Jesús Nazareno (Francisco de Ocampo, primeros años del siglo XVII). Fotos: Javier Comas y Manuel Jesús Rodríguez Rechi

6

AMÓ MÁS QUE PADECIÓ

En el atardecer del verano me parece que han pasado siglos desde aquel momento en que estaba frente al Salvador. No me hubiera creído que el mundo iba a cambiar tanto en tan pocas semanas. He viajado a Sevilla en estos días como he podido, según me han ido dando entrevistas y visitas. Por eso tengo que empezar escribiendo lo que veo en el Salvador y hablar luego de San Gregorio, aunque estuviera allí primero. En este 2020, mi año con cuarenta y cuatro, los mismos que Juan de Mesa, la del catorce de febrero, día de los Santos Cirilo y Metodio, es quizá mi única tarde cuaresmal, aunque todavía falten doce días para el Miércoles de Ceniza y no sea capaz de imaginarme la angustia claustrofóbica de calles vacías e imágenes encerradas que se comerá casi todos esos días que tenían que ser de espera. Si he leído algo del coronavirus, no le he dado la menor importancia.

Como con todo aquello que amo de Sevilla, con la iglesia del Salvador he tenido una relación mutante y tornadiza. En los primeros tiempos, cuando todavía era parroquia, era mi catedral, el templo sobrecogedor de altura y de majestad en que se reflejase, aunque incluso en tanta grandiosidad el reflejo fuese pálido y pobre, la gloria de Dios. Ninguna de las veces en que traspasé aquellas puertas dejé de asombrarme de aquella arquitectura colosal y sin embargo medida, tremenda y sin embargo humana, y siempre tuve una cosa que admirar, fuera la monumentalidad del retablo mayor con toda su catequesis o aquel Cristo de la Humildad y Paciencia que esperaba en la nave del Evangelio y que siempre me pareció merecedor de mejor suerte. Conforme pasaron los años, la plaza fue más un lugar de reunión y de encuentro con amigos que la antesala de la iglesia, aunque la siguiera visitando. Al cabo del tiempo, después de marcharme, la encontré cambiada.

Me pasó una tarde de la Cuaresma de 2016, cuando quisimos terminar aquel domingo entrando al Salvador y encontramos que había que pagar una entrada. Yo sabía que aquella iglesia se había desalojado con prisas y que había estado varios años en obras que habían costado mucho dinero, y había admirado su resultado después en momentos en que encontré la entrada franca. He pagado por entrar a muchos templos admirables y por otros que lo merecían menos, pero tuve aquel día la desagradable sensación de que me cobraban por entrar en mi propia casa, o que aquel sitio entrañable ya no era el mismo.

Por la calle Sagasta ahora la plaza me va naciendo dorada y sin tiempo, como la recordaba, con el sol último de aquella tarde que es de Cuaresma, aunque todavía no haya llegado. Es la misma plaza y no lo es, porque me sigue sorprendiendo la puerta cerrada del Patio de los Naranjos, que siempre o casi siempre recuerdo abierta a esas horas. La fachada almagra tan integrada entre los edificios que la rodean y los que dan a la plaza del Pan siempre me pareció que hacía de camuflaje para que se pensara que aquella iglesia era menos enorme de lo que era. Las grandes puertas están cerradas, pero paso ante el colosal azulejo del Cristo del Amor y busco la pequeña puerta de la calle Villegas en la que me ha citado el hermano mayor, Juan Cruzado Candau. Llamo, me abren, pregunto por él y con toda naturalidad me hacen pasar a la iglesia. De camino he visto los respiraderos del palio de la Virgen del Socorro, que en aquel momento parecen temblar de impaciencia buscando el momento de ajustarse en la mesa en busca de otro Domingo de Ramos. Esperaba una conversación de casa de hermandad mientras los cofrades se afanaban en mil tareas, pero me encuentro sin merecerlo con que todo un desconocido ha entrado en la intimidad de la cofradía. En la capilla de la nave de la epístola, sin una voz de más, están bajando al Cristo del Amor.

No hay menos de treinta cofrades, de los que unos se afanan, otros ayudan, los hay que rezan y otros muchos miran al crucificado. En el momento en que entro el Señor ya no está en su retablo, sino descendiendo colgado de unas cuerdas. Hay un ambiente de delicada intimidad, de oración en monasterio, así que decido esperar. Nadie tiene allí la tentación de grabar con un teléfono ni de mirar con otros ojos que los de la cara.

Antonio Mendoza, que heredó hace más de medio siglo de su padre las tareas de mover al Cristo del Amor, me contaría después que toda la maniobra se hace sin tocar a la imagen, solo a la cruz. «Toda mi vida he tenido un respeto por el Cristo y hasta que me muera lo seguiré teniendo. No toco el cuerpo para nada», explica. Y así es. En algún momento parece que el INRI, esa inconfundible plancha de metal, hace más difícil la maniobra y se quita. Suspendido de las cuerdas llega hasta el pie en que se tiene que pinchar la cruz, y que los cofrades han dispuesto con total simetría. «Hay que moverlo hacia el Señor de la Sagrada Entrada», es la indicación. Y ahí queda, con un centro de flores rojas y moradas, listo para el besapiés que tiene que empezar ese domingo y justo antes del quinario de la semana siguiente.

En su despacho me habla Antonio Mendoza de esas tareas de intendencia que no siempre se ensalzan, pero sin las que no hay nada: «Voy acompañándolo siempre para bajarlo en la Catedral, porque no entra. Luego lo subo una vez que entra, vuelvo a bajarlo en la puerta de salida y vuelvo a subirlo. Y voy todo el camino con Él por si hay un problema de un cable o cualquier cosa. Si veo un problema de cable o subo, lo bajo o quito el cable. Lo digo así de claro», dice riendo.

He participado más de una vez en este tipo de actos, pero el momento en que una imagen sagrada se mueve me causa sufrimiento, aunque, como en aquel día, quienes lo hagan sean personas capaces. Por eso no disfruto de contemplarlo hasta que queda quieto. Aquí está la imagen con la que Juan de Mesa desaprende y busca un nuevo camino sin renunciar a todo lo que ha recibido de su maestro. Aquí me encuentro el mundo de dolor y la expresión, la conmoción que busca al creyente sin reservarse nada. La hermandad del Amor de Cristo, Madre de Dios del Socorro y Gran Patrón Santiago había llegado poco antes a la iglesia de los Terceros y en marzo de 1618 se fusionó con la de la Sagrada Entrada en Jerusalén, con la que no le habían faltado conflictos.

En mayo de 1618 encargaron a Juan de Mesa una imagen de Cristo Crucificado y otra de la Virgen, y en ellas el escultor se comprometía a trabajar solo, sin que pudiera intervenir ningún oficial del taller. Debía estar acabado en agosto, aunque la carta de pago no llegó hasta el 4 de junio de 1620. Entre una y otra fecha ya había saltado de la época en que era un discípulo muy prometedor del gran Montañés a ser un escultor con un mundo único y ya tenía en las cofradías y en sus hermanos, en el pueblo sencillo que acudía a las iglesias, aquellos que lo entendieran. Tal vez fuera la forma más rápida de ganarse un hueco en aquel mercado en el que no faltaban genios, o quizá buscase un camino diferente a aquel de los retablos y conventos en que su maestro dominaba.

Ante el Cristo del Amor recuerdo el momento en que lo conocí, en la noche del Jueves Santo de 1994, con la iglesia abierta y vacía de su cofradía de Pasión. Parecía a punto de desplomarse del todo, de tan vencido como noté el cuerpo que caía por el peso de la muerte. Ahora me parece un poco más sereno, pero solo hasta lo que lo miro a la cara.

Siempre tuve la impresión de que, aunque esté muerto todavía no ha dejado de sufrir; los soldados ya le habían traspasado el costado con una lanza por haberlo encontrado sin vida, pero en la boca parece tener otro suspiro de dolor callado. El cuerpo y la postura tienen algo del Cristo de la Clemencia, y sobre todo el sudario, en una sola pieza y muy amplio, con ricos pliegues, es del todo montañesino. A sus pies estaba el pelícano, el símbolo del que se sacrifica por los suyos, que en su pequeñez le añade dramatismo.

Me imagino entonces a Juan de Mesa ante el abismo del encargo y en la angustia o la confianza de hacerlo con su mismo lenguaje, que todavía no era más que un boceto. Tal vez mirase al Cristo de los Desamparados que había hecho su maestro para el Santo Ángel o se asomó al del Calvario, en que su compañero Francisco de Ocampo fue capaz de ser fiel al encargo de que debía parecerse al de la Clemencia, pero a la vez tiene un acento propio con de ascetismo y severidad. Tuvo que conocerlos, pero todo parece asumido ahora.

Me acerco con prudencia y le encuentro el rostro con el ceño fruncido por el dolor y la boca entreabierta en que hasta se ven los dientes. A mi lado están personas que no conozco y rezan. Los pómulos parecen tener vida y todo en él está pensado para impactar. Los ojos cerrados parecen salir de la cara y la nariz aguileña obliga a mirarlos. El pelo voluminoso, ligeramente ondulado, aumenta la sensación de grandeza. Ya no hay naves colosales: el Cristo puede con todo. Se me aparece Joaquín Caro Romero, que quiso ascender a su altura en un soneto: «Amor, Amor, Amor, qué poco falta / para la meta. ¿Por qué está tan alta / si yo no voy sin ti a ninguna parte?».

En algún momento subo las escaleras laterales del presbiterio y lo busco para detenerme en la caída interminable del cuerpo, que parece a punto de rebotar con la fuerza del último suspiro. ¿Cuánta distancia habrá entre las manos clavadas y la espalda, entre los dedos y la cabeza que busca a quien está debajo para dialogar con él? Rafael Candau me contará después que están marcadas todas las vértebras, porque es lo que corresponde según las leyes de la anatomía a la postura de las manos. En el perfecto equilibrio pasa desapercibida la luxación del hombro izquierdo, en que Juan de Mesa pudo contar una secuencia que luego estudió Antonio Hermosilla Molina: primero se clava la mano derecha y luego se estira la izquierda y provoca el daño en la articulación. Otro dolor añadido.

En esas circunstancias lo último que quiero es dejar de mirar al Señor, pero he venido para trabajar, y cuando encuentro al hermano mayor me presenta a la persona que me tiene que hablar del Cristo del Amor de cerca, en la intimidad en que ahora lo veo. Es Rafael Candau, a quien titula custodio permanente del Señor. Es un hombre alto y lúcido. Después sabré que tiene ochenta años, pero pienso que no los aparenta. Me estremezco cuando escribo de él. Habla con franqueza delante de un desconocido, quizá porque al explicar cosas de su Cristo hay ciertas historias que no pueden ser secretas. Nos sentamos en un banco que está en la nave central, aunque cerca del crucificado, que ya no está en su retablo. Falta poco para que se abran las puertas del Salvador, ya entonces sin costo de entrada y para todos los cristianos que quieran rezar. Con nosotros está Lourdes Sivianes, profesora de Derecho y también hermana de la cofradía.

«¿Qué dice este Cristo?». He hecho esta pregunta o sus variantes muchas veces a lo largo de 2020 y no pocas veces he temido que no me entendieran, o que tuviera que explicarme mejor. No ha pasado nunca. Rafael Candau empieza hablando como cofrade, pero poco después me responde, no sé si queriendo o no. «Forma parte de ti, es toda la vida. Nací aquí porque mi padre era hermano mayor entonces. Me bautizaron aquí, a los pies del Cristo. Y para mí es toda una vida». Es la realidad de muchos cofrades, pero poco después, delante de su Cristo, al que no deja de mirar mientras conversa, como tampoco yo dejo de mirarlo, empieza a reflexionar sobre su larga vida junto a él. «Hay momentos en los que te peleas, momentos en que hablas con Él, momentos en que pides, momentos en que pides perdón porque le has chillado. Es muy complicado, porque no es solo el arte. Por supuesto que no. Para nosotros desde luego no es el arte, es un sentimiento, algo vivo». Habla mirando hacia delante, y la mirada no está perdida, sino hallada en el imán poderoso del Cristo del Amor.

Antonio Mendoza no me lo dirá así, pero me contará luego que ha sido como un eje de su vida:

—Hombre, es que para mí es algo especial. No tengo más que al Cristo, le digo la verdad. Lo considero como una cosa mía. He nacido en esta casa, llevamos cinco generaciones aquí y toda mi familia se han dedicado a ser capiller del Cristo del Amor. Y cuando me quedé sin mi padre a los dieciocho años, el hermano mayor me entregó las llaves que tenía mi padre. «El cargo de tu padre ahí lo tienes». Ahora tengo sesenta y siete, y todavía me da fuerzas para subirme a donde sea, usted lo ha visto. No tengo problemas, pero el día que los tenga, tengo a mis hijos que me acompañan. Lo que pasa es que mis hijos mismos dicen que, mientras pueda, lo hago yo. Lo tengo clarísimo: el día que no pueda hacer nada, que me note un fallo, le pido a uno de mis hijos que lo haga. Pero mientras pueda no lo dejo, porque es mi vida.

Lourdes quiere decir entonces lo que le inspira la imagen, a la que también mira: «Algo que te conecta con lo espiritual. Porque este Cristo por ejemplo a mí me inspira una serenidad, y esa serenidad me hace conectar con lo divino, con mi parte más elevada, con mi parte más espiritual. Contemplar al Cristo del Amor para mí es entrar en un estado de paz que me conecta con Dios». Ha puesto el dedo en la llaga, porque he cogido el hilo de lo que ha dicho antes Rafael. ¿No es el arte? ¿Comunica lo mismo el Cristo del Amor, el primero con el que Juan de Mesa entra en los caminos del dolor, que una imagen de serie?

Por eso ella concede que «el arte ayuda espiritualmente» y él le sigue: «Una iglesia como esta te atrae y a mí me inspira rezar. Esas iglesias modernas no me atraen nada». Como todos los que han vivido su fe en torno a imágenes de Juan de Mesa ha conocido a las demás y las compara. «Hace algo que es inédito, porque incluso de los crucificados que hace después ninguno tiene la fuerza que tiene esta imagen. Es como la cara del Gran Poder. Hay muchas imágenes, pero la fuerza que tiene el Gran Poder, te pones en la calle y no ves el paso, y eso que es bonito. Lo que ves es la cara del Señor». Habla de eso que Carlos Colón llamaba «salir al encuentro» y de esa capacidad para llenarlo todo:

—Cuando está en la calle Cuna, el Cristo está todavía en la plaza del Salvador y tú estás en Laraña y estás viéndolo venir. Otras veces son para verlo de cerca, con una paz y una tranquilidad. Es la diferencia entre Pasión y Gran Poder, que a Pasión hay que verlo cerca, y al Gran Poder lo ves avanzar, y no es la túnica, que también, es la expresión del Señor, la cara.

—Cómo transmite en la calle —tercia Lourdes—, porque está creado para que se vea en la calle, que es pura transmisión. Nos transmite paz, y esa serenidad es muy importante, porque nos lleva a la oración, a la oración del silencio, y en el silencio del todo. Cuando vamos impregnando nuestra vida de silencio nos llenamos del Amor de Dios, nos llenamos de Él.

—Sí, son las imágenes ante las que la gente se calla —concluye Rafael Candau.

Quiero hablar de esa proyección del cuerpo hacia adelante que tanto me fascina y el cofrade que tantas veces lo ha visto da detalles. Como siempre, quienes están más cerca de Él pueden contar más cosas.

—Yo iba desde hace muchos años pegado al Cristo con mi cruz. Ya el año pasado no pude ir. Iba pegado al Cristo en el lado izquierdo nuestro. Y hay un momento que es cuando el Cristo baja la rampa, llega abajo, tú te quedas parado en la rampa, porque el Cristo está girando sobre los pies, muy suave, y el Cristo se va volviendo y te va mirando.

Hay otro momento que es en la calle Alemanes, pegado a la Catedral, cuando va a coger Argote de Molina. Son momentos que te llaman. También es verdad que estamos jugando con Sevilla, con nuestra imaginación, con un montón de cosas, porque puede que a uno de fuera le diga menos. Aquí se hacen las cosas con una suavidad. Parece que no se mueve, pero cuando te das cuenta ha dado la vuelta.

—Es algo que hace que la imagen cobre vida —dice Lourdes, como si leyera los contratos en que se les pedía a los imagineros del Siglo de Oro precisamente eso—. Mira, aunque tenga los ojos cerrados.

—Claro, al estar parado, cuando empieza a volverse, hay un momento en que te mira.

—Marca, inspira y eleva, muchas cosas. Invita a la oración —añade Lourdes.

—Quienes han visto a las imágenes muchas veces de cerca conocen cosas que los demás nunca verán. ¿Qué tiene el Cristo que no se vea por fuera?

—El pelo por detrás es portentoso, al caer por la espalda.

—Claro, porque al estar complemente con las manos para atrás, en la columna vertebral le cuentas las vértebras. Le cuentas todas las vértebras al Cristo. Pones esa postura, con los brazos para atrás, y se te marca la columna vertebral. Como sabían lo que sabían de anatomía, así está hecho.

Me cuentan que acaba de pasar el hermano mayor de Pasión. Si miro hacia la izquierda ya está abierto e iluminado el sagrario del Salvador y la mirada se va hacia la silueta del Nazareno, como el metal obediente al imán. La cofradía tiene una misa al cabo de pocos minutos. Hay unos cuantos metros y aunque digan que sea una imagen más de distancias cortas, ya sobrecogen los dedos llenos de fuerza y vida agarrando la cruz aceptada, el cuerpo encorvado y la mirada.

Al mismo tiempo en que me habla de la presencia del Cristo del Amor en la calle y de la forma de crecer por encima de su tamaño, y mide ciento ochenta y un centímetros, lo recuerdo detenido en la calle Orfila durante muchos minutos, quizá en el parón antes de entrar en la carrera oficial. Y lo creo cuando dice que al disponerse en el portentoso retablo la imagen no se pierde, sino que se multiplica y manifiesta como si hubiera abolido las proporciones. Cuenta enseguida más detalles que sorprenden.

—Hay estudios con rayos X y con sistemas modernos y han hecho una cosa en el IAPH, que me han contado. Cuando estaban trabajando han visto que la parte de los pies está más oscura. Porque Juan de Mesa sabía que a los muertos la sangre se les viene abajo, igual que a los que mueren en la cama la sangre se les viene a la espalda. Sabía perfectamente lo que estaba haciendo.

Hace mucho tiempo que hablo con cofrades y nunca espero encontrarme el egoísmo cerril de quien no ha salido de su casa por estar convencido de que allí está lo mejor. Eso no quiere decir que no exista, pero no es lo común. Lo que escucho luego, de boca de Lourdes Sivianes, me conmueve.

—No, el Cristo no es de sus hermanos, es de Sevilla, es de la humanidad, de todos. Tenemos conciencia de que el Cristo no es propiedad nuestra, ni muchísimo menos. Somos los que lo custodiamos, los que hacemos que esté siempre, que permanezca bien, que esté bien cuidado. Es de la humanidad, es de todos.

—Por el Salvador pasará mucha gente. ¿Qué dicen de él?

—Me asombra ver los ojos de devoción, cuando están ante él —asegura Lourdes.

—Tiene enamorados. ¿Cómo se llamaba aquel señor que murió hace poco, que era un crítico de música, que estuvo en la junta? —recuerda Rafael Candau— Era un señor que era representante, que era de Córdoba y venía a Sevilla todas las semanas, y un día llegó con más tiempo y aprovechó para entrar en el Salvador, que no conocía, y se quedó muerto. Dijo que la semana siguiente iría en el tren de antes. Se hizo hermano y estuvo en la junta.

Otro hermano del Amor, cuando supo que venía de Córdoba, me había hablado de Francisco Melguizo, el inolvidable cofrade que había fundado la hermandad de la Misericordia en su ciudad y desde allí había empezado un proceso de innovación y de vitalidad de la Semana Santa. Con el tiempo se estableció en Sevilla y estuvo en la junta de gobierno del Amor. Su misa funeral fue en el Salvador, pero no sé si ahora me hablan de él. Antes, Lourdes Sivianes aporta algún dato:

—Hay mucha gente que se ha hecho hermana de pronto, del impacto de verlo en la calle. El escritor J. J. Benítez es muy devoto.

La cofradía está a punto de celebrar sus cultos y en la capilla reina ese ambiente de lo extraordinario. Por eso no está en su hornacina la Virgen del Socorro, la Dolorosa de la hermandad. Quiero hablar de Ella porque en el contrato la cofradía le encarga a Juan de Mesa un crucificado, pero también una imagen de la Virgen en su aflicción. Celestino López Martínez se inclinó por pensar que esa imagen era la Virgen de la Victoria, titular de la cofradía de la Columna y Azotes, que por entonces estaba en Los Terceros. Había bastantes hermanos en común entre las dos en aquellos días. Otros historiadores piensan que puede ser la Virgen del Socorro. Como tantas dolorosas barrocas, ha sufrido más intervenciones que restauraciones. La primera documentada la hizo Juan de Astorga en 1803 «para que pusiesen el rostro y cuerpo de la Señora según les pareciese mejor». Luego Antonio Castillo Lastrucci la volvió a tocar para hacer los rasgos más suaves, y en 1967 Francisco Buiza, que también restauró al Cristo, corrigió los errores de las restauraciones anteriores y afiló el óvalo.

—Tenemos documentos de que nos entregan el Cristo y la Virgen. Dentro de poco se cumplen cuatrocientos años de la fecha de la entrega de la imagen, en 1620. Dicen que no es la misma, que se perdió, que Astorga en 1820 y pico la arregla, porque era de tristeza, como la de Córdoba —dice Rafael Candau al referirse a la Virgen de las Angustias, de la que ya tiene la estampa—. No se sabe. Tenemos dos juegos de manos y hay unas manos que ahora le ponen mucho y que son iguales que las del Cristo: las uñas cuadradas, con un ribete negro, que está hecho así. ¿Eran esas las manos de Juan de Mesa? A lo mejor. La cara se le retocó un poco, se le quitó papada. No recuerda a las de Juan de Mesa, y no sabemos si es el original o no. Su policromía está debajo entera, intacta. Tiene muchos repintes, lo cual es lógico. No hay imágenes que lleven cuatrocientos años de culto continuado saliendo en cofradías. Ahora sólo se le ponen unas cuantas velas, pero cuántas velas se habrán puesto, cuántos golpes se habrán dado. Cuántas veces, como cuando se le daba con la caña del clavel. Al meterle la luz ultravioleta se ha visto el Cristo y es como si tuviera un traje de lunares.

Para Álvaro Dávila-Armero y José Carlos Pérez Morales las manos, que les recuerdan a las de la Virgen de la Misericordia de Alcalá de Henares, sí son sin duda de Juan de Mesa. Con tantas modificaciones es difícil la certeza, pero son muchos los que se inclinan por pensar que es la suya. Del escultor cordobés debe de ser también un Cristo muerto en la cruz de cincuenta y cinco centímetros que reposa sobre una peña donde no falta el pelícano, y que puede ser un boceto de su imagen.

—Las imágenes de Juan de Mesa son también advocaciones. La del Amor es enorme, ¿no?

—Amor es todo. Dios es amor —explica Lourdes, emocionada—. El cuerpo emana ese amor del Cristo del Amor, cómo cae hacia adelante, con los brazos abiertos. Esa serenidad y esa calma también es amor, que tanta falta hace en el mundo de hoy, que es medicina para el mundo de hoy, enfermo de fe.

—Cuando vas a ver enfermos a los hospitales, de la hermandad, ves cómo lo recibe la gente —Rafael Candau busca en la memoria de su vida junto al crucificado—. Cuando siente al Cristo cerca, y le llevas una foto se siente la hermandad. No puedes hacerte una idea, recibes mucho más, estoy convencido. Recibes más de lo que llevas, cuando llevas dos flores de los pies del Cristo, o alguna foto bonita.

—Es sanador, claro. ¿Alguna vez se le termina de conocer? —continúo.

—Todos los días aprendes algo nuevo, todos los días le descubres algo nuevo cuando lo estás limpiando. Pero creo que es como una madre con los hijos, siempre descubren algo.

Entonces revela como si lo contase ante su titular, porque su Cristo lo habrá escuchado mucho hablar de eso, que padece una enfermedad grave. «Y hay momentos que vienes, que te paras, que te peleas con Él, que la hablas. Yo sé que me quedan unos meses de vida. Hay momentos muy complicados, y en esos momentos te miras las manos y te encuentras con las manos vacías, y le pides que te abra las puertas, aunque sea por un portillo. Es un sentimiento muy íntimo». La cabeza no me presenta palabras sensatas para el hombre que teme que la cita con su imagen esté muy cerca.

Al despedirme de Lourdes y de Rafael miro otra vez al Cristo del Amor, si es que estando tan cerca se puede hacer otra cosa. Noto las huellas del sufrimiento, pero trascendidas. El ceño fruncido como huella de la crueldad y el cansancio con el que cae hablan del dolor, pero el Cristo comunica perdón. «Amó más que padeció», había dicho San Juan de Ávila no mucho antes de que esta imagen naciera. Con lo que me ha contado Rafael Candau casi puedo reconstruir toda la vida en torno al Señor: en el servicio de su cofradía, que es una forma de predicar y anunciar el Evangelio; en la ayuda a los hermanos que tantas veces agradecen la visita en un hospital como si fuese su titular quien llegase, y que tan bien contó el maestro Antonio Burgos en su pregón de la Semana Santa; en la caridad sin que una mano vea lo que hace la otra; en la penitencia de ofrecer el sacrificio bajo la túnica negra, siguiendo sus pasos. A su modo es un ejemplo de la vida entregada del cofrade, o eso he querido ver con el habla franca y noble de un hombre al que apenas he conocido.

Me resulta imposible pensar que llegase ante Dios con las manos vacías el diecisiete de julio, cinco meses después de la tarde en que hablé con él.

Camino a la estación por la calle Córdoba, la plaza del Pan, la Alcaicería y la Alfalfa, llenas de gente en las terrazas y paseando. Sé a esas alturas que es una ilusión de viernes por la tarde y que la zona más querida de Sevilla está demasiado vacía demasiadas horas, pero me reconcilia con lo que recuerdo de la ciudad cuando esquivo los coches por los breves acerados de la calle Águilas e intuyo las torres de San Ildefonso y la clausura de San Leandro. Veo al Señor de la Salud y Buen Viaje en su ventana de San Esteban, todavía de perfil, como siempre. Al cabo de un mes lo volverán hacia la calle para recibir oraciones y dar consuelo en lo peor de la epidemia del coronavirus. En la Puerta Carmona encuentro feliz algunas de los viejos establecimientos de hace más de veinte años y en la calle Recaredo está abierta la capilla de los Negritos.

Muchas veces me tuve que conformar con la silueta imponente del Cristo de la Fundación a través de su ventana, en su altar iluminado, como una estampa grande. Ahora sí es una imagen, una gran imagen, con perspectiva. Le puedo dedicar unos minutos y entiendo todavía mejor lo que he empezado encontrar en el Amor. El Cristo está tronchado por la muerte y pendiente de las manos. Ya es un cadáver que pide que lo desclaven y lo depositen en el sepulcro. Andrés de Ocampo lo hizo cuando ya Juan de Mesa había esculpido los primeros de los suyos, pero se mantuvo fiel a sus principios sin recoger ninguna huella. Aunque nazca a la calle en la tarde feliz de los sagrarios, su estampa es de Viernes Santo despojado, de la corbata negra por la muerte de Dios, de la consumación del sacrificio.

Lo admiro y recuerdo a Jesús de la Pasión, a pocos metros del Amor, y ambos son encarnaciones de un mundo consagrado y otro que nacía. Al cabo del tiempo han terminado en el mismo lugar. Todo en el Nazareno está trascendido: es Dios quien ha cogido la cruz y no hay sufrimiento que manche la paz y la hondura. De vuelta a la estación vuelvo a pensar en el Amor y entiendo que Juan de Mesa navegó entre aquellas dos aguas para hacerse un océano propio: hizo humano a Dios y hasta en la muerte lo esculpió compasivo con los que tenía cerca. Imagino al escultor al entregarlo, satisfecho y, a la vez, quizá inseguro de la percepción que tuviera.

Todo en aquellos meses que van de 1618 a 1623 parece precipitado y febril, como si Juan de Mesa y los que le pedían esculturas ya viviesen en la angustia de los días que se acaban, en la vida que se relata como un camino tasado de la cuna a la tumba, y tuviera prisa por dejar testimonio: la huella del artista que deja su palabra en el tiempo para que el mundo no la olvide y la del que al menos puede figurar como aquel que encargó y que pagó. Los casi dos años entre el encargo del Cristo del Amor y la entrega dejan la pregunta de lo que pasó ese tiempo, pero mientras el escultor no dejó de recibir encargos y de cumplir.

Adivino en él la determinación agitada del que ha encontrado su forma de expresarse y sabe que a partir de entonces tendrá que seguirla. Quizá le animen en los golpes de gubia los elogios de sus compañeros, o la emoción de quien ha acudido a las iglesias y hasta los comentarios de personas que sin ser artistas sí están versadas en la estética y le animan. Tal vez, si hay que pintarlo conforme al carácter tímido y reservado que después habría justificado una parte del largo silencio sobre su vida y sobre su obra, detrás de su ímpetu no había más que la determinación de confesarse en la madera, de que la pasión de Cristo le ayudase a expresar algo de su mundo, aunque sus imágenes nunca dejaran de contar aquello que le habían pedido.

Muerto y todavía sin dejar de sufrir. El Cristo del Amor. Foto: Manuel Jesús Rodríguez Rechi

Ceño fruncido por el dolor, boca entreabierta. Foto: Manuel Jesús Rodríguez Rechi

La Virgen del Socorro, que Juan de Mesa pudo hacer para la cofradía. Foto: Javier Comas

7

A LA TARDE

He dudado al comenzar muchos de los capítulos. Empezar es siempre lo más difícil. La escritura tiende a llevar de la mano por la dirección que se escoge, pero antes de dar el primer paso siempre temo caer en la convención, dejarme llevar por los vicios de quien tiene que escribir muchas líneas al día y no puede detenerse a ser original en todas las frases. Arrancar sin pensar en cómo seguir lleva casi siempre al cliché y a la repetición; detenerse ante el folio blanco es garantía de esterilidad.

Así tuvo que sentirse Juan de Mesa en algún momento de la primavera de 1619, cuando probablemente ya hubiera terminado el Cristo del Amor o casi, y se comprometió, entre otros muchos encargos, a hacer otra imagen de Jesús Crucificado. Nadie puede creer en una inspiración que baja del cielo para arrebatar al artista en un rapto de genialidad. Más bien es posible que hubiera muchas más horas de bloqueo en que el maestro escultor se sentase ante el barro primero y la madera después y pensara por dónde tenía que seguir. Estaría orgulloso del Cristo del Amor, de la caída del cuerpo, de la expresión y de la garra, pero también sería consciente de que a partir de entonces no tenía que enamorarse de sí mismo, sino separarse todavía más de su maestro para ser un artista y no un epígono, para que los que vieran sus obras le reconocieran sin necesidad de ver la firma. No sabía cuántos siglos iba a costar.

El cinco de mayo de 1619 firma con la cofradía «de Nuestra Señora de Montserrate y Conversión del Buen Ladrón» un contrato por el que se obliga a «hacer, labrar y acabar en toda perfección una hechura de Cristo Nuestro Señor Crucificado (...) quedando en la postura de vivo hablando con el buen ladrón clavado en la cruz». Era un salto en total libertad para el artista, que podía volar hacia las regiones de la expresión impulsado por la fuerza de su mundo interior, pero que también tenía que hacerlo sin la red de modelos ni referencias. El riesgo era absoluto. La carta de pago es del veinticuatro de febrero de 1620, cuatro meses antes que el Cristo del Amor, aunque esta imagen se encargara en 1618 y tenga todos los signos de ser de un momento anterior. Lo acabo de encontrar ya terminado y sobrecogedor en la capilla y lo veré de nuevo antes de dejar la acogedora azotea de la capilla de Montserrat y pasar de nuevo ante Él.

Hace meses que el Cristo de la Conversión del Buen Ladrón es una presencia latente en mi vida. Sabía dónde estaba, pero no podía entrar en su busca. El domingo 10 de noviembre de 2019, cuando todavía no sabía que terminaría escribiendo este libro, sólo estaba abierta la puerta pequeña de su capilla. Las grandes se abrieron para recibir a la Virgen del Amparo, que cubría con su tibio manto de Madre aquella desapacible tarde de noviembre. El Cristo, lo supe luego en las fotografías y vídeos, estaba casi en la mitad de la capilla de forma extraordinaria, porque celebraba en ese tiempo su cuarto centenario.

Quise visitarlo en Sevilla en los días de su quinario, cuando supe que había ascendido a un altar de cultos vertiginoso en la parroquia de la Magdalena, y hasta fijé cita con el hermano mayor para la tarde del sábado 14 de marzo, un poco antes del último día del quinario. «Ni siquiera sé si podremos terminarlo», me dijo entonces Antonio Vera, y pensé que se exageraba.. El día después supimos que tendríamos que encerrarnos durante mucho tiempo. Imaginé muchas veces la iglesia vacía, con muy pocos fieles en las misas que se pudieran hacer, a veinte metros de altura, con la Virgen a los pies, en aquella Cuaresma demediada como la metáfora de una flor arrancada cuando apenas ha empezado a abrirse.

De camino a la capilla y después de un día de viajes y algún paseo por Sevilla el cuerpo se ha acostumbrado al calor de julio y voy intuyendo una luz rosada que no le conocía a la querida ciudad. Me recuerdo de niño buscando en la Biblia lo que decían los Evangelios de los ladrones que crucificaron al lado de Jesús. Uno a su derecha y otro a su izquierda. San Juan no recoge ninguna palabra suya, ni buena ni mala. San Mateo y San Marcos cuentan cómo le insultaban los dos compañeros de suplicio, los romanos y los judíos, y pocos de los que pasaban por aquel patíbulo se guardaban algún sarcasmo: «A otros ha salvado y no puede salvarse a sí mismo». San Lucas sí cuenta la historia de que uno de ellos le increpaba, pero el otro se volvió a él y lo reconoció como Hijo de Dios: «Jesús, acuérdate de mí cuando estés en tu Reino». ¿Cuál sería la verdad? Me preguntaba yo angustiado ante aquella incongruencia, aunque todavía no pudiera conocer la palabra.

Emmanuel Carrère hace en *El Reino* un retrato de los primeros años de la cristiandad, que empiezan para él en San Pablo, y desliza las críticas de los estudiosos a aquel médico que acompañaba a Saulo de Tarso y que escribía en un griego de frases largas y elegantes. A San Lucas le censuraban sus «hallazgos de guionista». No habla de este episodio, pero no me costó identificarlo cuando lo leí, perfecto y significativo: la conversión en el último instante, la fe que se aferra a la esperanza siempre después del arrepentimiento —«nosotros estamos aquí por nuestros pecados, pero este, ¿qué mal ha hecho?»— y al final el premio de la salvación: «Hoy estarás conmigo en el paraíso». No se puede explicar más cristianismo con menos.

Ahora ya no tengo el telón de la enfermedad, ni el del tiempo, ni el de la distancia ni nada que me separe del Cristo de la Conversión del Buen Ladrón. He llegado unos minutos antes y encuentro la capilla todavía cambiada, con un dosel que cubre el altar mayor y el Señor más bajo de lo normal. A su derecha está la Virgen de Montserrat y a la izquierda una imagen de San Juan. Caigo en la tentación de imaginarme a Juan de Mesa mirando de lejos la escultura titánica que ha salido de sus manos, quizá conteniéndose para no hacer algún cambio de última hora después de convencerse a sí mismo de que la obra está terminada. En todos los siglos abundaron mucho más los crucificados muertos y él mismo iba a trabajar en el segundo en cuanto terminase aquel. No tenía que retorcerse como el de la Expiración de Marcos de Cabrera en busca del aire último, pero tampoco agonizar en silencio, equilibrio y diálogo como el de la Clemencia. Asume el escultor un desafío tremendo, porque hay pocas referencias en la pintura o en la escultura, y las pocas que hubiera tampoco las tendría cerca. ¿Cómo se mueve una persona en la cruz? ¿Cómo habla? ¿Cómo se dirige al que está a su derecha?

El Cristo de la Conversión se eleva y habla. Tiene todavía más suspiros que el que le hará gritar que todo se ha consumado, pero comprende, aunque le falte la respiración, que aquel al que mira es una más de aquellas ovejas sin pastor a las que curaba en las calles, otro de los que le escuchaban admirados en el sermón de la montaña. Tiene por eso el aliento congelado en la boca y la expresión es la de los Cristos barrocos que hacen desaparecer el sufrimiento humano en la trascendencia del Dios que perdona. Sentándose a la izquierda de la iglesia, donde deja caer la cabeza, es posible el diálogo y encontrar los ojos dulces y la boca congelada. En menos palabras: los relojes se paran. Ya no importan ni lo monumental ni la anatomía. Solo la expresión habla, y hay que arrancarse con fuerza de voluntad para marcharse de allí.

Al subir a la casa de hermandad el Cristo no está, pero nadie deja de pensar en él, como si la pared, otra vez la pared, se pudiera caer y lo tuviéramos delante para describirlo y para hablar de lo que expresa. Ahora puedo poner ya cara a Antonio Vera, con quien he hablado varias veces en estos meses tras algunas citas que no pudieron ser, y a quien agradezco el vaso de agua muy fría que me ofrece y que al escribir se me vuelve a aparecer reparador en la garganta. Le acompaña Rocío Sáez Millán, consiliaria de la cofradía y restauradora. Ella conoce la técnica de la escultura por dentro y por eso empieza hablando de aquello que no puede ver quien esté en el banco de la capilla, por muy fascinado que se sienta.

—El año 1620 empieza para él con nuestro Cristo y con el Amor. Termina con los Estudiantes y el Gran Poder. El Cristo del Amor sigue aún la figuración del maestro, de Martínez Montañés, pero con el nuestro tiene libertad interpretativa. Mete cosas que son más suyas, esa forma de tallar las nalgas, que siempre busca un punto más osado de la cuenta en la anatomía. Desnuda por primera vez un perfil entero del Señor. Le hace un sudario cordilíneo, que en esa época es una virguería, y que luego lo copia. Le desnuda completamente el lado y le talla las nalgas de una manera muy osada. Parece que le puedes separar el sudario del cuerpo. Y luego también mete otro tipo de cosas interpretativas: ese puntito siempre más cruento de atravesar la oreja o la ceja, en este caso la oreja. Son pequeñas firmas de autor, como hacer el sudario con rosas. Cuando lo ves desde abajo, en lo que es el frunce, resultan como rosas. Es una forma de tallar muy particular.

Hace mucho que leo sobre Juan de Mesa y sé que el sudario es casi siempre un sello de la personalidad del escultor, que saca el genio cuando tiene que hacer el paño de pureza. Aquí ya se separa de las piezas con muchos pliegues de su maestro y hace una tela llena de volumen que sin embargo deja algo de la pierna a la vista. En el Cristo de la Conversión es la izquierda, que queda descubierta y deja ver también el cordel que recoge la tela. Algunos han visto aquí algo más de mortificación por el daño que haría la cuerda en la carne ya dolida.

—Pero además está la expresión. El Cristo de la Conversión del Buen Ladrón tiene que comunicar— comento, y mientras han mostrado alguna fotografía del Cristo de la Agonía de Vergara. Son diferentes, pero en bastantes cosas están muy próximos.

—Es una expresión muy compleja. En general hay muy pocas imágenes que sean capaces de captar el hablar. Cuando llega al Cristo de la Buena Muerte tiene tal éxito que casi no le dejan hacer otro tipo. Juan de Mesa tiene libertad con nuestro Cristo y con el Gran Poder. Con el Cristo de la Buena Muerte crea un modelo muy repetido. En el de Vergara recupera un poco la estética de nuestro Cristo, aportándole cosas de la evolución, pero realmente los punteros para estudiar serían el nuestro y el Gran Poder, por lo que representa de unción.

—Hablamos del Cristo de la Agonía porque hay muchos más Crucificados muertos que vivos en la historia del Arte. Y de entre los que aún están vivos abundan también los expirantes, y este no lo es —recuerdo.

—Es una iconografía que llegó bastante tarde. Hasta el Renacimiento no llegaron expirantes, en el gótico no existían.

Las cofradías modernas han rebuscado en los rincones del Evangelio y la tradición para encontrar pasajes de la Pasión que no estuvieran ya en su ciudad. Así su paso de misterio y su Cristo no se parecerían a otros. Eso no era tan normal en 1601, en los albores de la Semana Santa que había nacido como fiesta unas pocas décadas atrás.

Unos meses antes yo había conocido en Córdoba a José Haldón, que había sido hermano mayor de la cofradía, y que estaba en la ciudad para una mesa redonda. Él me puso sobre la pista de que en aquel momento tuvieran la idea tan clara. «La hermandad se funda en honor de la Virgen de Montserrat, como una hermandad de gloria, y cuando se transforma se inspira en el pasaje de San Lucas, porque una ermita de las que hay en Montserrat está dedicada a san Dimas, donde había un monje eremita». San Dimas, o Sant Dimes para los catalanes que lo hubieran visto en la montaña sagrada de su patrona, era el nombre que en los evangelios apócrifos se daba al buen ladrón. Antonio Vera constata que los fundadores «traían la idea hecha» en sus advocaciones y en lo que querían mostrar. Luego me entregarán una publicación sobre la participación de su Cristo en el Vía Crucis de las Hermandades de Sevilla en 2019 y allí hasta viene una fotografía de una construcción milagrosa entre el abismo de dos rocas. Su Cristo, me dijo, era el primero genuinamente de Juan de Mesa.

—Estamos hablando de un escultor que un periodo muy corto de tiempo deja obras maestras. Deja el Gran Poder, la devoción de Sevilla; solo hay que hablar del Señor. Después, la primera obra es el Cristo del Amor, que está muy pegado a los modelos de su maestro, y el primero con el que rompe de verdad, el genuinamente suyo, es el del Cristo de la Conversión. Después vendrán otros, el de la Buena Muerte, que como es jesuítico es distinto. El Cristo de Vergara es deudor del Cristo de la Conversión, ahí es donde fragua su modelo propio de Crucificado. Y es verdad que ante estas grandísimas imágenes ha quedado un poco en segundo plano.

Rocío Sáez habla luego de la anamorfosis, que es la forma en que el artista cambia las proporciones naturales para que lo reciba perfecto quien tiene que verlo. «Es una deformación específica para que corrija ciertos puntos desde el punto de vista del espectador. Pero desde el punto de vista del espectador resulta perfecto; es una mirada con una boca sensual, carnosa, de un entreabierto que casi roza lo femenino. Con muy poquito, porque es masculino, pero capta la atención».

—Porque tiene que ser tierno.

—Exacto, e incluso las caderas, para hombre serían unas

caderas anchas, en proporción. Los hombres suelen ser más anchos de hombro. El Cristo hace un poco el efecto del diábolo, el juguete antiguo, y tiene un poquito de cintura y cadera, y lo disimula con el pañolón. Ese equilibrio lo consigue.

Es una imagen de proporciones monumentales, como todas las de Juan de Mesa, y sin embargo hay que reponerse a la expresión de la cara, a la forma en que ha tallado la conversación y al aliento que parece brotarle de la boca entreabierta. El maestro debía de saber que todo eso lo iba a distinguir, pero cuando me arranco de su lado derecho y busco su izquierdo sí que puedo reparar en el cuerpo tenso, en la elevación sobre la pierna y en el giro del cuello.

«Tiene una ejecución muy compleja que es la de los brazos. Es un error que nos dicen muchas veces: el Cristo no es que tenga los brazos por encima de la cruz, sino que los tiene paralelos al madero. Es complejo de hacer, y por eso los Cristos tienen forma más de V que de T, y nuestro Cristo tiene la forma de T. Se está apoyando en los pies, le está doliendo, está queriendo coger oxígeno a la vez que quiere hablar, porque quiere coger oxígeno para hablar, y ese movimiento de dolor lo hace. El apoyo de tensión de la pierna resulta muy complejo», detalla Rocío.

En ese lado en que me despedí de él antes de hablar con los cofrades no encontré los ojos del Señor, pero sí que intuí lo que ahora me han descrito. Me cuentan luego lo que no tuve paciencia para leer en las transcripciones del contrato: al maestro le pidieron un juego de potencias de madera tallada y dorada, que debió de hacer, pero que no se conservan.

—Porque tendrá detalles que no le vemos y habrá que ver de cerca, ¿no? —digo al buscar lo que solo conocen los más allegados. Me contesta el hermano mayor.

—Yo lo veo habitualmente, cuando hay que bajar al Señor, para subirlo al paso, para el besapiés. Este año pasado se han montado varios altares de cultos. El Señor en Semana Santa va en un paso muy alto, pero en el Vía Crucis, cuando salió, veía la cara de la gente y descubrieron una imagen.

—Eso escuché de mucha gente, sí —confirmo—. Me parece injusto con una imagen que salía en aquel Vía Crucis por cumplir cuatrocientos años.

—Es diferente la imagen del Señor en las andas en que lo ocupaba todo, a un metro de tus ojos. Reparaban en las rodillas. En Semana Santa está más arriba. Lo que vemos es la totalidad, el misterio. Incluso algún sacerdote se hizo hermano, a raíz de aquello. La devoción creció una barbaridad con el Vía Crucis, porque había mucha gente, y vienen a rezarle ahora al Cristo.

En los Vía Crucis los crucificados suelen ir tendidos y a hombros, y por lo tanto desvirtuados. A Cristo lo fijaron a un madero erguido sobre la roca y si esas imágenes se tumban van poco menos que tapadas e incomprensibles. La cofradía fue valiente y a pesar de tener una imagen muy grande encontró unas andas y lo llevó erguido. Todavía recogen los frutos de aquel acierto en que el Señor se desveló tan cercano y sin nada que distrajera. José Haldón me lo definió el día que hablé con él como «una locura preciosa».

—Eso lo llevamos meditando y decidimos hacerlo así, sacarlo de pie. Realmente fue impactante. Es muy grande, tuvo muchas dificultades, pero lo logramos y fue impactante, porque yo creo que esa tarde del primer lunes de Cuaresma hubo mucha gente en Sevilla que descubrió al Cristo de la Conversión y los valores que atesora, los valores espirituales y artísticos que Juan de Mesa supo imprimirle.

Yo cuento entonces a Antonio Vera y a Rocío Sáez no lo de ese día, en el que no pude estar, sino lo de aquel otro Vía Crucis con pasos que se quiso hacer un domingo de Cuaresma de 2013, y que muchas nubes y algún chaparrón dejaron en las iglesias. Cuento la larga cola que empezó en la calle Virgen de la Presentación y terminó en la capilla, y cómo encontré la vertical, diagonal más bien, de la mirada al ponerme detrás de San Dimas. Allí encontré que me miraba a mí y allí permanecí media hora sin despegarme, con el arrobo de las grandes obras que no se dejarán nunca de conocer, aunque uno pase media vida a sus plantas. El hermano mayor parece haber pasado por lo mismo.

—Nuestro Cristo está hecho para hablarle al buen ladrón, pero en realidad le habla al que se le pone al lado, y le atrae. Tengo cincuenta y siete años y siempre, siempre, desde niño, había salido con la Virgen. Cuando cumplí cincuenta años salí con el Señor y ya no me cambio. Me atrapó de una manera bestial. El Señor te mira y tú vas.

—¿Quizá sea por llegar a la edad madura, el momento en que uno sabe que no le queda mucho tiempo y tiene que convertirse? —cuando pronuncio estas palabras empiezo a pensar que he dicho algo de mal gusto, que le estoy llamando viejo, e intento rectificar sobre la marcha, pero Antonio Vera entiende y está de acuerdo, y me corta el torpe intento de arreglar lo que no le parece que esté roto.

—Sí, sí, sí. Totalmente.

Aquel día en que conocí toda la fuerza con que invita al creyente a convertirse también pensé que era una devoción para el día en que el cuerpo ha empezado una cuesta abajo, la cabeza parece hecha y las coordenadas de la vida están claras. Para la madurez. Ahí me viene a la cabeza una frase de San Juan de la Cruz que he leído modificada y que por fin mi hermano fray José Carlos Sillero me enviará con toda su fuerza original: «A la tarde te examinarán en el amor; aprende a amar como Dios quiere ser amado y deja tu condición». A la tarde, al final de cada día o después de haber hecho algo. O cuando la vida ha doblado el cabo de la mitad. De aquella mirada me habló también José Haldón:

—Ese es el ángulo perfecto. Hay muchos testimonios de gente que tiene fe, pero a lo mejor es una fe adormecida y poco practicante, y sin embargo, en un momento dado les ha tocado el corazón y se han convertido y llevan una vida con una práctica religiosa regular, con frecuencia de los sacramentos. Eso sí lo he vivido en más de una y en más de dos ocasiones.

Vuelvo entonces a su recuerdo: «A los cofrades de Montserrat nos dice mucho. En primer lugar, de sus orígenes, pero también habla de misericordia. Después nos habla de que tenemos necesidad del perdón, de ser perdonados, las dos cosas, y después nos habla de una esperanza certera en la vida futura, muchísima». Y cuenta una historia personal.

—Hace unos años, cuando falleció mi padre, se encontraba hospitalizado y estábamos esperando ya el desenlace, que era inminente. Un sábado por la tarde estábamos en la habitación mi mujer y yo y le dije: «Hay misa a las seis y media y voy a bajar». Me apetecía rezar un poquito. Y cuando salí de la capilla del hospital, de frente vi un cartel de Semana Santa con el Cristo de la Conversión. Me impactó muchísimo. Y subí y le dije a mi mujer: «No sabes lo tranquilo que me he quedado». Mi padre murió, y cuando ese año llegó la Semana Santa, yo que salgo en la Virgen de manera habitual, dije que salía en el Cristo porque lo había sentido muy cerca en esa ocasión tan especial y difícil para una persona como es la pérdida de un padre.

La cofradía de Montserrat nació en el siglo XVII y, como tantas, padeció la crisis del cambio del siglo XVIII al XIX, cuando la vieja religiosidad barroca se derrumbaba. Luego, con el apoyo de los Duques de Montpensier, renació como la gran cofradía romántica de Sevilla y no ha perdido nunca ese perfume en la crestería de plata del paso de palio y en el azul de los antifaces. De aquella época es algo menos feliz: la restauración del Cristo que hizo Gabriel de Astorga en 1851, y que cambió los ojos de Juan de Mesa por unos de cristal.

—En la época de Juan de Mesa —recuerda Rocío Sáez— no había tantos ojos de cristal, que era una cosa muy cara. Luego se puso de moda y había que hacerlos todos, y le puso ojos de cristal y rehízo la policromía. En los ojos y la policromía hay zonas en que puedes ver la de abajo. No se han hecho radiografías, porque el Cristo, tan grande, no entra en mucha maquinaria.

José Rodríguez Rivero-Carrera, un discreto y muy competente profesional que restauró a muchas imágenes sevillanas durante décadas, devolvió al Cristo una mirada inspirada en lo que se hacía en el siglo XVII, y que debía de estar más cercana a lo que quiso Juan de Mesa. Fue, en el año 1983, la tercera restauración del Cristo en el siglo XX. Al escultor se le pidió expresamente que hiciera un Cristo en diálogo con el buen ladrón, y eso entregó a la cofradía, pero no le pidieron el resto del misterio. Los dos ladrones los hizo Pedro Nieto, un discípulo de Francisco de Ocampo, en tela encolada. Son de 1628, un año después de la muerte del autor del Cristo. «Se dice que a San Dimas le puso la cara del rey, que en aquel momento era Felipe IV», desvela Rocío Sáez. No sería raro viendo el bigote tan típico del siglo XVII.

Durante años las cofradías no tenían tanta precaución con la lluvia, así que la cofradía, y con ella sus imágenes, se mojaron no pocas veces. El Cristo pudo resistirlo mejor, pero sus acompañantes llegaron a un momento en que parecían irrecuperables. La cofradía encargó otros dos a Gabriel Cuadrado, un discípulo de Luis Ortega Bru que entregó unas esculturas muy en la línea de su maestro, algo más pequeñas que las de siempre, con una anatomía muy fuerte. José Rodríguez Rivero-Carrera «hizo un trabajo inconmensurable con las primeras esculturas» y en 1997 volvieron junto al Cristo para no separarse de allí. En la capilla me señalan a la imagen de Santa María Magdalena que el Viernes Santo va a los pies del Cristo. Se piensa que es del círculo de Pedro Roldán, tiene melena de pelo natural, nada frecuente en la Semana Santa de Sevilla, y está llena de serenidad y dulzura.

Antonio Vera y Rocío Sáez me hablaron antes de broma de cómo en su hermandad unos eran de Cristo y otros de la Virgen. Montserrat es una cofradía con dos hábitos distintos para cada tramo, los dos de sabor romántico. Los nazarenos del Cristo de la Conversión llevan túnicas blancas de cola con antifaz azul y faja de esparto. Los de Nuestra Señora de Montserrat visten túnica color crudo, antifaz azul celeste y cíngulo azul. Todos aquellos con los que he hablado me han dicho con qué imagen salen, o me han contado por qué han cambiado. Al hablar de su cofradía, se cambian impresiones.

—Nos ha pillado en un encuadre difícil —dice Rocío Sáez—, cuando hay pocas familias en el centro, los hijos salen y viven en otros lugares. Tenemos ventajas y desventajas de estar en el centro. Tenemos el Viernes Santo, que es un gran día y como para hacer la tormenta perfecta, pero parece que no cuaja.

—Discrepo de eso, Rocío. Para mí, la hermandad de Montserrat es la proporción de una hermandad. Ni dos mil quinientos nazarenos ni doscientos. La ves y no te cansas, y un Viernes Santo, que si sumamos la antigüedad de todas tenemos unos dos mil doscientos años. Algunos otros días no llegan a setecientos. Es como una sola cofradía, que parece que es la misma.

En ese rato me hablan en capillita, que yo también lo soy, y me cuentan que la del Cristo es la segunda cruz más alta de la Semana Santa y que el punto de gravedad lo hace complicado para los costaleros. También para moverlo, porque en la operación hacen falta al menos diez personas. Vi al Cristo en su paso, ya lo he contado, pero nunca andando, y me lo imagino entonces como lo espié en el débil consuelo de los vídeos. Las imágenes de Juan de Mesa no sólo soportan el silencio, sino que casi lo piden para manifestarse del todo, aunque intuyo que me gustaría ese aire de Viernes Santo viejo que le da la banda de las Tres Caídas con un repertorio clásico y sobrio y alguna marcha nueva bien inspirada en lo que dice. He escuchado más de una vez *Conversión del Buen Ladrón* y muy especialmente *Señor, acuérdate de mí*, que hace años que interpreto como una súplica de perdón. Su autor, Francisco Ortiz, también debió de entender que el Cristo le hablaba a él.

Lo he visto en la puerta al entrar: «Hermandad de Montserrat». El nombre que resume a la cofradía es el de la Virgen, y desde siempre y con más intensidad también se la relaciona con Juan de Mesa. El Cristo es poderoso y magnético, pero sigo pensando en la Madre. Los ojos son grandes y muy expresivos y la mirada muy frontal. La aguanta, cuando muchas bajan los ojos para hacerse más recogidas o los suben al cielo como gritando sin hablar.

No hay documentación sobre su hechura, pero sí un pleito entre la cofradía y una mujer llamada Catalina Román. Era el año 1619, cuando Juan de Mesa debía de estar trabajando en el Cristo. Allí uno de los testigos del proceso, un hermano de la cofradía que se llamaba Gaspar Díaz de Acuña dijo que se hizo en 1606, que no gustó y que se llevó al taller de Juan Martínez Montañés, en la calle de la Muela. De allí debía de venir, porque la había hecho un oficial de quince años, que pudo ser Juan Guerrero. Y allí, piensa el conservador y restaurador David Guerrero, la pudo transformar Juan de Mesa. En la hermandad la tradición oral atribuía la primera hechura a Gaspar de la Cueva, un escultor que aprendió también con el gran maestro y que en 1615 se marchó a Perú. Con esas fechas podría ser la tercera dolorosa más antigua de la Semana Santa de Sevilla si el terreno de las atribuciones de imágenes de la Virgen no fuese tan resbaladizo.

Se puede hablar de los pliegues del cuello, de algún parecido con la Virgen de las Angustias de Córdoba, que es la única dolorosa documentada, pero Rocío Sáez hace mirar sobre algo a lo que no se ha prestado atención y que puede dar pistas. Son los candeleros, la estructura interior de las imágenes de la Virgen.

—Hay un restaurador que ha dedicado su tesis doctoral a los candeleros, que es una cosa que se ha despreciado y se han conservado muy pocos —revela, y me parece tan interesante como inusitado que no se hable más de eso—. Cuando se conservan los antiguos son patrimonio, y eso documenta cómo se hacía. Nuestra Virgen conserva gran parte del candelero antiguo. La falda no y los brazos tampoco, pero el cuerpo sí, y las manos también. Nuestra Virgen tiene una rosca en las manos, que han venido aquí muchos escultores a copiarla, desde tiempo inmemorial. Esa rosca gira sobre sí misma y luego no se hace. Los brazos tienen también rotación especial.

Lo que dice después me hace pensar: «Tiene tallado corpiño. La forma de hacer el pelo también es peculiar, aunque está repintado de cuando ardió el paso en el siglo XIX». La Virgen de las Angustias es de talla completa, aunque esté pensada para vestir, y también tiene el pelo hecho y un austero traje que no se ha de ver.

—La Virgen conserva buena parte del candelero, y esa forma de hacer el cajillo interior y el candelero y esa articulación ayudan a datar, porque de lo que se conserva no todos los imagineros lo hacían así. El cuerpo no se le ha cambiado y no se le ha hecho gran cosa. No hemos tirado los brazos antiguos.

—El historiador del arte José Carlos Pérez Morales —cuenta Antonio Vera— está a ver si consigue un documento y está muy ilusionado porque dice que puede ser. Con el centenario hemos tenido un par de conferencias suyas. Con un estudio morfológico no se puede datar.

—Siempre la vi como una imagen muy valiente, de mirada fija, muy expresiva —confieso entonces.

—Sí, eso es cierto, es que es muy particular —dice Rocío al revelar lo que se ve más de cerca—. Las pestañas se le han cambiado. Se le pusieron más cortas y sí es cierto que tiene cosas de valentía, entre otras la forma de hacer el entrecejo, la forma de la comisura de la boca, muy dulce, y esos pequeños giros que tiene. Son muy leves. Cuesta trabajo de vestir, no es rectilínea. Cualquier vestidor no lo puede hacer. Es lo justo para darle una naturalidad que otras imágenes no tienen. Resulta muy expuesto el cuello y la cadera. Juan de Mesa tiende siempre a ir más allá y hace ese descubrimiento de cuello tan emotivo.

Los cofrades me invitan a conocer la casa, y admiro las bambalinas bordadas, la cresteria de plata que hace inconfundible el palio y muy especialmente el manto con castillos, leones y el toisón de oro, de sabor regio, que bordó Patrocinio López. Algunas de las piezas son de las más antiguas de Sevilla y resistieron el vendaval regionalista que llegó en el cambio del siglo XIX al siglo XX y que trajo renovación y creatividad, pero también alejó obras de mérito anteriores. Recuerdo esas noches tardías de Viernes Santo en que Luis López de Letona, cuando compartíamos trabajo en nuestra cofradía de las Angustias, me recitaba el repertorio que Tejera le ponía a la Virgen, de *Salus Infirmorum* a *Saeta Cordobesa*, de *La Esperanza de Triana* a nuestra *Virgen de las Angustias*, y yo casi podía mirarme en sus ojos incombustibles y pensar que estaba apurando la Semana Santa en la candelería gastada.

Los recuerdos de todos estos días de visitas me han venido en la azotea y de allí bajaremos para salir de nuevo a la capilla, ya a punto de cerrarse, y allí estarán a la espera el Cristo de la Conversión del Buen Ladrón y la Virgen de Montserrat. Ya no tengo ninguna barrera de ladrillo, de kilómetros o de enfermedad que me impida verlo y todavía, mientras escucho los detalles que me cuentan, vuelvo a mirar para llevarme algo más. Me fijo en lo que me ha dicho Rocío Sáez: Juan de Mesa ha tallado el habla, la frase en que se promete el paraíso. Antonio Moreno Pozo, en una marcha todavía por estrenar, vio en él *La gloria en un suspiro*. Otra vez la boca abierta. Tirando de ahí yo he visto el aliento, la respiración que no le falta a la boca que al mismo tiempo que irá teniendo sed todavía debe tomar aire y expulsarlo, aunque sea poco. Lo siguiente será un examen de conciencia. «A la tarde te examinarán en el amor», recuerdo mientras el sol sigue bajando.

Una imagen que habla. El Cristo de la conversión del Buen Ladrón. Foto: Manuel Jesús Rodríguez Rechi

Hablando a una de las ovejas sin pastor que le escuchaban en el sermón de la montaña. Cristo de la Conversión del Buen Ladrón. Foto: Manuel Jesús Rodríguez Rechi

Boca dulce y ojos expresivos. La Virgen de Montserrat, atribuida a Juan de Mesa. Foto: Javier Comas

8

LA VIDA DE OTRO

Me han mencionado en la conversación, varias veces, las imágenes portentosas del año 1620 y en el anochecer eterno de julio en Sevilla recuerdo la visita que hice a una de ellas. Pensaba que iba a abrir un cajón del pasado o peor, una ventana de una vida que ya no fuese mía, y sin embargo, todo estaba tan fresco como si no hubieran transcurrido más que unos pocos minutos. Ante ninguna imagen de Juan de Mesa había estado tanto tiempo como ante el Cristo de la Buena Muerte. Tras haberme marchado de Sevilla, sin embargo, apenas volví a verlo, tal vez porque viajaba en días festivos y para mí aquella memoria era de jornadas laborables.

Me asomé fugazmente a la capilla de la Universidad un domingo de Cuaresma cuando la hermandad de los Estudiantes celebraba su función principal de instituto. Las puertas estaban abiertas y apenas pude fijarme en la silueta admirable de puro equilibrio, en los ojos del todo cerrados, como quien descansa, y en la cabeza más reposada que caída por la muerte. No era el momento, con tanta gente. Bien sabía que es una imagen de contemplación quieta y sin pausa, un libro de digestión tranquila que deja en el alma siempre sus letras y personajes.

He conocido muchas veces la capilla universitaria a esas horas de la tarde en que camino a ella, un martes de enero en que la hermandad va a celebrar su misa y, por lo tanto, se iban a reunir muchos cofrades. Pienso que lo que me voy a encontrar al atravesar las puertas es familiar y desde luego no me equivoco, pero también es nuevo y asombroso. El recuerdo se revela más pobre que la realidad; los rasgos que recuerdo siguen ahí, pero hay muchos más; la emoción quieta no falta, pero la verdad carnal de la madera supera todo lo que había amasado en estos años en la cabeza.

No sé si Juan de Mesa intuía en aquellos meses vertiginosos del año 1620 que trabajaba para pasar a la historia, aunque la historia para él fuera un futuro remoto, como la ve quien vive en su presente. La huella de aquel tiempo iba a ser profunda para él mismo, que siguió en los años que le quedaban los mismos caminos que abrió, pero también para el resto de los escultores de otros siglos que contemplaron asombrados aquellos trabajos y no pudieron evitar que les marcasen, mejor o peor digeridos, y también para las cofradías e institutos religiosos que lo admiraron y pidieron obras parecidas, aunque el escultor nunca se copiase a sí mismo. Su capacidad era tan alta como para desdoblarse en distintos estilos y amoldarse a los encargos y a quienes se lo pedían. Tenía treinta y siete años y debía de sentirse contento con aquellas primeras imágenes grandes. Si había sido capaz de conseguir plasmar a Cristo sufriente en la cruz y mostrarlo con la ternura de su humanidad sin renunciar a lo divino, bien podría asumir retos nuevos.

Quizá si le hubiera preguntado en su vida habría dicho que ningún encargo le marcaría más que el que le hizo el padre Pedro de Urteaga, prepósito de la Casa Profesa de la Compañía de Jesús en Sevilla, que el 13 de marzo le pidió una imagen de Cristo Crucificado muerto y otra de Santa María Magdalena abrazada al pie de la cruz. Ya había hecho al Cristo del Amor y estaba a punto de entregar el de la Conversión. Es humano pensar que los escultores siguen ciertos modelos, porque no es fácil enmendarse a uno mismo ni cambiar en tan pocos meses. El encargo no da más detalles que la iconografía y es probable que Juan de Mesa tuviera que cambiar el lenguaje por petición de los jesuitas, entonces una orden pujante y nueva que abría caminos para la evangelización en el mundo. Tal vez le explicaran que necesitaban una imagen que no era para una cofradía de penitencia, sino para la oración de los sacerdotes. Merecía otro tratamiento.

El padre Pedro de Urteaga era uno de los jesuitas más brillantes de aquella casa y un orador muy destacado. En un principio estuvieron las imágenes, el Cristo y la Magdalena, en la capilla de la congregación de sacerdotes, hasta que se les hizo un altar. Las trasladaron el primer domingo de Cuaresma del año 1621, muy poco tiempo después, por separado, y el mismo padre Urteaga celebró la primera misa. Ante la imagen se reunía una congregación de sacerdotes que practicaban los *Ejercicios Espirituales* y aprendían a impartirlos a otros. El éxito de esa imagen serena y equilibrada, apolínea y a la vez llena de unción, fue inmediato. A Juan de Mesa le encargaron no menos de cuatro imágenes que siguieran aquel modelo, aunque nunca llegó a copiarlo de forma mimética. Allí conocieron también las dos tallas las tempestades del tiempo. La principal, la decisión de Carlos III de expulsar a los jesuitas de España en 1767. La iglesia que hoy se llama de la Anunciación, y todo lo que había dentro, pasó a manos del Estado y allí se estableció la Universidad de Sevilla poco tiempo después.

He pasado por la calle San Fernando muchas veces después de haberme marchado de Sevilla y todavía no me acostumbro al paisaje de hoy. Cuando buscaba al Cristo en la capilla universitaria era una vía llena de coches que cruzaban hacia la puerta de Jerez, con un carril para el autobús en el otro sentido. Uno de ellos me dio un susto una tarde en que salía precisamente de la capilla. Ahora está llena de bicis y catenarias para el transporte público, pero el soberbio edificio barroco de la Fábrica de Tabacos brilla como un cofre lujoso en una vitrina iluminada, con mayor volumen todavía por estar rodeado de espacios abiertos. Recuerdo al edificio con más ajetreo feliz de idas y venidas y ahora sé que allí ya apenas quedan estudiantes ni facultades.

De todos los cofrades de Sevilla desconocidos a los que conté el propósito de mi libro, el primero fue Miguel León, miembro de la junta de gobierno de los Estudiantes y cordobés de El Carpio. En el otoño anterior había pedido a mi hermano en las Angustias Luis López de Letona, un artículo sobre nuestras imágenes que tenía que publicarse en el anuario, y Luis me propuso hacerlo entre ambos. Para ese entonces ya estaba corregido y entregado después de que un cofrade de ciencias y otro de letras se pusieran de acuerdo, así que quise empezar por allí las visitas a Sevilla. Me parecía lo más fácil. Miguel me citó un martes, ese martes de enero en que la hermandad celebraba su misa y, por lo tanto, habría muchos cofrades, y hasta se ofreció para abrirme la puerta de otras cofradías de Juan de Mesa.

Lo espero en el mejor lugar posible, que es a los pies del Cristo. Me gustaba admirarlo en la fila izquierda de los bancos de la nave central, donde deja caer la cabeza, y ahí vuelvo a hacerlo. Recuerdo que Hernández Díaz habla de la palabra «musicalidad» para describir al Señor. Lo restauró el profesor Pedro Manzano en 2019, pero apenas noto cambios entre las fotografías que tengo en la cabeza y lo que ahora encuentro. Yo solo lo conocí en 1995, justo cuando volvió de la que hizo Patrimonio Nacional en Madrid, y lo que recuerdo del Cristo es más o menos lo mismo: una imagen serena y nítida, como si al terminar de trabajar Juan de Mesa hubiera quitado virutas y suciedad y desde entonces nada hubiera pasado.

La comparación con el Amor, su anterior crucificado muerto, resulta inevitable. Lo que en aquél es caída y dramatismo, aquí es equilibrio y serenidad. La gravedad no va hacia adelante, sino hacia abajo; y el rostro no tiene el ceño fruncido y las huellas del dolor en la expresión son mucho más leves y dulces. El sudario ya es, como en el Cristo de la Conversión, el más personal de Juan de Mesa, aunque esta vez la cadera desnuda es la derecha, y no la izquierda. Por allí cae el hilo de la sangre del costado y la exhibición de realidad teatral vuelve a estremecerme como antes, porque tengo otra vez la impresión de que seguirá cayendo por los músculos desnudos. Sabré después que es idea del pintor, y no del escultor, pero desde luego fue Juan de Mesa quien dejó abierto el camino con su idea de desnudar la cadera. Los volúmenes, los detalles y la serenidad de la expresión invitan a no separarse nunca. El dolor es un paisaje suave porque en la escultura de ese tiempo lo divino siempre está por encima, y aquí le tuvieron que pedir lo sagrado mucho más que el sufrimiento humano.

Me atrevo a asomarme al altar mayor y lo miro también por el otro lado. En la nave de la epístola está ahora la Virgen de la Angustia, que yo recordaba en el lado opuesto, y desde luego sin el retablo dorado de hace veinte años. Ha ganado en los últimos tiempos esta dulce imagen de Astorga gracias a la forma de vestir que, cuando está bien hecha, completa el trabajo que había hecho el escultor en su taller.

Entonces encuentro a la persona con la que creo que he venido a hablar, y él también está avisado. Había pedido a un cofrade cercano a la imagen y Fernando Rubio Santos es ahora el capiller que abre, cierra y cuida el templo. De camino a la sacristía miramos, él también, porque con esas imágenes no deja nadie de sorprenderse, el perfil soberbio del Cristo de la Buena Muerte y la cercanía de la cabeza, desnuda de corona de espinas y potencias. No es que tenga unción, es que es casi una ventana al cielo, como pasa con sus mejores imágenes.

Cuando nos sentamos en la mesa de la sacristía pienso que es un lugar cálido y hermoso, como si el Señor extendiera sus brazos sobre donde estamos. Fuera se escucha amortiguado el ruido de los coches por las grandes avenidas cercanas. Fernando es un hombre alto y fino, me parece que sobrio y próximo a la imagen del cofrade de negro que siempre me he hecho, como si lo que se hace al llevar encima el ruan y el esparto no fuese distinto del comportamiento y de la oración de todos los días. Llegó a la cofradía hacia 1972 de la mano de Juan Moya Sanabria, que luego sería uno de los grandes hermanos mayores.

Empiezo a hablar de la singularidad del Cristo de la Buena Muerte, de su carácter introvertido y sereno, de ese paso hacia el misticismo de su maestro que, sin embargo, no lo es tanto como parece. Y Fernando Rubio no tira de repertorio: «Porque este Cristo se hizo para los jesuitas y para la meditación y la oración. Creo que se hizo de otra manera, sin duda. Tanto es así que se puede confundir con una imagen más tierna, como de Martínez Montañés. Yo la veo una imagen tierna, cercana. Es más, yo creo que el Dios que veremos será este. Cuando lo miro digo que es el Dios que voy a ver en el cielo, el Jesucristo con el que me voy a encontrar, que me encantaría».

Yo entonces estoy a punto de hablar de lo que viví a sus plantas, pero me callo, por pudor. Todavía un poco antes de escribir no sé si lo voy a hacer, pero tengo que ser sincero: al Cristo lo tuve tan cerca que incluso me hice hermano de los Estudiantes durante unos años, y hasta soñé con vestir su túnica, pero Dios me tenía marcado un camino distinto. Era mi Cristo en Sevilla y aquellos salones donde estaba el palio la única casa de hermandad que vi en los años en que conocí muchas cofradías, pero pocas hermandades por dentro. Lo he guardado por un raro pudor, como si en el fondo no hubiera hecho bien en pedir el alta y recibir la medalla, o no hubiera hecho bien en dejarlo, así que allí sólo digo una verdad que no me compromete.

—Vine mucho a verlo cuando era estudiante. Sobre todo, transmite paz.

—Totalmente, totalmente. Inspira ternura y te lleva a la oración. Igual que el Gran Poder te dice «bueno, venga, dime lo que quieras», este es más bien «cállate y mírame». Es la impresión que a mí me da cuando yo estoy con él. Me quedo embobado, me quedo totalmente en otro mundo. Es lo que me produce la imagen entera. Hay gente que le mira mucho la cara, la cabeza, que es perfecta, es preciosa. El costado, los pies. Pero a mí lo que más me gusta es el conjunto: la caída que tiene, esos brazos tan abiertos, tan caídos. Cuando sacan fotos del sudario o del costado digo que lo saquen entero, porque este Cristo es para verlo entero, es para disfrutarlo entero.

En ese momento de la charla entra a la sacristía Miguel León y no le hace falta presentarse como a mí tampoco, aunque no nos hemos visto en la vida. Quiere quedarse al margen, pero los dos le invitamos a charlar con nosotros. Para Fernando Rubio Santos, el Cristo de la Buena Muerte siempre ha sido una presencia próxima y en los últimos tiempos hasta cotidiana, pero no se ha acostumbrado.

—Cuando voy en la cofradía y voy detrás, digo qué caída tiene, qué brazos abiertos, cómo te acoge. Es lo que a mí me gusta del Cristo. Voy de penitente, aquí solo he salido una vez con vela, o cuando he estado en la junta de gobierno he ido en el sitio que me ha tocado. Pero casi siempre de penitente. De capiller llevo cuatro o cinco años, y en tres o cuatro juntas de prioste, muchos años. He estado muy cerca de Él.

—¿Es una imagen que se agote, que se llega a conocer? —quiero saber.

—No, no, cada día le veo un detalle más. Los dedos, los pies, las manos. Me acuerdo de que cuando estuve aquí de prioste, que el Cristo estaba muy ennegrecido. Eso fue del año setenta y tantos hasta el 94, que fue cuando se limpió. Cuando vino de Madrid descubrimos cosas que no veíamos. Ya era impresionante antes, pero cuando vino tan limpio, viéndosele la sangre, que antes no se le veía, cambió todo. Hoy día, me siento ahí lo miro, veo esa mano, ese dedo, ese pie. Siempre le descubres algo, siempre.

—Siempre me ha fascinado el hilo de sangre por la pierna desnuda —confieso.

—Esa cadera descubierta, sí, es precioso. La caída de la cabeza, del cuello.

Me viene a la memoria aquella restauración de entre 1994 y 1995, y cómo encontré la capilla vacía la tarde de otoño, recién llegado para estudiar, en que entré por primera vez. Llegué a buscarlo en las capillas laterales, pensando en que no la presidiría, hasta que supe que en esos meses no estaba allí. Las fotografías y vídeos me habían enseñado a una imagen de tez algo más oscura, con menos detalles, y ahora el Cristo llegaba inmaculado y hermoso. Fue una tarde de marzo. Poco después yo era hermano, aunque hoy pienso que aquello no fue más que una inscripción impersonal, como si yo no hubiera sido nunca más que un número. Por mis propios méritos, que conste.

—Esa restauración al principio chocó, decían que venía blanco —observo.

—Chocó mucho, pero encantó. Hay mucha gente que opinaba que lo habían dejado demasiado «limpio», por decirlo de alguna manera. Los brazos antes los tenía negros, y tenía sangre. También tenía sangre en el cuello y no se le veía. Además, esa sangre es preciosa, de un tono precioso.

Cuando hablamos de la serenidad y de la contemplación Miguel ya tercia en la charla. Él si entró y fue capaz de quedarse, primero de costalero y ahora con la túnica como fiscal de horas.

—Recuerdo siempre una frase de Antonio Piñero, cuando llegué aquí: «El Cristo engancha». Mientras más lo miras, más te gusta.

—Engancha, totalmente, sí —cuenta Fernando, que todavía tiene detalles que contar de la imagen—. Y descubres cosas que no has descubierto nunca. Cuántas veces nos hemos acercado a verle la boca…, cómo la tiene abierta. Cada día le descubres algo distinto.

Me interesa saber lo que ven los que lo tienen más cerca y consigo que hablen de eso. Empieza Miguel.

—El primer año de esta junta de gobierno tuvimos la oportunidad de verlo desclavado de la cruz, porque tuvimos que hacerle una prueba para la restauración que luego llevó a cabo don Pedro Manzano. Impresiona más todavía, porque ves cosas que no has visto nunca. Tiene una serie de arrugas en el talón, que dices «son como las mías».

—Tanto es así que, además, el sudario que deja fuera una de las caderas, también lo deja muy bajo por detrás, de forma que los glúteos se inician, se ven perfectamente.

«Gracias a Dios», dice, su cofradía sigue siendo de estudiantes, que es como la llamaron cuando se constituyó en torno a la imagen de Juan de Mesa: «De las hermandades gremiales quizá sea la única. Nos llamamos Estudiantes y mayoritariamente somos o hemos sido estudiantes». En 1833 está documentada la primera procesión en Semana Santa del que ya debía de llamarse Cristo de la Buena Muerte, cuando la hermandad de la Sagrada Lanzada lo pidió para sustituir ese año a su imagen titular, ya muy deteriorada. En las décadas posteriores muchos estudiosos se fijaron en el Cristo y se lo adjudicaron a Montañés, como todo en aquella época, pero no se mencionaba a la imagen de la Magdalena que tenía que acompañarlo. En la década de 1910 comenzaron los intentos de profesores universitarios y alumnos para crear una cofradía de penitencia y se erigió finalmente el 17 de noviembre de 1924. El Martes Santo de 1927 salió por primera vez y la Semana Santa, que tan marcada estaba ya por las imágenes de Juan de Mesa, recibió a una que no estaba hecha para una cofradía pero que iba a dejar una sombra larga. Cuando el Rectorado se fue a la Fábrica de Tabacos la hermandad se marchó allí con la Universidad.

—Dentro de la comunidad universitaria —revela Fernando Rubio— hay mucha devoción. De hecho, muchos de los actos que estamos montando en 2020 se van a desarrollar en torno a la comunidad universitaria, teniendo en cuenta que la hermandad todavía es joven, que no tenemos ni cien años. El Cristo tiene mucha devoción en las aulas. Ayer tuvimos cabildo y este tema lo estuvimos tratando por encima. Tradicionalmente estábamos muy vinculados a la Facultad de Derecho, que ya se fue de aquí, del Rectorado, y hay menos vinculación, pero ha aumentado a otras facultades y escuelas.

—¿Más de ciencias o de letras? —quiero saber.

—Creo que puede ser más de letras.

—Sí, pero no será en Periodismo —digo, y sé de lo que hablo.

—Tenemos muchos médicos también. En la Facultad de Medicina ha habido siempre muchísimos hermanos.

Fernando Rubio no estaba «por suerte», dice, aquel día del accidente en que al Cristo de la Buena Muerte se le desprendió la cabeza en la calle. «El Cristo tenía unas cogidas que eran como un brazalete. Saltó una de ellas y lógicamente el Cristo fue al suelo. Uno de los brazos de la cruz pegó en el suelo y ese golpe hizo que la cabeza se desprendiera, justo por una de las juntas de ensamblaje. Saltó la cabeza. A Dios gracias, no estaba ese día. Fue un traslado a la Anunciación».

Aquel año el Cristo no pudo estar en el altar de cultos ni en la estación de penitencia del Martes Santo, y en la restauración apareció la firma del autor, aunque ya estaba documentado. «Ego feci Joannes de Mesa, anno 1620». Se dice que el nombre de los escultores no importaba tanto entonces como la devoción de las imágenes, pero Juan de Mesa había aprendido el oficio de manos de un autor con personalidad y conciencia de su propio genio. En él siempre se adivinó algo más de humildad, pero al llegar al Cristo de la Buena Muerte ya había puesto demasiado de sí mismo como para permitir que alguien pensase en otro autor. Luego se descubrió otra firma en el torso del sudario. En la misma obra ya confluyen el «Yo» del autor que firma y el aplauso de quienes encargan y luego volverán a pedir la misma fórmula.

Hablamos de la unción y también del Gran Poder y de las diferencias entre una imagen y otra. No es que fueran del mismo autor, sino que debieron de coincidir en el taller, por las fechas. El Cristo de la Buena Muerte se entregó en septiembre y el Señor en octubre. El escultor era capaz de hablar lenguajes distintos incluso en días alternos.

—¿Qué dice la gente de fuera de la hermandad? —sigo. Siempre he pensado que es la mirada que mejor complementa al cofrade.

—Aquí el día a día —añade Miguel León—, y eso lo puede corroborar Fernando, es bastante más intenso de lo que parece. Viene mucha gente, pasa mucha gente. Visitas cortas, visitas largas, el que tiene examen, porque la imagen perdió el arraigo con la Compañía, pero está muy arraigada en la Universidad. Hay muchos estudiantes que siendo de otras hermandades pasan por aquí antes de, después de y durante sus estudios. Eso llama mucho la atención.

—También llama la atención que viene gente de Madrid, porque se parece al suyo —relata Fernando Rubio—. Y de Córdoba también, de la capital. Se quedan enamorados, prendados. A pesar de verlo en fotos, nunca es lo mismo.

—Me llama la atención algo que dijo Juanjo Galeote: «Es un Cristo que ha generado vocaciones» —revela Miguel—, incluso viniendo de otras hermandades. Ha influido en muchos sacerdotes actuales. Cuando vienen aquí lo comentan. «Yo venía aquí, me paraba, lo miraba, y me decía, y yo le decía, y yo lo escuchaba». Te lo comentan así, con las vivencias de la llamada. Aquí tenemos un sacerdote mayor, que se ordenó con cincuenta y ocho o cincuenta y nueve años. Estaba de catedrático, y empezó a venir por aquí con don Juan del Río. Creo que la vocación le viene de venir aquí y estar con el Cristo, y él lo dice.

Me cuentan historias de cuando tiene que moverse en el altar o hacia el paso y han estado presentes. Más que de las maniobras, que impresionan a cualquiera, son momentos para que se vea la impresión que causa tan de cerca: «El silencio lo pone el crucificado, y hay mucha gente joven, pero no hace falta mandar callar. El Cristo invita al recogimiento. Pero es que la gente quiere estar con el Cristo. Y cuando vienen a hacerle fotos mucha gente quiere estar». La tecnología moderna ha permitido captar imágenes cenitales impactantes, y ahí se percibe la V que forman los brazos de la imagen, la búsqueda y el hallazgo de un lenguaje propio.

—Es que además de ser muy fotogénico, hermosísimo, acompaña —explica Fernando para reafirmar que ese estar busca sobre todo sentir su presencia.

—En ese sentido no podría ir de otra forma que en silencio —digo al recordarlo en la tarde todavía alta, por la plaza de la Contratación. No había ruidos y tampoco siseos. No parecía que no estuviera pensado para subirse en un paso e impresionar al pueblo, aunque aquel pueblo que lo esperaba en las calles ya no fuese el del siglo XVII.

—Las caras de la gente, insisto, las caras de la gente —resalta Miguel—. La gente está despistada, y cuando la gente se cruza con el Cristo se bloquea.

La cabeza es portentosa, como un ejercicio de anatomía y dulzura, pero Juan de Mesa no debió de hacerla para que se mostrase desnuda, sino con potencias y corona de espinas. La segunda dejó sus huellas, al menos la que él hizo, y no pudo no hacerla. En el siglo XVII las potencias no tenían que faltar en ninguna imagen, porque eran el signo de lo divino, y eso no se discutía. Por eso, quizá recuerda tanto al Señor de la Pasión, que sí que conserva las dos cosas. Cuando no las lleva se aprecia su perfil sobrecogedor; cuando sí las tiene, parece más en su contexto y en sus proporciones. La percepción del Cristo de la Buena Muerte hoy está marcada por la cabeza desnuda y bellísima.

Por eso antes de marcharnos, Miguel me llevará a ver las que la hermandad conserva y salta a la vista que no son apropiadas. Las lleva el Señor en la foto más antigua que hay de él, en los primeros años de la hermandad. Así lo verían los estudiantes y profesores que en la Anunciación quisieron hacer una cofradía. La corona de espinas es circular y de ramas ligeras, distinta a las que él hizo, que eran más gruesas. Las potencias son planas y de un metal poco noble.

Luego me muestra el respiradero de la Virgen de la Angustia, que labró otro cordobés, Emilio García Armenta. Joaquín Castilla puso allí un Calvario completo y, a los pies del Crucificado, una imagen de la Magdalena abrazada a la cruz, y lo hizo porque sabía que a Juan de Mesa le encargaron también aquella figura que no conoció nadie a partir del siglo XIX o quizá antes. Es tradición oral en el taller de Esperanza Elena Caro y parece coherente.

Nadie iba a pensar que el Cristo de la Buena Muerte, con esa lección inagotable de profundidad, de unción, de belleza, estuviera incompleto, y hasta quienes hubieran leído el contrato pensarían que era una lástima haberla perdido. Pero no encontrarían nada inconcluso en lo que había llegado al siglo XIX. Tampoco nadie le pidió a Juan de Mesa que repitiese aquel modelo: los encargos siempre hablaban de seguir el conjunto del crucificado. Casi habría caído en el olvido aquel apunte de la historia si Álvaro Dávila-Armero y José Carlos Pérez Morales no se hubieran fijado en el busto de la Fundación Lázaro Galdiano de Madrid.

Tenían la mirada acostumbrada y el conocimiento para interpretar que no era un busto de San Juan, atribuido entonces al círculo de Montañés. Los ojos eran de mujer y dolorosos, aunque no tuvieran lágrimas; el rostro era femenino porque no había asomo de barba y por los rasgos dulces, y además estaban la ligera papada y el cuello con una pequeña hendidura horizontal. La habían visto en la Inmaculada de las Teresas, en el relieve de la Asunción en la Magdalena, en la Virgen de las Angustias. Era la firma de las imágenes femeninas. Vieron más. No tenía brazos, pero sí la señal de que se los habían quitado en algún momento, porque quedaban los hombros. El derecho estaría más alto y el izquierdo algo más bajo, y la mirada se dirigía a su derecha, el mismo lugar al que caía la cabeza del Señor. Como Antonio Cattoni cuando contó la historia en *El Llamador* aquella Cuaresma de 2007, también me la imaginé a los pies del Señor cualquier Martes Santo, aunque no fuera más que una quimera imposible unir a una imagen incompleta con otra a la que todo el mundo concebía sola.

A esas horas ya estoy en las dependencias de la hermandad y me detengo un momento a admirar el manto, que cuando yo estudiaba y era hermano no era más que un proyecto eterno que nadie se atrevía a emprender. Por allí iba entonces a intentar pagar la cuota y nunca daba con el mayordomo que me tendría que dar el recibo. Lo normal, me decían, era hacerlo en la papeleta de sitio, pero yo no llegué a dar ese paso, ni tampoco di la cuenta corriente. Qué distinto me parece todo en ese momento y qué poco he recordado a lo largo de los años ese tiempo, como si fuera una vida distinta que viviera otro.

Miguel me presenta después a Jesús Resa, el hermano mayor en ese momento, José Salado y Antonio Gutiérrez de la Peña. Han reflexionado todos sobre su imagen. El hermano mayor recuerda cómo «la Compañía de Jesús era la élite cultural del momento, y entonces se adapta al encargo y hace un Cristo que mueve a la reflexión; por eso se aparta tanto del modelo barroco más dramático del Amor, por ejemplo. Y sigue con la élite intelectual, con la Universidad».

José Salado recuerda aquel carácter de isla serena que tenía la capilla en torno al Señor, y que sigue teniendo: «Lo que estudiamos en esta zona, que estudiamos Derecho, vimos el bullicio de las aulas y todo lo que es la Universidad viva y dinámica. Pasabas a la capilla y te encontrabas con todo lo contrario, con un abrazo que te dejaba tranquilo, sosegado. Está hecho para eso, y la capilla sí es verdad que guarda ese contexto, para entablar un diálogo con el Señor».

—Yo creo que el Martes Santo, en la calle, cuando sale el Cristo y se acerca el paso —dice el hermano mayor—, ves que la gente se calla y le reza. El objetivo para el que está hecho está plenamente vigente, todavía causa ese efecto en las personas.

—Yo he tenido la suerte de salir muchos años de fiscal del paso de Cristo y ves muchas veces lágrimas en el rostro de las personas, muchas veces que están musitando una oración —coincide Antonio Gutiérrez de le Peña.

—Hay pocas imágenes en Sevilla con las que pase eso. Tuve la suerte de ir un año con el Señor del Gran Poder y es el mismo efecto que tiene esta imagen —revela Jesús Resa.

—Siendo diametralmente opuesto. Es más bello que doloroso.

—Sí, pero creo que los dos están tocados por la gracia.

—Por la mano de Dios.

—No la mano de Juan de Mesa, la mano de Dios —puntualiza Antonio Gutiérrez de la Peña.

—El Cristo está hecho para la reflexión, con un nivel teológico, para el que ya sabe pueda desarrollar en el Cristo lo que conoce. No es el Cristo que enseña, sino es el Cristo que al que ya sabe lo ve reflejado.

—Es el más representativo en ese aspecto, aunque era quizás el que menos efecto *mesino* tenía, el que menos se parecía a los demás. Y sin embargo, fue el que más relevancia tuvo porque fue el que más se pidió que se repitiese —dice el hermano mayor—. No se hace para procesionar, pero quizá por ese toque especial que tiene.

—Yo he sido prioste, Antonio también —dice José Salado—, y he tenido la suerte de haber visto el Cristo por distintos ángulos que muchas personas no conocen. Desde arriba, desde abajo, desde un lado, desde otro… La percepción del Cristo por cualquier sitio es de una imagen totalmente acabada. Incluso nos sorprendió, nos llamó poderosamente la atención, que estando sin la cruz, en una mesa de trabajo de una restauración, que es lo menos místico y religioso que se puede pensar, seguía transmitiendo todo ese poder religioso que tiene el Cristo, ese poder trascendente. Por donde lo mires, y de la manera que lo mires, encuentras la perfección.

—La desnudez del muslo es elegantísima. La visión del Cristo cuando está tumbado y le ves la caballera caer, es propia de una imagen completísima. Los pintores, los artistas dicen que tienen algo especial —cuenta Jesús Resa.

—Muy proporcionado —vuelve a decir Salado—, y la proporción es un elemento de la belleza, al fin y al cabo. Además, en todas partes, dentro de una iglesia, en la salida procesional. Haciendo un estudio radiológico.

—¿Han tenido que responder a muchas preguntas sobre la advocación Buena Muerte? —lo pregunto porque desde niño me estremecía.

—Mucha gente se extraña de la incongruencia: una muerte que signifique Buena Muerte. Se entiende plenamente en el Cristo, que la muerte es un paso hacia una vida plena, y eso lo ves rápidamente en el Cristo —afirma José Salado.

El tiempo se acaba. La hermandad late con la vida que se pierden los que sólo buscan a una cofradía en la calle con nazarenos y, sobre todo, con costaleros. Se saludan, hablan, se preguntan y al poco salen del Rectorado para buscar la capilla y asistir a la misa. Los acompaño y hasta siento no poder quedarme con ellos. Miro un segundo más al Cristo y de camino a la estación pienso en el desenlace de mi corta y extraña historia en los Estudiantes y de cómo la he olvidado. En algún momento llegué a alimentar la ilusión de vestir la túnica y hasta ahorré para eso. Catorce mil pesetas, y aparte la faja de esparto y el capirote, eran entonces más dinero que ahora ochenta y cuatro euros, y mi madre me convenció para que no diera aquel paso en una ciudad que no se sabía si sería la mía. Y no lo fue.

Cuando me marché de Sevilla para trabajar en Córdoba ya me había alejado del Cristo y de su cofradía, como si todo eso lo hubiera soñado. Algún año más me llegó por correo aquella estampa grande que llevaba al dorso los actos y cultos del curso, pero también esa carta en que me explicaban cómo pagar mis cuotas o tendrían que darme de baja de la hermandad. Me desentendí, hice como si no leyera, como si no fuera conmigo, y si alguna vez encontré la medalla y las reglas las miraba con la enajenación de pensar que habían pertenecido a otro.

Es curioso que dejara morir mi pertenencia a aquella cofradía, pero guardara en la cartera una reliquia que compré el Martes Santo de 1995 por la mañana, ante las imágenes radiantes en sus pasos: una astilla de la cruz que había llevado el Cristo hasta la restauración de ese año, y que venía en una estampa plastificada en sepia. No era la cruz original, sino una que se había hecho en 1938 con árboles del Parque de María Luisa, y que debió de ser la que sustituyera a la de Juan de Mesa. La carta donde me pedían que me pusiese al corriente tenía que venir en el mismo sobre que aquella fotografía imponente en que el Cristo avanza el Martes Santo y por detrás se ve, ensordinada y silente, como no puede ser de otra forma en ese momento, a la alegoría de la Fama tocando la trompeta que corona el frontispicio de la puerta principal de la antigua Fábrica de Tabacos. Me olvidé de pagar, pero esa foto me acompañó en la cartera en que llevaba cuadernos y grabadoras. Al dorso estaban los actos del año 1999, aquel del 75 aniversario de la fundación de la hermandad, y aquel en que tantas cosas se cimentaron en mi vida.

Un tiempo la tuve perdida, pero ahora, mucho antes de haber empezado este libro, la tengo en mi mesa de la redacción de ABC Córdoba, encima de una foto de mis hijas. El recuerdo de aquella vida, que a veces no parecía mía, está junto a la que quiero que sea definitiva y eterna. A veces miraba al papel con los bordes doblados sin saber por qué estaba en mis manos aquella lámina, como si nunca me la hubiesen enviado con un número de hermano en el encabezamiento del sobre. Como si al fin y al cabo no hubiese dos vidas ni tres, sino sólo una con distintos momentos. Al entrar y verlo con tanta calma me ha parecido que no han pasado tantos días entre aquellos en que acudía a visitarlo y estos en que he venido para hablar de él. Como si me perdonara la ausencia, pero también quisiera que me acordase de que quien pasó allí tantas tardes era yo.

Tengo la misma sensación de irrealidad cuando en el tren voy disfrutando del anuario de 2019, que me ha regalado Miguel, y las fotografías impresas a una calidad exquisita me hacen notar que todavía estoy ante el Señor, y creo que inscribirme en aquella cofradía y ante aquella imagen no fue una decisión tan extraña y hasta arbitraria como pensé en los años en que me quedaba más lejos, como si nada se me hubiera perdido allí. Más de una vez me dije que fue una irreflexión, un rasgo de novelería, un error que ahora está sepultado como una medalla olvidada en algún cajón.

Me han entregado también el libro que hizo Antonio Gutiérrez de la Peña sobre los noventa años de historia de la cofradía y me detengo a leer la historia de la fundación y a escuchar latir toda aquella vida que nació en torno a una imagen que desbordó los límites de la oración íntima para salir a la calle. Recuerdo las frases de Fernando Rubio Santos, que ha dejado caer como avergonzado, como si esas reflexiones fueran tan íntimas que le diera pudor contarlas, o como si creyera que no tienen valor, pero sí que me conmueven, y por eso le había animado a seguir. Es cuando habla del Gran Poder, porque también es hermano del Señor, y se atrevía a comparar.

—No tiene nada que ver. Cuando voy a al Gran Poder voy lleno de pecados y para decirle aquí me tienes, dime Tú lo que tú quieras. Esto te doy, no te doy nada. Es muy distinto. Aquí no le digo nada. Aquí medito y punto. Es una oración muy distinta. Quizá al Gran Poder le pida y a este le pido menos, pero me da. Es muy difícil de explicar. A Aquel lo cargo yo más, pero este me da muchas cosas. Es distinto. Aquel es duro, y este es más suave, es otra cosa, me da paz. Con el otro digo qué vida más mala llevo.

Creo que lo he entendido, al menos en el umbral respetuoso y prudente en que hay que tomar las reflexiones tan íntimas de alguien. Me hubiera gustado que Juan de Mesa lo escuchase, porque trabajó con las dos imágenes casi a la vez en el taller y en cada uno buscaría algo distinto. El Gran Poder fue la siguiente montaña que tuvo que terminar y la vez que subir él mismo, que sería menos indiferente que nadie a lo que sus imágenes decían.

Equilibrio, serenidad, perfección y un hilo de sangre corriendo por la cadera desnuda. El Cristo de la Buena Muerte en la Universidad de Sevilla. Foto: Manuel Jesús Rodríguez Rechi

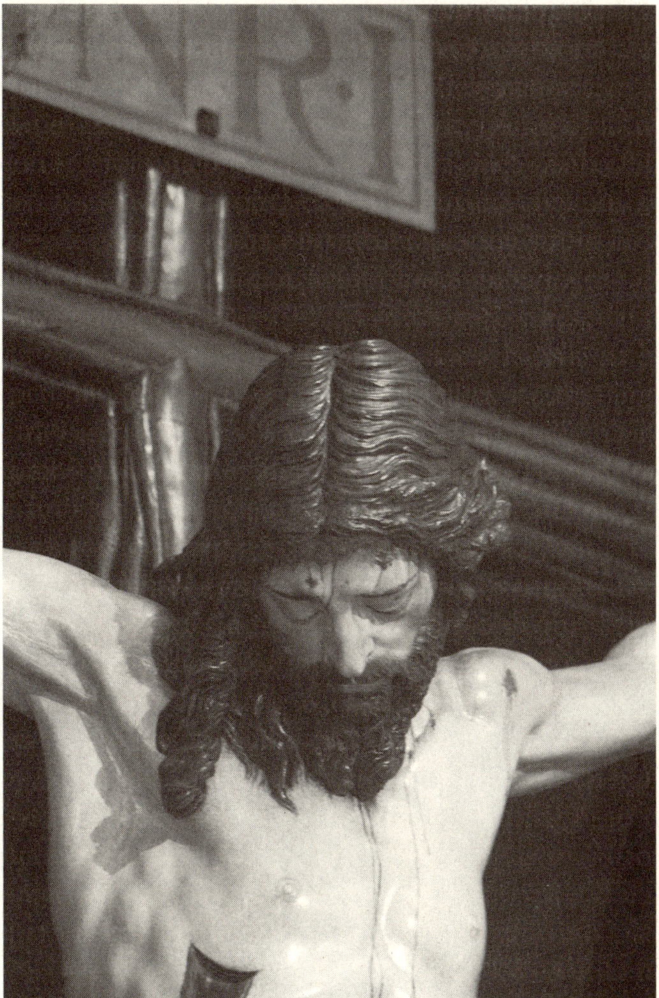

No es que tenga unción, es que casi una ventana al cielo. Cristo de la Buena Muerte. Foto: Manuel Jesús Rodríguez Rechi

Rostro femenino, rasgos dulces y la señal de haber tenido los brazos rodeando la cruz. La Magdalena que pudo hacer Juan de Mesa para acompañar al Cristo de la Buena Muerte

9

LA INSPIRACIÓN DE LOS AFLUENTES

El viaje a los años que hay entre 1619 y 1623 casi espanta. A Juan de Mesa sólo se le puede imaginar entregado casi con furia a un trabajo que no deja de asumir y que tampoco deja de salir de su taller. Hay atribuciones serias y hay también documentación que cuenta cómo firmó contratos para entregar nuevas esculturas, y son incluso más de las que se han identificado. Parecía que pensara que no tendría demasiado tiempo para hacerlo o que quisiera sacar toda la creatividad que llevaba dentro. Lo mismo que sentó las bases de las imágenes de la pasión de Cristo que lo tendrían que hacer inmortal, también probó por otros caminos en los que apenas dio unos pocos pasos dubitativos, o realizó esculturas en las que la conmoción no iba a ser tan fuerte, pero le sirvieron para avanzar. Pueden ser afluentes menores, pero por ellos de vez en cuando corre el agua pura de la inspiración.

El once de enero de 1619, poco antes de empezar con el Cristo de la Conversión y cuando ya el Amor tendría una forma parecida a la que impresiona hoy, se comprometió con el pintor Vicente de Perea a hacer una imagen de la Virgen del Rosario y otra de San Nicolás de Tolentino. La de la madre no se ha encontrado, pero José Carlos Pérez Morales sí ha dado con el santo en el país que hoy se llama

Venezuela, en la ciudad de Mérida. Allí llegó en aquel mismo año, porque el escultor se comprometió a hacerlas para marzo y el barco en que debieron de hacer el viaje llegó al Guadalquivir en ese mes y zarpó al siguiente. Es una imagen mediana, de ciento veintisiete centímetros, que se inclina ligeramente a la derecha y que tiene la rodilla de ese lado más adelantada. Así se nota bajo los ropajes, con mucho movimiento y mangas muy anchas, y a pesar de la amplitud se percibe la finura de la anatomía. En la mano derecha tuvo que llevar un crucifijo, que hoy no está. Su historia fue muy azarosa y estuvo en varias iglesias y conventos hasta terminar en el Museo Arquidiocesano en 1970.

En 1619 acometió dos trabajos únicos en su trayectoria, pero de ellos no queda más rastro que el contrato. En abril fue un sagrario con dos santos para el convento franciscano de San Antonio de Padua, y el diez de julio recibió el pago por dos frascos para pólvora que el Duque de Medina Sidonia regaló al rey Felipe III para una cacería en el Coto de Doñana que nunca se realizó. Por los documentos sería la única vez en que hizo un trabajo no religioso.

El siete de diciembre de ese año de 1619, el escultor, que luego se recordaría por obras exentas que se podían mover entre un lugar y otro pero que siempre eran de bulto redondo, firmó un contrato para hacer un relieve. En la época era frecuente este tipo de trabajos, que tenían mucha capacidad narrativa para contar escenas de la fe y de las escrituras a gentes que por lo general no sabían leer ni escribir, pero que sí eran capaces de comprender lo que se relataba a través de los símbolos y de su figuración. En la preparación para este libro me detuve en el retablo de San Juan Bautista que está en la iglesia de la Anunciación de Sevilla, una obra cimera de Juan Martínez Montañés que se acababa de restaurar, y que se mostraba limpia y con todos los exquisitos detalles a la vista. Al hablar de ella con el profesor Alberto Villar me atreví a decir que las escenas de su nacimiento y de su predicación, del bautismo de Cristo y de la cruel decapitación con que terminó su vida el protagonista, eran como viñetas de un cómic, y aunque le puse todas las comillas del mundo para no parecer frívolo, me dio la razón: era algo parecido a contar con imágenes, aunque allí no estuvieran los bocadillos.

Montañés, con toda su perfección, brilló en ellos, pero Juan de Mesa no tuvo más oportunidad que aquel en que muestra la Asunción de la Virgen. La palabra que se emplea en el contrato confirma la voluntad narrativa: el escultor se obliga a hacer «una Ystoria de escultura de la Asunción de Nuestra Señora». Su maestro ya había hecho dos que debieron de coincidir con su estancia como oficial, con lo que debió de tenerlo presente.

Lo encargó un viejo conocido, Luis de Figueroa, que actuó en el contrato de aprendizaje con Montañés como curador de Juan de Mesa, es decir, para proteger o cuidar a un joven que ya era huérfano cuando ingresó. Era para la parroquia de la Magdalena. No es una obra maestra y los historiadores del arte lo han subrayado, aunque es probable que la hiciera para estar en un lugar más elevado y por lo tanto su contemplación, que ahora es a la altura de los ojos del espectador, esté un poco distorsionada. La obra se trasladó al antiguo convento dominico de San Pablo, que desde el siglo XX es el templo parroquial de la Magdalena.

El relieve, de doscientos diez centímetros por ciento veinte, está presidido por la imagen de la Virgen María, una de las muy pocas de Juan de Mesa con documentación cierta. Mira hacia al cielo al que se dirige y presenta señales inconfundibles de sus figuras femeninas como el largo cuello y la hendidura. El fondo es de nubes, como corresponde a la Asunción, y a sus lados y a su altura hay dos ángeles que la llevan a la corte celestial. Tiene bastante dinamismo, con el brazo derecho hacia arriba y el izquierdo hacia abajo. Se nota la rodilla izquierda bajo el ropaje, también con mucho movimiento, sobre todo en las mangas y la capa, policromadas y estofadas.

El movimiento tendría que acentuarse en la parte baja, donde hay otros dos ángeles a los lados y media docena de cabezas que le hacen de peana para ayudarla a subir hasta los cielos. ¿Participaron discípulos de su taller en este trabajo y por eso, según los historiadores del arte, no alcanzó la perfección que había en las imágenes marianas anteriores? Pudo ser, pero, con todas las imperfecciones, incluso los ángeles que han merecido un juicio menos favorable recogen el vigor, la vitalidad y el sello inconfundible de aquel maestro que en esos tiempos concebía sus obras más fascinantes.

Otra pieza única en su trabajo fue la que le encargó Bartolomé de Cáceres, vecino de una ciudad llamada Pamplona que no era la capital de Navarra, sino que estaba en el Nuevo Reino de Granada, de la provincia de Tierra Firme de las Indias. Es la actual Colombia. El nueve de diciembre de ese año contrató con Juan de Mesa una imagen de San Pedro, que hasta hace poco era parte de la amplia obra documentada y sin identificar, pero que José Carlos Pérez Morales y Álvaro Dávila-Armero del Arenal encontraron en la catedral de Pamplona.

La que sería la única imagen que hizo Juan de Mesa de San Pedro es singular y poderosa, con ciento setenta centímetros de altura y mucha expresión. La mano izquierda tiene en los tendones y músculos la tensión de sostener un grueso libro; en la derecha muestra las llaves de oro y plata del Reino de los Cielos. Es un hombre maduro, como lo describe el Evangelio, con un cuello muy musculoso y nuez prominente. En el pelo no falta el mechón de la frente que siempre fue tan de Juan de Mesa. Su expresión tiene algo del misterio del escultor y mucho del misticismo de quien ha sido uno de los apóstoles fundamentales. El manto que se cruza por delante de la túnica no deja de recordar a alguna de las imágenes de la Virgen.

Está documentada también la carta de pago, del veinticinco de enero de 1620, y la marcha de Bartolomé de Cáceres de vuelta a las Indias en abril de ese mismo año.

La imagen de San Pedro fue al convento de Santa Clara, que con los años se convirtió en la catedral de la ciudad, y llegó a tener una importante cofradía que le rendía culto.

De 1619 puede ser también una imagen que siempre llamó la atención de los expertos en la ermita del Amparo de Cumbres Mayores (Huelva). Es la Virgen de la Consolación, que sostiene en la mano izquierda al Niño Jesús y reposa sobre una peana de cabezas de ángeles y una media luna. La atribución a Juan de Mesa se basa en la cercanía al relieve de la Asunción en el rostro y en la mano derecha, pero también hay mucho de la Virgen de la Misericordia de Alcalá de Henares en la forma de tallar el vestido, en los pliegues y en la posición. Como esta última, tiene la cabeza en parte cubierta. El Niño se mueve hacia su derecha. Álvaro Dávila-Armero y José Carlos Pérez Morales ven en ella a una Inmaculada franciscana, como se nota en la peana propia de esta iconografía y en la vestimenta de túnica roja y manto azul cruzado. La proximidad entre esta imagen y la del relieve, con cabezas muy parecidas bajo los pies de la Virgen, hace pensar en que se hicieron en una misma época.

José Carlos Pérez Morales habla también de la Virgen de la Palma que está en el convento sevillano del Espíritu Santo, y que sostiene este elemento en la mano izquierda, mientras con la derecha lleva al Niño Jesús. Los rasgos le hacen pensar en una obra también del maestro cordobés.

Al doblar el cabo del año 1620, cuando terminara el retablo de la Asunción, Juan de Mesa debutó con una de las iconografías más queridas y difundidas de la piedad popular cristiana. El mercader Francisco de Quintanilla le encargó una imagen de San Antonio de Padua con el Niño, el siete de enero de aquel crucial año. Desde que apareció el contrato se buscó a la escultura. Primero, en la iglesia de San Vicente de Sevilla, de donde era feligrés el cliente. Luego se pensó en el titular del convento franciscano llamado precisamente de San Antonio, muy cerca de allí. Álvaro Dávila-Armero y José Carlos Pérez Morales piensan que es la que estuvo primero en la iglesia parroquial de Lora del Río y que ahora se encuentra en la ermita de la Virgen de Setefilla, patrona de la ciudad. En altura y características coincide con el contrato, y se sabe que la familia de Francisco de Quintanilla tuvo en aquellos años y en los siguientes mucha relación con Lora del Río.

San Antonio, fiel a su iconografía, muestra al Niño Jesús sobre un libro cerrado que sostiene en la mano izquierda. Los historiadores señalan el dedo meñique del pie izquierdo algo retraído, como luego haría Juan de Mesa en sus nazarenos. San Antonio es una imagen de talla completa, vestido de marrón con rico estofado, y el Niño Jesús es de vestir y suele llevar ropas encima, aunque debajo de ellos hay una anatomía exquisita hasta los menores detalles, que revela el hondo conocimiento del cuerpo humano. ¿Qué pensaría el maestro cuando tuviera que dar forma a los brazos esponjosos e insinuar levemente la columna vertebral en la espalda, él, que parecía desear más que nada el momento en que tuviera en sus brazos un trozo no de madera, sino de carne viva?

Le quemaría en las manos aquel dolor, pero seguía trabajando. Todo era nuevo en aquel tiempo portentoso, y era nuevo para buscar retos que le darían gloria y fama o bien para obras que se quedarían solas y no serían más que otro guion en la relación de su obra. De toda la iconografía realizada para la Semana Santa ninguna ha planteado más dificultades que la de la resurrección de Jesús. En la época en que los pintores y escultores representaban la pasión hacía mucho tiempo que no se crucificaba, pero sí había toda una tradición para representarla. La muerte y el sufrimiento son parte de la entraña y de la sangre de los seres humanos, y por eso es fácil que el dolor empatice con quienes van a las iglesias. A la muerte se la conoce desde niño, con el dolor se vive, pero del regreso a la vida no se sabe nada.

El diez de septiembre de 1620, cuando faltaba menos de un mes para entregar al Señor que luego habría de ser del Gran Poder, Juan de Mesa también se comprometió a representar a Jesús resucitado. Lo hizo por encargo de Diego de Santa Ana, un vecino de la villa de Tocina, y estuvo primero en la ermita de la Soledad. Hoy no sale a la calle en Semana Santa, pero bien pudo ser el que tenía esta cofradía de la Soledad, que sigue existiendo y con mucha devoción, para representar la resurrección de Jesús en la mañana de Pascua. Juan de Mesa mostró a Jesús Resucitado conforme al modelo que había hecho Jerónimo Hernández para la cofradía del Dulce Nombre de Sevilla: erguido, triunfante y en posición de bendecir con la mano derecha. Es una escultura de ciento veintiséis centímetros de la que no hay duda de que salía en procesión, y hecha para ver a una cierta altura.

El sudario es completo y no con cordeles, aunque distinto a los que ya había hecho Juan de Mesa. La forma en V ya presagia al del Nazareno de La Rambla y, aunque en ese caso el trabajo sea mucho más minucioso, para el Cristo de la Agonía de Vergara. La anatomía tiene todo el detalle y la armonía de Juan de Mesa y es una buena ocasión para ver cómo trataba una cabeza de Cristo sin corona de espinas. Y lo hace con un mechón, presente también en el Niño Jesús.

En 1802 consta que el visitador general del Arzobispado encontró a la imagen tan deteriorada que ordenó que se quemase, pero, como era frecuente en la época, no se le hizo caso. Allí estaba el Resucitado cuando lo encontró José Hernández Díaz en 1933 para identificarlo como obra de Juan de Mesa. Pasó entonces desde la ermita de la Soledad a la iglesia parroquial de San Vicente, donde hoy sigue, aunque la percepción que se tiene de él está condicionada por la restauración que hizo el escultor Antonio Illanes, y que le dio nueva policromía. Por lo general preside la capilla sacramental del templo.

En aquella iglesia parroquial de San Vicente, de la misma villa de Tocina en que ahora está el Cristo Resucitado, ya había para aquel entonces un conjunto sin documentar que se atribuía a Juan de Mesa. Fue casi siempre un escultor de imágenes en solitario y muy pocas veces de grupos escultóricos en que dos figuras se relacionan entre sí. No hay documentación, pero los historiadores del arte ven su mano desde antiguo en el conjunto de Santa Ana y la Virgen María Niña.

En aquel siglo XVII habían tenido una cofradía que seguramente las sacase en procesión, como era y todavía es frecuente en muchos lugares de Andalucía, aunque en el siglo XVIII, cuando se construyó el nuevo templo parroquial, ya había desaparecido. La escena es doméstica y se repite en el arte de aquella época: Santa Ana enseña a leer a la que poco después será la madre de Cristo, y la escena no se recrea con la precisión arqueológica de reconstruir cómo pudo ser la casa de María, sino con los elementos y ropajes que rodeaban al escultor. No había conocimientos de lo que podía haber pasado mil seiscientos años antes. La madre se sienta en un sillón parecido a los que había en el siglo XVII y sostiene en la mano izquierda el libro y en la derecha la pluma con la que le enseña las letras.

Si la cara es el espejo del alma, Juan de Mesa hace en los rasgos de la Virgen María de teólogo para dibujarla con todas las virtudes que el cristianismo ha atribuido a la que tenía que acoger al Verbo encarnado. Es una niña de unos seis o siete años, de rostro alargado y fino, sonrisa dulce, ojos curiosos y dóciles y detalles de belleza exquisita, con una melena larga y suelta en que no faltan bucles y ondas. Tiene otra vez el cuello elegante y largo con la hendidura y algo de inmaculada tímida o de presagio de la anunciación, que no tardará tanto. Duele pensar que el maestro no se prodigara demasiado en imágenes marianas cuando era capaz de traducir en hermosura la espiritualidad.

Santa Ana es una mujer de mediana edad y rostro más voluminoso, que se cubre con el rostrillo propio de las mujeres casadas. La cara y las manos denotan que ha dejado atrás la juventud y parece dialogar más con quien está delante que con la hija que aprende a leer. Las ropas talladas, que no impedirían que se les sacase en procesión, tienen muchos pliegues y claroscuros y en ellas contrastan los amplios volúmenes con la anatomía de las rodillas y piernas que se intuyen debajo de las ropas estofadas. No son las imágenes más conocidas de su autor, pero Tocina es el único lugar de Andalucía en que he encontrado un colegio de infantil y primaria que tiene el nombre de Juan de Mesa. Ni en Córdoba ni en Sevilla lo han hecho.

Antes de que terminase 1620 y cuando ya el Gran Poder había salido de su taller llevándose con él todo su misterio de expresión y de tormento, de unción y de abismo, Juan de Mesa se comprometió a hacer una imagen de la Inmaculada Concepción con el pintor Juan de Uceda, que a su vez la vendió en enero de 1624 a Gaspar Montaño, vecino de Lepe. Para muchos historiadores del arte es una imagen que sufrió graves daños por el incendio de la iglesia de Santo Domingo, y que años después pasó por ello al Museo Diocesano de Arte Sacro de Huelva, en la iglesia de Santa Clara de Moguer, donde rezó Cristóbal Colón antes de embarcarse en su primer viaje a las Indias. Otros piensan que la imagen sería más bien de Alonso Cano o de su círculo, ya que Juan de Uceda era tío de la primera esposa del artista granadino, María Magdalena de Uceda, de cuyo asesinato se llegó a acusar a su mismo marido.

Las fechas no cuadran, porque en aquella década de 1620 Alonso Cano todavía no era maestro escultor y sí lo era Juan de Mesa. La restauración que se hizo en 2010 devolvió a la imagen una parte de su esplendor, y aunque la policromía no sea la que pudo ser, sí que hay rasgos que hacen pensar en una evolución, mucho más monumental, de la Inmaculada Carmelitana. Es una imagen de mayor tamaño, con las palmas de las manos totalmente unidas y una túnica estofada en que abundan los pliegues y el movimiento, pero sin quitarle majestad ni hieratismo. Está sobre una peana de cabezas de serafines y con la tradicional media luna de la visión del Apocalipsis y, aunque los daños hayan quitado algo de naturalidad a la expresión, no es difícil encontrar la misma impresión que en las imágenes marianas anteriores.

Este es el mundo de los documentos antiguos que se encuentran con imágenes sin autor y casi sin nombre, que de vez en cuando han llamado la atención de los que se acercan a las iglesias. Los que buscaron una imagen de San Francisco, la única que está documentada de Juan de Mesa, tuvieron que hacerlo con fotografías antiguas. La firmó en febrero de 1621 para un vecino de la villa de Marchena y tenía que representar al santo de Asís con un crucifijo en la mano y con dos varas de estatura. Pudo ser el que se veneró en la iglesia de la Asunción de Guadalcanal, en la provincia de Sevilla, y que destruyeron en los sucesos del inicio de la Guerra Civil.

De las fotografías que se hicieron a finales de la década de 1920 se aprecia una mirada parecida a la que tienen sus grandes imágenes de Cristo, con un dolor indescriptible que es más la expresión de un abismo oscuro e incomprensible que el testimonio de un simple sufrimiento. Del crucificado que lleva en las manos no se puede ver más que un perfil, pero incluso se intuyen unas piernas poderosas y un perfil lleno de volumen que está presente en los que hizo a tamaño natural. San Francisco parece estar en el momento de adquirir los estigmas de las cinco llagas de Cristo en el cuerpo y tal vez por eso Juan de Mesa, si de verdad fue él quien hizo salir de la madera a esta imagen que ya sobrecoge incluso en el misterio de la historia y del encuentro imposible, lo relató con cara de padecimiento. No por el sufrimiento físico, sino por ese terror que algunos escritores han identificado con la presencia divina, sobre todo para aquellos, los santos, que más han creído y más cerca han estado de Dios. De ahí quizá también el tormento del escultor.

Una Ystoria de la Asunción: única obra de Juan de Mesa en la narrativa del relieve. Foto del autor

10

VIERNES DEL SEÑOR

Al despertar he encontrado en el teléfono el mismo mensaje que todas las semanas, y que siempre madruga mucho más que yo, como si el café y la tostada diesen más fuerzas después de haberlo abierto. Es una fotografía del Gran Poder y un texto de tres palabras: «Viernes del Señor». En las peores semanas del coronavirus, cuando los suyos, si es que alguno no lo es, más necesitaban de su refugio, cambiaba un poco: «Protégenos, Señor».

Me lo envía Javier Romero, maestro de los capataces de Córdoba, pero que cada viernes del año cambia el traje negro y la corbata —con que lo recuerdo—, por el ruan negro y el esparto que se ciñe todos los años para que no olvide, para que no olvidemos quienes lo recibamos, que el culto al Señor ni empieza ni termina en la Madrugada del Viernes Santo. Bien vista, esa noche sagrada no deja de ser un Viernes del Señor en las calles y sobre el paso. Cada semana tengo que envidiar a quienes acudirán a verlo y sentarse para conversar con Él, pero ese día abro el mensaje con una sonrisa y una respuesta enigmática por la que no me pregunta después: «Y tanto, maestro».

Como pasa con la misma Semana Santa aquellos años en que no hay una pandemia que la sepulte bajo un manto gris de miedo, el día se parece a una cuenta atrás feliz.

Por eso mismo habría querido vivirlo en la Cuaresma, para que aquello que ya no puedo probar ni en el más pequeño sorbo por lo menos me dejara en la cabeza un poco de olor que luego me hiciese de argamasa para la arquitectura feliz de los recuerdos. Feliz y en el fondo también engañosa.

Siempre me gustó para llegar la calle Cardenal Spínola, pero ahora que voy casi con los minutos contados pienso que será más rápido y seguro por Jesús del Gran Poder, como si con ese rótulo no me pudiese conducir a otro lugar. En la azotea de Montserrat en la que recuerdo los viajes sin prisa por marcharme, la memoria está fresca, porque ha sido menos de dos semanas antes, y por allí busco los ángulos que tienen que conducir a San Lorenzo. El día en que he ido caminando ya sé que no encontraré los plátanos de sombra, que talaron en marzo por enfermos irrecuperables, y si me anduviese fijando en los detalles de quienes van todos los días la encontraría más parecida a una de esas plazas duras de estos años, porque los ejemplares que han traído todavía están lejos de los días en que podrán servir para refugiarse del calor o para que aniden los vencejos que reciben al Señor con el *Canto de las Criaturas* que abre el alba del Viernes Santo.

Iré después hasta el monumento —«Sevilla a Juan de Mesa»— que se levantó al escultor, y que señala el camino hacia el lugar en que está la que tuvo más eco de sus obras. ¿Pudo conocer, en aquellos siete años que pasaron desde el momento en que lo entregó a la hermandad hasta su muerte, a los cuarenta y cuatro años, la capacidad para emocionar, para hacer rezar, para hacerse preguntas sobre la vida, para abismarse, para lograr la identificación de la gente, para predicar, para transformarse según pasara el tiempo, que iba a tener aquella imagen? Los documentos dicen que el éxito del Cristo de la Buena Muerte fue inmediato por toda la serie de peticiones posteriores que pedían que siguiese sus huellas. «Tal y tan bueno como el que está en la Casa Profesa de la Compañía de Jesús», se escribe, y él seguía el encargo. Aquel le había dado el prestigio y la admiración de los contemporáneos, y el Gran Poder, sin eclipsar al crucificado ni a ninguna de sus otras grandes obras, iba a hacerlo inmortal, aunque la advocación y su autor pasaran más de trescientos años separados.

«Sepan quantos esta carta vieren cómo yo, Juan de Mesa, escultor, vecino de esta ciudad de Sevilla, en la collación de San Martín, otorgo y conozco que he recibido y recibí de la Cofradía de Nuestra Señora del Traspaso, que está sita en el monasterio y conbento de Nuestra Señora del Valle dos mil reales de a treinta y quatro maravedís cada uno, que yo obe de aver por la hechura de un Cristo con la cruz a cuestas y de un San Juan Evangelista, que hize de madera de sedro y pino de Segura, de estatura el dicho Cristo de diez quartas y media poco más de alto, y el San Juan, de dos varas y sesma», dice la carta de pago que otorgó el uno de octubre de 1620 y que resolvía el contrato que se habría hecho unos meses antes. La partida de nacimiento del Gran Poder, que vi en febrero en la exposición que explicaba la transformación de aquel Cristo con la cruz a cuestas para una cofradía de Virgen en el Gran Poder o en el Señor.

Quizá al que acuda todos los viernes o al que encuentre un azulejo en un paseo cotidiano se le agolpen los recuerdos sin poder identificar los años, pero los que sólo tenemos unos pocos, y cada vez más repartidos en el tiempo, sí que guardamos en la habitación de la memoria un álbum organizado de fotos y recuerdos que apenas se confunden. Uno de los que me llevaré de aquí para luego contarlo será el cambio de planes nada más entrar a la basílica, que al filo de las siete de la tarde me recuerda a una casa en una hora que no ha dejado de ser de la siesta, pero que ha logrado conservar la frescura y la familiaridad. Está umbría e íntima y en ella el Señor se ve más oscuro y apesadumbrado, pero también los suyos, que parecen llegar agobiados como si pensaran que la enfermedad les acecha por el aire y les terminará dando caza, encuentran alivio y casi se les puede notar cómo la preocupación les desaparece de los ojos, que es lo único que dejan ver las mascarillas.

Sé que no encontraré al Gran Poder en su camarín, sino ante el presbiterio, porque allí decidió dejarlo su hermandad cuando la basílica pudo abrir otra vez tras el confinamiento, y así estará varias semanas. De inmediato veo que ha salido a recibir de pie a los suyos, y sin perder lo sagrado parece más un patriarca escuchando a su familia que la imagen excelsa que se entroniza para recibir el culto que se le debe. Me acuerdo entonces de Carlos Colón y de cómo se había dado cuenta de que la devoción al Señor crecía en tiempos convulsos. Cuando me lo dijo en enero parecía que esas turbulencias estaban pasadas y ahora el Gran Poder tiene que sanar muchas más heridas que antes.

Tuve el sueño de haberme movido un poco por la iglesia, como si más que en un Viernes del Señor estuviese en la jornada de puertas abiertas de un museo y pudiese acercarme a un lado y al otro. Lo he podido hacer con otras imágenes en estos días, aunque siempre sin que los suyos me dejaran perder el sentido de la sacralidad. A su derecha estaría la pierna que se queda atrás, tensa en el momento de alcanzar a la izquierda que ya sigue el camino del Calvario; a la izquierda, sin dejarse tapar por la cruz, está el movimiento tenso del cuello, que se gira al otro lado, pero que todavía ofrece uno de los ojos para que nadie de los que acuden a sus plantas se encuentre con que el Señor le da la espalda.

De frente, el rostro indescriptible al que solo se pueden acercar las palabras por el camino sinuoso y sin embargo, exacto de las metáforas. Sí, pudo ser así, como en otros lugares donde los hermanos mayores me invitaron a acercarme, pero con el templo abierto y casi lleno, me siento como si el mismo Gran Poder me atase a los bancos de madera y me mostrase el ejemplo de los que estaban allí. Salvando las distancias, como Moisés descalzándose delante de la zarza que no se consumía. No hay que pensar, sino rezar. No hay que ver, sino mirar. No hay que saber lo que pasa dentro de los demás, sino lo que hay en el interior de uno mismo. Con ver los ojos basta, con preguntarse por los silencios es suficiente. Lo dijo Paco Robles: «Los que se acerquen a su presencia y su figura —San Juan de la Cruz— vendrán de decirles sus pecados al confesor. A Él le dirán la Verdad. Es inútil mentirle. Es imposible someterlo al engaño y al embuste. Sólo hay que ir a su casa para darse cuenta de ello. Allí laten las verdades y allí habita la Verdad. Por eso este Verbo es el futuro imperfecto de indicativo. Podrá hundirse el mundo. Podremos hundirnos, otra vez, por dentro. Pero el Verbo seguirá ahí. En su tiempo sin límites».

Delante del presbiterio hay reclinatorios fijados a la reja, siempre los hubo, y yo alguna vez me arrodillé para verlo más de cerca. Pero siempre fueron pocos quienes llegaban a tanto, y tampoco lo hacen ahora. Se ve que a casi todos los que van se les tiene asignado un sitio concreto que no se les indica ni con las pegatinas de la distancia social de estos días. Al verlo he pensado en el besamanos al que fui un par de Lunes Santos. Cogía la cola casi en Hernán Cortés, cerca de su azulejo y de lo que había sido su capilla, y aunque pensaba que perdería la mañana en la espera, luego pasaba enseguida y estaba ante él. Para entonces Antonio Burgos ya lo había escrito, aunque yo lo leí después y me viene a la cabeza: «Y es que Dios, por primavera, cada año viene a esta plaza para enseñarle sus manos a aquel que quiera besarlas y ver que Dios tiene manos, tiene unas manos humanas». Más preciso imposible: quienes llegan van buscando a un Dios omnipotente y quizá deslumbrante y encuentran a un hombre abatido. Llegaba, le besaba las manos, encontraba los ojos desfallecidos y la boca como a punto de suspirar de dolor y tristeza, me estremecía y me marchaba, como todos, porque también sabía que nada más que irse correspondía entonces.

Juan de Mesa tuvo que sentirse en aquellos meses vertiginosos de 1620 como en el trance de una iluminación, quizá porque supiera que si paraba de trabajar las ideas que se le venían a la cabeza y el magisterio y la capacidad para llevarlas a la madera se marcharían y le dejarían ante la angustia de no poder seguir. Luego habrá que pensar que se pudo consumir en el trabajo sin cesar de ese tiempo, pero hay que imaginarse al escultor entregado a la actividad obsesiva de una inspiración y de una creatividad que él mismo sabría que tendría que marcharse. Más valía embucharse que después lamentarse de que la fuente se hubiera secado y de que el barro y de la madera ya no brotaban más que convenciones. *Sic transit gloria mundi*, aunque entonces la gloria fuese un camino en que hubiese que dejar mucho del dolor propio.

El Señor con la cruz a cuestas para la cofradía del Traspaso, que había nacido en el siglo XV, se tendría que parecer más a los Cristos para cofradías que al que hizo para los jesuitas. Como el Amor, estaría tronchado por los sufrimientos y entregado; como el que dialoga con el pecador, tenía que dirigirse a los fieles y llenarse de ternura sin quitarle por eso un gramo de sufrimiento. Los documentos antiguos permiten leer entre líneas, como deducción de lo que se dice, que en no mucho tiempo el Cristo con la cruz a cuestas pasó a ser el Señor y una parte del pueblo, cada vez más grande, lo escogió.

Me lo dice el hermano mayor, Félix Ríos, cuando me recibe en su despacho de la casa de hermandad. Todavía en ese día podemos sustituir con distancia social la mascarilla, que esa tarde de verano agobia, y nos sentamos uno a cada extremo. Cuenta cómo ha localizado documentos del peregrinar de la cofradía desde que llegó el Señor en 1620 hasta que encontró su casa en San Lorenzo. «La hermandad estaba en una capilla dentro del convento del Valle y estaba sujeta a los horarios de apertura del convento, y pretende labrar una capilla nueva en los Trinitarios. Establece la condición de que la capilla debe tener puertas a la calle, para poder abrirlas a su conveniencia. Y de hecho comienzan las obras y en un momento dado los Trinitarios, no se sabe por qué, deciden que no, que el tránsito tiene que hacerse a través del convento». Para él, es signo de que mucha gente quería ver a la imagen y de que la cofradía buscaba que tuviesen muchas horas para hacerlo. Llegó al tribunal de la Rota romana y lo ganó la hermandad, que podía elegir entre que los Trinitarios aceptaran las condiciones primeras o recibir una indemnización. Lo primero habría sido una fuente de problemas posteriores, así que se marcharon, primero al convento de San Acacio, donde ahora está el Círculo de Labradores, y luego, ya en 1703, a la parroquia de San Lorenzo.

Sólo ahora caigo en que componer una imagen del Señor con lo que me dijeran los devotos, como esa estampa gigantesca a modo de mosaicos con las teselas de las fotografías de los suyos que vi en la exposición y que luego me volverá a mostrar el hermano mayor, es una empresa quimérica y vana, y me siento como aquel San Agustín atormentado que encontró al niño que quería hacer un agujero para vaciar todo el mar. A mi lado hay mujeres sencillas que van con sus madres mayores y sin querer mirar, con apenas un vistazo, distingo que aquí la devoción tiene dos ejes que recorren toda la ciudad, y mucho más allá de ella, y sus capas sociales. En vertical, del Gran Poder hacia los suyos, y en horizontal, de sus hermanos y devotos entre sí. No hay más que no querer distinguir entre aquello que allí dentro está hermanado por la túnica morada del Gran Poder. Un hombre ha llegado por el pasillo central en una silla de ruedas y otros muchos están sentados como en una conversación que empezó hace algunos viernes y durará algunos más para después seguir por otros temas, porque nunca faltará de qué hablar.

Hay devociones que vienen en el tejido social del barrio y en la herencia de la familia, y esta se puede adquirir así, pero lo que ha llegado a significar el Gran Poder nació en torno a la imagen que hizo Juan de Mesa y todavía sigue multiplicando a los suyos.

—A mí me gusta mucho la Semana Santa, me gusta la imaginería, y hay grandísimas imágenes en Sevilla, pero es ese concepto indeterminado de la unción sagrada —explica Félix Ríos—. Uno no sabe por qué, que va asociado a unas cualidades artísticas de la materia, de la talla, pero hay algo más. ¿Qué le da la unción? No lo sé. Yo creo que es la conjunción un poco de todo: no es sólo la mirada, no es sólo la zancada, no es sólo que sea un nazareno con la cruz a cuestas, que hay una identificación parece que más fácil en el sentido de que todos cargamos con una cruz. Hay un poco de todo, está el efecto del tiempo, que ha provocado un mayor patetismo en la mirada del Señor. El tiempo completa la obra, a veces para mal y a veces, afortunadamente, para bien. Hay una conjunción de todo eso. Me imagino que cada persona pondrá el acento más en una que en otra. La Piedad de Miguel Ángel y el Señor del Gran Poder son conceptos radicalmente distintos dentro de la historia del arte. Allí la devoción cuesta, va uno más a la admiración; el Señor, al margen de su consideración artística, lo que inspira sobre todo es un sentimiento devocional.

—Y de sacralidad —le digo pensando en cómo hace unos momentos me he quedado clavado en el banco.

—Mucha sacralidad. Las misas aquí son importantes, viene muchísima gente, pero la importancia de esta imagen y de este templo son los ratos en que la gente se sienta. Hay muchos que son habituales y los ves que siempre se sientan en el mismo sitio. Los ratos en que la gente se sienta a hablar con el Señor son una forma de oración.

Cinco años antes que el Gran Poder, Montañés había entregado a Jesús de la Pasión y es muy probable que Juan de Mesa admirase el trabajo de su maestro. Fue su única imagen conocida para cofradías y allí el autor había demostrado la plena madurez de su trabajo con todas sus señas de identidad. Allí están el equilibrio sobre un dedo del pie, el misticismo que acepta el sacrificio para hacerlo más llevadero sobre los hombros, un rostro al principio velado como el sagrario sobre el que está, pero que luego puede atar durante horas. En el Gran Poder sólo puede haber algo del Señor de Pasión, aunque sea de lejos y sean muy distintas, en las manos que toman el madero con suavidad, incapaces de crisparse. Aquí está ya en pleno lo que había probado en el Nazareno del Perdón del convento de Santa María de Jesús, porque ya puede ensayar la zancada, y ve que es una buena idea.

Lo he notado nada más entrar, porque con la famosa túnica lisa de la que tanto se habla en este tiempo en que se interpreta el barroco como un dogma, se nota la rodilla izquierda en pleno dinamismo. Quien no lo conociera lo diría a punto de caer antes de encontrar que la pierna derecha está a punto de seguir. Hay sesenta y siete centímetros de distancia entre un pie y otro, casi un salto como el que Él ha dado entre el exquisito manierismo de su maestro y un barroco que ya ha entrado en otros lugares y que aquí sólo se intuye precisamente porque Montañés y su prestigio intocable son como un dique. Tal vez lo conozca o sólo lo intuya por lo que le piden las cofradías que en ese año son tan jóvenes que nadie imagina lo que llegarán a ser. Ni siquiera la que le ha encargado esa imagen.

El color es parte de la iconografía del Gran Poder que conocieron las generaciones nacidas en el siglo XX. Por la tez oscura y ennegrecida le llamaron popularmente *el Cisquero.* Ante Él veo cómo la oscuridad acentúa la capacidad para conmover, como si más que un rostro moreno fuese una faz cubierta por los efectos del dolor y de las culpas ajenas que tiene que cargar sobre sí. A la luz del día, en la última mañana de noviembre en que lo vi venir por la plaza del Cristo de Burgos, la carne era más clara y sonrosada. Ahora está más oscura y sufriente, como acorde con el tiempo. Aquí está el punto delicado de las restauraciones. Para ellas se suele emplear el verbo sufrir. Tiene documentadas seis, una de Blas Molner en 1775, cuatro en el siglo XX y otra en el XXI. En la primera se recompuso un pie y se restauró la corona de espinas, y la de José Ordóñez en 1910 resanó grietas en los pies. El imaginero Antonio Castillo Lastrucci, que tanto reprodujo los modelos de Juan de Mesa en sus crucificados y nazarenos, intervino en 1962, y en 1976 José Rivera resanó algunos dedos fracturados. La del año siguiente la hizo el profesor Francisco Peláez del Espino, que venía de actuar en otra imagen de Juan de Mesa, la Virgen de las Angustias de Córdoba, y que empleó métodos entonces innovadores y también invasivos, que después no siempre se han considerado adecuados.

Desde 1982, cuando se observaron movimientos preocupantes en la Madrugada, el cuidado físico del Gran Poder está en manos de Joaquín y Raimundo Cruz Solís, que en aquellos meses hicieron una restauración que la cofradía valoró mucho. En 2006, cuando la policromía del Señor había llegado a un grado de deterioro tal que parecía velarlo tras una capa oscura, volvieron a actuar para la limpieza de la cabeza, manos y pies. Guardaron el equilibrio entre la huella del tiempo y la recuperación de la policromía tal y como debía de ser en el siglo XVII.

Como dice Núñez de Herrera, es una de esas imágenes andaluzas que no hacen milagros ni nadie se los pide. «Brillan a una luz más alta y se otean en un aire más puro. Más que confianza en las imágenes, la gente tiene confianza con ellas», cuenta aquel libro crucial. La basílica tuvo en su día una sala de exvotos, y ahora están en dos cuadros tras el Señor, por el camino para el besapiés permanente que en este tiempo de epidemia no se puede hacer.

—Ahora —desvela el hermano mayor— la gente lo que hace es meter papelitos bajo la peana del Señor. Cada vez que movemos al Señor para vestirlo, o para el besamanos, siempre salen cientos de papelitos, a veces con una petición o una fotografía. Nosotros las guardamos y las quemamos con las ramas de olivo para la ceniza del Miércoles de Ceniza. Pero repito: es más una función de consuelo, y de apoyo.

—Da consuelo, pero parece necesitarlo —siempre he creído que aquí está una de las claves.

—Sí, pero ese es un elemento que posibilita esa identificación. Si viéramos una imagen que no sufre, no estaríamos en planos comparables. El milagro que logra Juan de Mesa es una mirada cansada y agobiada, pero dulce al mismo tiempo, que parece a punto de rendirse, y sin embargo lo contrapone con una zancada que dice: «Sigo adelante, sigo adelante, sigo adelante». Es que eso es la vida. Eso es la vida.

En el anuario que luego me entregará, y que guardo como un tesoro de fotografías excelentes y textos llenos de verdad y exquisitas palabras, casi siempre de mis compañeros en los medios de comunicación y, sobre todo, en ABC, hay una fotografía respetuosa de lo que me ha contado de los exvotos. Es lo bastante definida como para que el lector la entienda, y también lo bastante lejana como para no identificar ni a quienes están en las fotografías ni los textos que se le han dirigido al Señor. No somos nadie para entrar en las oraciones privadas.

Antes de salir para Sevilla, Julia, mi mujer, me ha despedido con tristeza: «Este es uno de los viajes que nos ha quitado el coronavirus». A ver al Gran Poder hubiéramos ido toda la familia si el mundo no se hubiera convertido de repente en un lugar sospechoso de contagiar enfermedades por todas partes. En ese momento en que hablamos de la contradicción entre el esfuerzo y el cansancio, en que la cruz parece pesar más, pero las fuerzas pueden, recuerdo la primera vez que lo vio en la calle. Fue un viernes de noviembre del año 2008, cuando el Señor regresaba a la basílica después de haber pasado unos meses en el convento de Santa Rosalía por unas obras en su casa. Noviembre era abrigado en aquella tarde que se nos pasó no con la eternidad de las que tienen el presentimiento de una cruz de guía, sino con la ligereza del otoño y de la noche segura. No era la primera vez que ella lo veía, pero hasta entonces no había entendido el misterio sobrenatural de que yo le hablaba, aquel que había reunido a tanta gente para esperarlo y verlo pasar.

Nos apostamos en la misma calle Cardenal Spínola, casi en la esquina con Baños, y la Policía Local cerró muy pronto el paso para evitar problemas. Más que venir, se manifestó allí, porque al llegar se nos olvidó que iba en andas, que había salido del convento de clarisas, que iba de regreso y que tendría que pasar por otros sitios, aunque no fuera por el camino más corto. En un breve segundo nos había parecido que dejaba su ser de madera, su nacimiento de manos de hombre, su condición de pálido reflejo, para respirar y hacer amago de avanzar otro metro. Fui capaz de escuchar el aliento del que se sobrepone al cansancio y a la falta de fuerzas para seguir.

—¿Te ha parecido desplomado, cansado, vencido? —le pregunté luego, cuando vi que ya habían terminado para siempre los tiempos en que no lo entendía del todo.

—Al revés, me parece que se carga todo el peso encima y puede con él.

Aquel día de noviembre, a paso corto y en las andas, más parecía el condenado a muerte que después de tantas torturas tiene que cargar con su propio patíbulo. Me fijé entonces, porque ya lo había leído antes, en las aletas de la nariz, muy dilatadas para poder tomar el aire que ya le llegaría con dificultades en el camino atroz.

Para mí también tuvo algo entonces de la primera vez. Yo sí lo conocía en la calle, en unas cuantas Madrugadas ya cada vez más lejanas por la calle Zaragoza, cuando el alba era una amenaza de que tenía que regresar a su casa y la cuenta atrás no era para que llegase, sino para que se marchase y fuese imposible encontrarlo otra vez. La Madrugada no tenía nada de vacía en aquellos años noventa. Entonces el cortejo me parecía eterno, pero ahora echo de menos ver una fila interminable de nazarenos negros. Del primer año recuerdo que a esas alturas mi hermano se había dormido apoyado en una puerta, pero yo no tenía ni una gota de cansancio. Todavía tengo en la cabeza el olor a cera tiniebla. Vi girar al Señor desde la calle Doña Guiomar y al verlo casi derrumbado no se me habría ocurrido decir que su paso era un trono, porque eso es para quienes han triunfado. Los segundos fueron rápidos y eternos hasta que se marchó, y el recuerdo fue del todo imborrable.

Con Él se puede estar en la calle muy poco tiempo, porque esa manifestación es tan terrible que habría que dejar de mirar si no se marchase enseguida. Sobrecogía después ver a las mujeres que iban justo detrás del paso y se cubrían de la cera de los nazarenos con bolsas de basura, y me estremecía el primer año porque nadie me las había mencionado y en los posteriores porque siempre tienen algo de una aparición que no se espera, aunque ya se haya visto. No dejaban de ser como las mujeres de Jerusalén que le seguían llorando y como aquellas que se enfrentarían a los soldados para ayudar al reo.

Gran Poder. Gran Poder, y escucho otra vez que es justo eso, que tiene fuerza para cargarse los pecados del mundo sobre sí, aunque sufra. La cuarta acepción que recoge el diccionario de la Real Academia Española quizá sea la suya: «Aguantar o soportar algo o a alguien que producen rechazo». De esa contradicción habla también Alberto García Reyes en ABC: «Solo en su reino sin trono con las manos en tensión. Esa es toda la pasión resumida en un icono. El Señor tiene un abono en el palco del perder, su derrota es tu vencer y el final es el comienzo cuando exclama en San Lorenzo su pregón el Gran Poder». El hermano mayor me da su explicación de ese nombre magnético en el sentido literal y en el enigmático.

—Hay imágenes en las que se les dijo al imaginero la advocación y talló lo que se le pedía y otras que tallaría y luego vendría la advocación. El Señor es Nuestro Padre Jesús Nazareno o con la cruz a cuestas. Hay Poder y Traspaso de Nuestra Señora, pero eso no justifica Jesús del Gran Poder. Me imagino que alguien entendió, en esas visiones que se tienen de la imagen, de qué nos dice, la contraposición de ese sufrimiento del rostro y de no poder con la zancada. Probablemente operaría un papel fundamental, especialmente con su cruz de salida, la larga, y ese adelantamiento del hombro y de la cabeza. Por ahí vendría. Más que algún milagro del Gran Poder de Dios.

Mi amigo Antonio Varo, que, igual que yo, lo conoció de joven en aquellas madrugadas que parecen sonámbulas porque la revelación sólo puede soportarse en la duermevela, me ha contado el caso de al menos dos personas, dos mujeres, que lloraron con sólo estar en su presencia. Nunca habían estado en la basílica, nunca lo habían visto en la calle, y una de ellas, francesa, ni siquiera tenía la preparación ni el condicionante de lo que hubiera escuchado antes. Cuando me lo contó recordé aquel fragmento de la conversación con Carlos Colón. No, aquello que el Señor dice no se lo ponen quienes están fascinados, ni los cristianos más predispuestos, ni los cofrades noveleros. Es capaz de revelarse a los sencillos que ni saben quién era Juan de Mesa ni se preguntan si Cristo pudo o no pudo cargar con el madero hasta el Calvario.

Recuerdo la sala de la exposición del cuarto centenario que se le dedicaba al Beato Cardenal Marcelo Spínola, que había sido primero párroco de San Lorenzo, luego obispo de Coria-Cáceres y de Málaga y volvió a Sevilla como arzobispo. «En Él todo lo puedo» era su lema, y aunque luego confirmé que era un versículo de San Pablo, por un momento me pareció coherente pensar que había recordado al Señor que en aquellos años del siglo XIX reinaba en la iglesia de San Lorenzo.

La cofradía lo hizo hermano mayor honorario y cuando estaba en Sevilla presidía los cabildos. No era un pastor distante y encerrado en sofismas y cartas: entendió que en una gran parte del mundo ya había empezado la apostasía y por eso se esforzó en difundir el Evangelio por los medios de comunicación y, sobre todo, con la fuerza del ejemplo. En agosto de 1905, con la ciudad estragada por el hambre de una sequía, Marcelo Spínola pasó seis días en las calles pidiendo limosna y alimentos para quienes los necesitaban. Allí, dice Félix Ríos, está la semilla de la Bolsa de Caridad, la primera de una cofradía, que se fundó en 1953, y que hoy funciona como las manos del Señor entre los pobres.

Marcelo Spínola fue una de las figuras trascendentales que marcaron a la hermandad, seguramente también guiado por lo que inspiraba el Gran Poder. Desde que la cofradía se había instalado en San Lorenzo su devoción ya era segura. Antes de eso los documentos antiguos permiten leer entre líneas que había muchos que le rezaban. Hubo familias del barrio que llevaron por todas partes el nombre del Señor y el Ayuntamiento cedió terreno para ampliar la capilla en 1712 y 1715. A finales de ese siglo apareció otro beato, el capuchino fray Diego José de Cádiz. He encontrado su imagen en la basílica, a la derecha del Señor, porque a última hora habrá una función en su honor. Decían que su palabra era abrasadora y su estilo teatral, para mover a la conversión, porque los capuchinos hacían misión en aquellas tierras en las que el cristianismo, de tanto como había permanecido, era menos una realidad que un paisaje decorativo. De aquella época son las novenas que predicó al Gran Poder, y en más de dos siglos no han perdido vigencia.

—La novena era el ejercicio piadoso, y en esa época, en esa España y con la religiosidad de la época, era verdaderamente la manera más fácil, junto al grabado y la litografía. Ya hay grabados del Señor e incluso uno de la Virgen en el siglo XVIII, en San Lorenzo, pero es que la novena se sigue editando desde entonces, y se sigue vendiendo hoy en día, y bastante.

Recuerdo las misiones que iba a celebrar el Señor en octubre de este año 2020, el de su cuarto centenario, y que tendrán que esperar a una ocasión en que la concentración de gente no ponga en peligro la salud pública. La cofradía iba a llevar al Gran Poder a tres barrios humildes: Santa Teresa, Las Candelarias y Los Pajaritos. Las periferias sociales, mucho más que físicas, de una ciudad y de una sociedad que les da la espalda. ¿Ocasión para verlo en la calle? Mi compañero Javier Macías decía en ABC que tiraba a la basura aquellos días quien pensara en jornadas de rimbombancia histórica y fotografías para cofrades noveleros. «El Señor está en aquellas zonas deprimidas por la falta de interés de todos nosotros. No se trasladará para que disfruten de una procesión. Irá para allá para mirar cara a cara a la pobreza».

Hoy me he fijado más que otras veces en los ojos del Gran Poder. Juan de Mesa los hacia almendrados, y esta vez los veo más curvados que nunca, mucho más tristes, pero a la vez más atentos a lo que tiene ante sí. Los suyos tiemblan de miedo y de dolor y Él lo comparte. Las últimas veces lo vi agobiado y extenuado, y esta vez le encuentro en la mirada algo más de sufrimiento, de compasión literal. Los ojos han visto el mundo arrasado primero por la enfermedad y el miedo y después por la falta de trabajo y por las necesidades.

—¿Cambia la expresión según el modo en que se le mire? —pregunto al hermano mayor.

—Según los días, según la luz, según el sitio en que están y quiero creer que según el ánimo con el que uno acude a ellas.

—Y en ocasiones es duro.

—Muy duro, porque en el fondo, y sin negar un ápice de que venimos a buscar consuelo, a veces también venimos con la esperanza de que se nos resuelva eso que tenemos, y la vida dice que muchas veces los nudos duran, y lo que dice es: «Que aunque el nudo siga, yo sigo estando aquí, así que tú sabrás».

Por eso hay que venir tantos días y tantos viernes. A veces pienso que he aprendido, para mi mal, la vida en las letras, y las que están escritas sobre el Gran Poder, que son tantas, recurren muchas veces al vocativo. Como el Dios de Israel en los salmos, como Jesús cuando San Pedro le pregunta que dónde irán si tiene palabras de vida eterna, al Señor del Gran Poder se le habla siempre detrás de una coma.

Después de hablar, el hermano mayor me llevará hasta la sala de la casa de hermandad en que se conserva todo el patrimonio. Parece que escucharon a los clásicos: «Non multa, sed multum». No demasiadas cosas, sino con mucho fundamento. Del paso que talló Francisco Antonio Ruiz Gijón me fascina otra vez, y se lo digo, no sólo la exquisita ejecución y la forma de llevar la estética narrativa del retablo hasta el molde de unas andas con curvas, sino sobre todo las proporciones guiadas más por una inspiración divina que por un cálculo terrenal, y que vuelven a dictar en este tiempo la lección de la contención frente a los excesos.

En la exposición paladeé largamente las cuatro grandes túnicas bordadas y me asombré con la ambición de la que llaman de la corona de espinas. Ahora, sin embargo, me quedo con algo que me cuenta Félix Ríos sobre la de los cardos, que rompió en la Madrugada de 2008 la tendencia inamovible a utilizar siempre la túnica lisa sobre el paso. Sería más exacto decir la del cardo, porque es un único tallo y de ahí van saliendo ramas espinosas y flores.

El Gran Poder, y toda la obra de Juan de Mesa, tienen algo que se parece al cardo. Saca la belleza del dolor, la hermosura del sufrimiento, y la flor que nace de la sangre es luego perdurable. Por eso es un símbolo de la pasión, porque para la Iglesia representa el buen fruto de aquel camino de dolor y de espinas que estuvieron mucho más que en la corona. Si Juan de Mesa es el hombre atormentado que pensaba Carlos Colón, aquí sacó de aquel conflicto interior una flor morada que a lo mejor le compensaría las heridas al acercarse a ella. Si es el hombre espiritual que me dirán otros muchos, y que no es incompatible con lo anterior, ahí está la unción sobrecogedora que ha repartido esperanza entre los que le han visitado en esta tarde todavía temerosa.

Fernando Carrasco recrea en su novela una visita de los cofrades del Traspaso al estudio de Juan de Mesa, donde nace el Señor. Primero, la imagen de San Juan, que les gusta, y luego descubre al que tendría que llamarse Gran Poder. «Nadie dijo nada en el momento en que el Nazareno quedó a la vista de todos. Las miradas se clavaron en su perfil, en cada detalle de su cara, de su pelo, de la corona de espinas. La talla estaba en madera, pero irradiaba ese poder que querían que desprendiese el Señor». J. Félix Machuca escribió no hace mucho en ABC la hechura del Gran Poder como una revelación. «Tuvo que verlo y sentirlo. Tocarlo y acariciarlo. Quizás, como en un enredo borgiano, en uno de sus sueños paradójicos, Mesa fue su cirineo, el hombre que más cerca lo tuvo, el que oyó el estremecimiento de su cuerpo, el ay ahogado del dolor, la abominable culpa que aceptó para hacerse hombre. Mesa fue su cirineo».

—Combato mucho, en general, porque hay que poner en valor frente a los que consideran que esto es una pseudo religión, que es mera superchería o superstición —cuenta Félix Ríos—. Yo defiendo que la gente, cuando viene aquí a esos ratos con el Señor, no viene tanto a pedir el milagro, que también lo habrá, sino a buscar el consuelo que a veces nos hace falta. La vida pesa y a veces pesa tela. Podría hablar incluso de experiencias personales, y al final igual que ahí está el Señor llevando la cruz por nosotros, toca salir con la nuestra, pero sale uno confortando. Trasladamos parte de nuestro peso al suyo, y esa función de sostenimiento que cumplen nuestras imágenes devocionales es importantísima.

—En el caso del Gran Poder, además, es de todas las capas sociales —siempre se dice y he podido notarlo—. Vertical porque va desde las familias acomodadas del centro a las humildes de los barrios. Quizá sobre todo de estas últimas.

—Absolutamente. Yo siempre digo que probablemente no haya hermandad más popular en Sevilla que la del Gran Poder, en ese sentido. No hablo ya de número, sino de integrar a todo el mundo. Históricamente ha sido así, adecuado a las circunstancias de la época, pero desde luego en los siglos XIX y el XX. Es muy popular, y luego esta hermandad tiene la singularidad de ser más de devotos que de hermanos, y ya en los devotos del Señor sí que hay absolutamente de todo tipo, clase y condición. Qué duda cabe de que los humildes siempre encuentran un consuelo especial. Por lo mismo de antes, porque si venimos a que nos ayude con los pesos de la vida, es a quienes la vida más les pesa, salvo algunas circunstancias de salud, que nos pueden ocurrir a todos.

Todos los días y en especial los viernes. El hermano mayor cuenta una frase que le dice un sacerdote, canónigo de la Catedral, muy querido en la hermandad. «No sabes la cantidad de horas de Psiquiatría que quitan los Viernes del Señor». Una vez la cofradía contó el número de personas que visitaban al Gran Poder en ese día. Era Cuaresma y salieron quince mil, y en un viernes del tiempo ordinario no deben de bajar de las diez mil. En verano la basílica cierra de dos a cinco, pero el resto del año abre desde las siete y media de la mañana hasta las diez de la noche, con seis misas y con un continuo fluir de personas. «Eso se mantiene año tras año y ves que se suceden las generaciones, además».

Lo que se hable con el Señor pertenece a la conciencia de cada uno, pero a veces se nota en las miradas. Se ve de pronto que el Gran Poder encarna a aquel Jesús que echa del cuerpo a unos demonios que alguien ha visto como la encarnación de las obsesiones y de los malos pensamientos que embotan la cabeza. Por eso en ciertos ojos que entraron tensos y apresurados, quizá con los nervios mordidos por la inquietud de los problemas, se empieza a ver el fruto de esas manos que parecen sanar.

—Cuando ves a alguien que sabes que está herido por alguna circunstancia hay momentos dramáticos. Ahora que estamos en plena historia con la pandemia siempre digo que me quedo antes con las miradas que con los besos, cuando veo a Sevilla desfilar por delante en el besamanos.

Ahí está el trato familiar de las mujeres que se acercan y lo tocan, como a alguien tan suyo al que conocen de toda la vida. «Que venga la Teología y rompa aquí la baraja, que las madres llaman Hijo al Padre del sol y el agua; todas le cogen las manos como a un hijo que se marcha a unos trabajos muy grandes o a unas tierras muy lejanas», dijo Antonio Burgos hablando del besamanos. El hermano mayor lo ha visto: «Es una relación familiar, y creo que ahí está el secreto de la pervivencia de nuestras imágenes y nuestras cofradías, que las hacemos nuestras en el mejor sentido de la palabra. Cuando le decimos Padre, es el padre familiar. Y el "Hijo", o "Hijo mío", que le dicen las personas mayores».

¿Y el que está tan cerca que le sirve? Guarda algo de pudor lógico. «Hombre, estar en ese servicio te da una oportunidad de intimidad con la imagen, en momentos a deshoras o en momentos de soledad que uno habitualmente no tiene, y que también mucha gente tiene porque lo pide. Sin entrar en muchas historias. Ves la imagen entera, cuando lo cambiamos, cómo concibió esa zancada, es una cosa que impresiona, que la túnica permite adivinar y dibuja».

Si fuera avanza el mundo descreído e intrascendente, ajeno a Dios y asido a la realidad fugaz de lo terrenal, su embestida se detiene a las puertas de la basílica. Las colas del besamanos, al que cada cierto tiempo hay que añadirle días, no son el cumplimiento de un rito vacío, sino la renovación de unos votos en que la fe quizá no se ajuste a la literalidad del Credo, pero sí que asume la palabra del que está representado. La palabra, los mandamientos, el perdón. En otras ciudades se diría que el quinario del Señor está en malas fechas: los cinco primeros días del año con función principal el seis de enero, el día de la Epifanía, de la manifestación del Gran Poder de Dios a todos los pueblos. Antes era novena y se llenaba igual, y el hermano mayor no puede evitar la admiración y la sorpresa de ver que su cofradía existe tanto, o más, para los cultos ordinarios y extraordinarios, como para el desvelo sobrecogedor de la Madrugada. Una de las antífonas de esta solemnidad —«In manu eius potestas et imperium»— es desde el siglo XIX el lema de la hermandad, aunque no se ha encontrado el momento preciso en que se decide incorporarlo.

El Viernes Santo de este 2020 con cuarenta y cuatro años, el primero de mi vida en que no podía encontrar en absoluto a imágenes en la calle o en las iglesias, me sumergí en un texto de José Luis Martín Descalzo, un sacerdote que entró en la verdad de la vida y de la fe, como si pudiesen ser distintas, con las herramientas del escritor, que son la narración, la metáfora, la comparación, el palpitar humano. Se preguntaba por la angustia que había sentido Jesús quizá a la misma hora en que sale el Gran Poder, cuando rezaba apoyando la frente contra el tronco de un olivo y pedía que aquel cáliz pasase sin que él lo bebiera. Para él era más terrible que la misma pasión. «Y hasta podría desconcertarnos que Cristo temiera y temblara antes de esa marcha que a muchos otros hombres no hizo temer ni temblar. Si la muerte de Cristo fuera importante sólo por el volumen de sus sufrimientos, habría que pensar que tanto o más que Él han sido torturados muchos otros hombres desde que el mundo es mundo».

El cáliz era otro. El Señor del Gran Poder parece cargar con los pecados del mundo. «Pero eso no hubiera sido redimir. La redención lleva consigo el que la víctima tome literalmente el lugar del ofensor, haciendo suya la culpa, encarnándola de algún modo. San Pablo, que no era demasiado amigo de metáforas, lo dijo aún más brutalmente al afirmar no sólo que Cristo hiciera suyos los pecados, sino que Él mismo se hizo pecado». Y ahí recogía lo que dijo con brutal exactitud el cardenal Newman, voz lúcida de la fe en el convulso siglo XIX y hoy santo: «Permaneció de rodillas, inmóvil y silencioso, mientras el impuro demonio envolvía su espíritu con una túnica empapada en todo lo que el crimen humano tiene de más odioso y atroz, y la apretaba en torno de su corazón. Y mientras tanto invadía su conciencia, penetraba en todos los sentidos, en todos los poros de su espíritu y extendía sobre Él su lepra moral». Así «vio que sus ojos, sus manos, sus pies, sus labios, su corazón, eran como los miembros de un pérfido y no como los de Dios».

El texto estremecía y yo recordaba al Gran Poder, espantado de aquella carga mucho más titánica que la de la cruz. Pensé en la túnica morada lisa y la encontré entonces llena de sentido, porque la traición y la soberbia, la maldad y la envidia, habían arrancado todos los hilos de oro, la habían despojado de los símbolos y habían manchado de mezquindad el sentido de las ofrendas. Volví a pensar en eso ante el Señor al notar que le laten las sienes por el dolor de la corona de espinas, que parece clavarse con más saña. Allí está la famosa serpiente del pecado que después veré en otras imágenes de Juan de Mesa.

Si eran todos los pecados habidos y por haber de los humanos, como Juan de Mesa esculpió en ése símbolo, le dolerían más que los pinchos perforando las sienes y las orejas. Su cofradía también lo ha entendido siempre y por eso la túnica de la Cuaresma tiene un cíngulo con siete vueltas, una por cada uno de los pecados capitales. «Esta es la corona de nuestro Rey», dijo la hermandad en Twitter, junto a una fotografía muy de cerca, un domingo en que se cerraba el año litúrgico, y no hablaban de las potencias. No parece el Jesús que describió San Juan de Ávila y que parecía que iba más a su desposorio que a la cruz: «Aun a pesar del dolor, por la grandeza del amor que nos tenías, no mirabas a tu dolor, sino a nuestro remedio; no a tus llagas, sino a la medicina de nuestras ánimas enfermas».

De vez en cuando el Señor —ahora entiendo aquello de las manos que «templan y mandan»— me permite acercarme a la delicadeza y hondura de la Virgen del Mayor Dolor y Traspaso, y miro, al otro lado, a San Juan. Estoy allí por Juan de Mesa y recuerdo que nació al tiempo que el Señor, y que lo retrató con perilla y a la moda del siglo XVII, tal algo más viril, como dirá Alberto Villar, que otros de su misma iconografía.

Cuando me despedido de Félix Ríos entro en San Lorenzo, visito a la Virgen de la Soledad y a la casi exótica de Rocamador, veo el sagrario recién restaurado, y me fijo en la hornacina en que estuvo el Señor, ahora reproducida en la basílica. Allí recibe culto ahora María Santísima del Dulce Nombre. Me imagino al pasar ante el presbiterio el altar de la novena que vi en la exposición, con la peana excelente de la Virgen del Mayor Dolor y Traspaso, y al salir encuentro las huellas de las ampliaciones de la capilla que me han contado y en ellas el antiguo azulejo que estaría casi a su altura, para rezarle a deshoras. De allí han salido muchos más que ahora están repartidos por todo el mundo.

Su papel en estos tiempos, me había contado el hermano mayor, lo han hecho las redes sociales.

—Hemos retransmitido las misas y todos los viernes tienen la señal permanente. En visualizaciones, más de tres mil personas desde el Jueves Santo. A veces dejamos abierta la línea de comentarios, y tenemos enganchada a gente de todo el mundo, de más de treinta países. Algunos testimonios que llegan son correos y llamadas de gente que necesita ver al Señor. A todos les contesto lo mismo: «Para eso se crearon los azulejos devocionales», al de la plaza se le reza igual. También he tratado de hacer un poco de pedagogía, de que afortunadamente nuestra religión nos permite, en circunstancias excepcionales, una relación con Dios desde el corazón.

Antes de marcharme, con las palabras del hermano mayor en la cabeza, reparo en el azulejo y entiendo que recomendase rezar ante ese retablo callejero cuando no se pudiese estar delante del Señor. Es un lugar que trasciende de la reproducción o de la representación lejana; en absoluto una pared con una fotografía. Más se parece a aquellas estampas viejas que estremecen al notarse en un instante cuántos rezos tienen encima. Cerrando los ojos es posible imaginarlo con una candelería de lámparas en plástico rojo, con ofrendas de flores que en los peores días del confinamiento casi le taparan. Viajo a la exposición otra vez e imagino el mapa de azulejos que recorrieron el mundo y las crónicas de la prensa antigua en que la devoción ya se ponía en palabras.

A la espalda está el monumento a Juan de Mesa, que hizo Sebastián Santos Calero por encargo de la hermandad, y que se inauguró en 2005. Tiene al Señor saliendo de un bloque de madera, pero sobre todo señala al de verdad, muestra el camino, y pienso que cómo voy a marcharme de la plaza de San Lorenzo sin despedirme. Tengo que verlo de lejos, porque la cofradía prepara ya la misa en honor del beato Diego José de Cádiz y el Miserere cantado de todos los viernes. Otra vez el perdón de los pecados y el vocativo en este lugar en que solo se puede hablar si es al Señor. «Por tu inmensa compasión borra mi culpa», se canta, y por ella también se espera quitar algo del sufrimiento terrible.

En los tiempos felices de febrero me pareció muy elocuente una secuencia de imágenes. Al lado de la carta de pago de 1620 estaban tres fotografías en que Juan de Mesa congeló el sufrimiento de Cristo vivo. La misericordia del Cristo de la Conversión, el abatimiento que consuela del Gran Poder, la esperanza del Cristo de la Agonía de Vergara de haber cumplido por fin la tarea de la redención. Juan de Mesa había tallado en ellas todos los alientos posibles: los de la imagen que parece exhalar el aire tanto que el que está cerca casi notará el calor; los del ánimo que se lleva el que esté a sus plantas, los de la vitalidad última que parece brotar de las piernas y de las manos, aunque estén hechas de madera. Tal vez pasara su vida de artista buscando el aliento en todos los sentidos posibles.

Con él se puede estar en la calle muy poco tiempo, porque esa manifestación es tan terrible que habría dejar de mirar si no se marchase. Foto: Manuel Jesús Rodríguez Rechi

Las aletas de la nariz, muy dilatadas por poder tomar el aire que ya le llegaría con dificultades. Foto: Manuel Jesús Rodríguez Rechi

El Señor parece más oscuro y apesadumbrado, pero también los suyos, que parece llegar agobiados, encuentran alivio. Foto del autor

La pierna se queda atrás, tensa en el momento de alcanzar a la izquierda que ya sigue el camino del Calvario. Foto: Javier Comas

La imagen de San Juan que va con la Virgen del
Mayor Dolor y Traspaso. Foto: Javier Comas

11

LO QUE MENOS SE PARECE A UN CADÁVER

Si tengo que viajar a los últimos meses de 1620 y pensar en Juan de Mesa me lo imagino agotado y casi vacío de ideas nuevas. No porque su creatividad haya terminado para siempre, sino porque sé que hasta el trabajo más arrebatado y febril, aquel en el que parece que el autor sólo pone las manos porque lo mueve alguna fuerza celestial o terrena, tiene que detenerse y entonces cae al suelo. Entre 1618 y el otoño de 1620, desde que no había cumplido treinta y cinco años hasta que tenía algo más de treinta y siete, había creado un Crucificado doliente y entregado, pero a la vez sereno y divino como no habría visto ninguno de los vivos; otro colosal en una fuerza que sin embargo resolvía en ternura para hablar con quién estuviera a sus pies; un tercero de belleza pacífica que iba a marcar sus años siguientes y al final a la imagen atormentada y sin embargo compasiva que tenía que aparecer para siempre en aquella ciudad en la que vivía y trabajaba.

Su trabajo es a partir de entonces algo menos intenso, aunque la cima todavía no la ha tocado. Ha encontrado no los patrones para repetirse, sino las líneas y los modelos que tendrá que desarrollar desde entonces. Las cofradías y las órdenes religiosas se lo pedirán desde aquel momento. En aquellos pocos meses vertiginosos en que la unción y el dolor, el latido y la vida interior, parecían vivir en las gubias de Juan de Mesa, todavía pudo entregar otra imagen más para las cofradías de Sevilla.

La lista de las atribuciones es siempre resbaladiza y mutante, aunque los que no son historiadores del arte ni críticos, pero sí han rezado y mirado con el reloj detenido a las imágenes de Juan de Mesa, todavía identifican sus rasgos con apenas un parpadeo. Debió de hacerlo entre 1620 y 1621 por el aspecto del rostro y del sudario, o hasta antes si se mira cómo recuerda al Cristo del Amor. En mi primera conversación con José María Domínguez-Rodiño le explico por teléfono por qué quiero hablar con él del titular del Santo Entierro, la cofradía de la que es hermano mayor.

—Bien, pero quiero decir una cosa. El Señor Yacente no está documentado como obra de Juan de Mesa. No hay nada que lo pruebe.

—Claro, lo sé —explico— pero también hay pocas dudas de que sea de Juan de Mesa. Nadie lo discute y no hay más que verlo.

Al principio había temido que me hubiera costado más convencerlo, pero accede con toda gentileza mientras me habla del momento en que aparezca el papel que lo pruebe, y fijamos una cita junto a San Gregorio. No es en la tarde veraniega en que apuro estos días especiales en Sevilla, sino en la única tarde cuaresmal de este 2020 en que tengo 44 años, como Juan de Mesa. El sol se despide de la ciudad con parsimonia por la calle Alfonso XII y con la Puerta Real al fondo. Recuerdo al Señor Yacente como una de esas imágenes poderosas de Juan de Mesa que son capaces de sobreponerse a todo lo que las rodea. En su caso es su misma iconografía, porque tiene que estar en un sepulcro con cristales, y cualquier urna tapa a una escultura.

El maestro tuvo que saber que debía superar aquel problema y lo hizo con sus mismos rasgos. Lo monumental, lo majestuoso, lo colosal, lo expresivo. Me acuerdo del perfil derecho del Señor, que es el que se adivina dónde están los fieles, el que se ve casi siempre, y del brazo derecho portentoso y con la musculatura dibujada como si fuese más un cuerpo real que una escultura. También me recuerdo un par de veces en la cola del besapiés, el momento en que esa imagen dejaba las dos dimensiones para tener dos brazos y dos piernas, un pecho que parecía respirar todavía y una boca que permanecía abierta de tanto sufrir, o quizá porque se aprestase a volver a la vida. Debía de ser por el año 1997 o 1998, y para entonces las famosas vísperas de la Semana Santa me parecían tan desbordadas de gente como la fiesta misma en ese tiempo. O eso pensaba yo, que tenía que hacer colas para comprar las entradas del cine, para un besapiés y para todo en la Sevilla de aquel momento sin pensar en que algún día me la encontraría demasiado vacía, tan perfecta que no pareciera viva. El hermano mayor me lo contará luego: las colas todavía llegan a la plaza del Duque.

A pesar de la irritación de la espera y de las conversaciones que me hubieran tocado en aquel tiempo, y siempre había cerca alguien que quisiera dejarse ver como si viviera una historia más trascendente que cualquiera, la visión era la de una imagen desvelada, como aquellas que hace siglos estaban tapadas y sólo se descubrían ciertos días al año. Lo que antes era como una lámina muy bella en la pared ahora era una imagen de culto que bajaba al encuentro de los suyos. No había sepulcro frío, sino conmoción. No era una muerte remota, sino cercana, con muchas señales todavía del sufrimiento. Para el joven que ya estaba marcado por lo que había hecho Juan de Mesa era como una epifanía, como si después de tantas horas ante el Gran Poder y sus crucificados todavía fuera capaz de sorprenderme. Como si no intuyera lo que me tenía guardado para después.

Supongo que será una de esas armas invisibles que me ha dado mi profesión, pero hace tiempo que no me cuesta reconocer a quien me espera, aunque no lo haya visto nunca, y José María Domínguez-Rodiño está delante de una puerta pequeña y antigua. Las dependencias que tiene la hermandad están en el mismo convento que ahora es mercedario y nos sentamos en una de las salas donde está el escudo de la cofradía del Santo Entierro, de la que me habla. Se fundó en San Laureano y tenía capilla propia en lo que fue el palacio de Hernando Colón. «En 1597 hay documentos de que está en relación con la orden de la Merced. Cuando llegan todas las revoluciones y desamortizaciones hay que hacer un deambular. En ese transcurso del tiempo se han perdido muchísimas cosas: algunas están recuperadas y otras no. Entre ellas, me imagino que estará el famoso documento de atribución de la imagen a Juan de Mesa», resume.

La conversación comienza allí, en una sala con los dibujos de las sibilas,, pero después pasamos al templo, que en ese momento está cerrado y vacío. «Aquí está», dice cuando nos detenemos frente al altar, pero en el lugar respetuoso que nos corresponde. El cofrade que muestra a su imagen siempre tiene algo de orgullo legítimo y también un poco de esperanza de que el visitante encuentre en su Cristo o en su Virgen una parte de lo que le dice a él. Sabe o intuye que no están hechas estas tallas para el culto privado, sino para compartirse y dar la bienvenida a los que llegan.

Hay poca luz en la iglesia y vemos al Yacente en su urna, con el rostro como dormido y sereno, y el brazo derecho está girado hacia el espectador. No está la mano en horizontal, sino en vertical, apoyada sobre el canto, y lo primero que se nota es el dorso agujereado con tanta limpieza que se pueden ver el sudario y la pierna. Ahí se ve el rostro como dormido, pero yo recuerdo aquellos besapiés y era una imagen que tenía el padecimiento reciente y el ceño fruncido como el del Cristo del Amor. La expresividad que lo desborda también tiene algo del Gran Poder. Ahora veo la cabellera muy larga, que deben de tener todas sus imágenes, pero que solo allí se ve tan exuberante. Los escultores de aquella época iban a estudiar anatomía a los hospitales y también de allí sacaban las expresiones del dolor. Para una novela es demasiado fuerte la tentación de imaginar a Juan de Mesa tomando apuntes de un hombre que acaba de expirar y todavía no ha dejado de sufrir, como luego hicieron tantos con la expresión del Cachorro. Es efectista, pero no deja de ser exacto, porque ambos saben que representan al Hijo de Dios, pero también que muere como un hombre, y en eso son documentales. De un hombre es la anatomía conmovedora y perfecta que se ve desde lejos, pero lo divino debía resaltar.

José María Domínguez-Rodiño es un cofrade veterano y maduro en el mejor sentido, que conoció cómo su padre fue de los que sacaron adelante a la hermandad poco después de la Guerra Civil, cuando tomó un nuevo impulso la que para muchos era una de las cofradías más antiguas de Sevilla. Una tradición la supone fundada por San Fernando. Todavía hoy el Rey Juan Carlos I es hermano mayor efectivo, no honorario, aclara en aquellos días. Felipe VI así lo quiso mantener, aunque él mismo visitó a la cofradía en su sede el Lunes Santo de 2015.

Y después de mucho tiempo junto a Él, también puede describir a la imagen. «De entrada, hay que darse cuenta de una cosa. Es lo menos que se parece a un cadáver, porque no es rígido. Y desprende, como toda obra de Juan de Mesa, dulzura. En el Gran Poder, ahora que está con su restauración, se ha descubierto la dulzura de su mirada. Cuando se restaura, nos quedamos con la boca abierta. Hablamos de un hombre de treinta años», resume. Impecable.

Estoy de acuerdo con él. Se rejuveneció, le digo. «Totalmente. Y ganó. La dulzura. Parece que con el Señor Yacente comienza la resurrección, porque tiene una mano levantada. No está apoyada. Porque es así. Cuando tenemos la ocasión de bajarlo de la urna, bien para el Vía

Crucis, bien para el besapiés o para su paso procesional, es cuando te das cuenta realmente de esa dulzura. Es que comienza todo aquí ya otra vez».

Por eso en el interior de la iglesia, cuando continuamos hablando, miro al brazo derecho y sí, parece estar en el aire, como él me dice, como si estuviera a punto de resucitar. «Lo último que se está publicando sobre la imagen de la Sábana Santa es que es un ser vivo. Automáticamente me vino la relación con esta imagen. No es un cadáver». Había oído yo mismo también esa teoría.

—Porque nosotros creemos que resucita —afirmo.

—Claro, y como consecuencia de eso tenemos la esperanza. Uno se muere con una esperanza, la de que es un tránsito a la otra vida.

Cuando se habla de Juan de Mesa no todas las imágenes tienen el mismo crédito. Parece en ocasiones que todo el mundo mira a las mismas obras y otras hay que descubrirlas, como si no tuvieran ya cuatro siglos de antigüedad. Recuerdo aquellos besapiés en que el Yacente me sobrecogía.

¿Tiene el Señor la admiración que merece?

—Dentro, sí. Fuera no lo sé. Es un tema muy personal. Hay imágenes que son, no de más devoción, sino, cómo diríamos, de más atracción. El Gran Poder es centro de peregrinación, desde las ocho de la mañana a las diez de la noche, y es incesante. La Macarena igual. Y luego venimos los demás, cada uno con su peculiaridad concreta. Aquí se acude mucho el Sábado Santo a ver la procesión del Santo Entierro, por la riqueza artística y por la expectación que genera, con las instituciones civiles, militares y religiosas, la sociedad de Sevilla. Eso lo ves cuando haces la procesión. Dentro de lo que cabe, porque en Sevilla somos parte minoritaria. Es una población que ronda el millón de personas, y lo que se moviliza no lleva a la quinta parte, aunque parezca mentira. Pero la hermandad es vivencia diaria. Los que desempeñamos un cargo terminamos el Sábado Santo y el domingo hay que empezar otra vez. Es de una intensidad impresionante. Y luego por la razón de que la hermandad del Santo Entierro recibe en un día a toda la ciudad, así que tiene acudir a todos los sitios. En ese aspecto me siento privilegiado.

Además de la dulzura sobrecogedora, el Señor Yacente es también una lección de anatomía en la madera. No como los Cristos modernos en que se marcan las costillas de lejos como si formaran parte de un molde, sino con la sutileza en que se ven los músculos y los huesos en un cuerpo natural. «Juan de Mesa de anatomía estaba perfecto. Hay estudios médicos sobre los cuerpos de las imágenes de Juan de Mesa y no le falta un detalle. Incluso por dentro de la boca, los dientes, el paladar y la campanilla», cuenta.

Poco sabían quienes este 2020, el año en que quizá se cumplan cuatrocientos años de su hechura, o trescientos noventa y nueve, que el Señor Yacente estaría entre los pocos que saldría a la calle en estos días. Era el segundo domingo de Cuaresma, muy poco antes de que todo terminase. Admiré las fotografías y envidié a los que allí estaban, que eran tantos como para estar a la altura de lo que veían, pero tan pocos como para no quitarle a aquel día el sabor de lo íntimo, de eso que no saben muchos. «El Sábado Santo es más difícil, está en alto. El que está en un balcón lo puede ver. Pero es un paso fugaz. En el Vía Crucis puedes acompañarlo a la misma altura, porque va a hombros. Aprecias la imagen. Entiendo que en esos momentos estamos hablando de una imagen de muchísima devoción, porque va mucha gente. Mucho silencio, nada de algarabía, están lo que tienen que estar. Estamos hablando de la conmemoración de un entierro, del entierro de un rey».

Habla de arte y la fe sale a cada paso. «La pasión tuvo que ser algo tremendo, y lo que sufrió. Pero vino a hacer lo que tenía que hacer: redimir. Y se hizo hombre, porque pudiendo hacer otra cosa no lo hizo. Esto es fe». Las imágenes de culto viven entre movimientos casi constantes porque está en su naturaleza, pero esta también es especial. Sólo consta una restauración, la que pudieron hacer el padre de Gustavo Adolfo Bécquer o su hijo, y hermano del poeta, Valeriano. ¿Más? «Ninguna. Nada. Y está en perfecto estado. Si hay algún documento de Juan de Mesa estará dentro y así va a seguir, mientras no se determine lo contrario. Yo no voy a hacer nada, ni por curiosidad lo voy a llevar a hacer un TAC. Solamente hablamos en el año de tres días en que está abierto. En el besapiés, en el Vía Crucis y el Sábado Santo en el traslado. No afecta ni el calor ni el frío ni el humo de velas. Cuando se saca, con un plumero, y todo perfecto de policromía. Últimamente se dan muchas restauraciones en las imágenes, que son más una puesta al día. Las velas ya no son cera de verdad, es parafina. No es natural, así que tiene que desprender otra cosa. El nuestro está guardado; las demás imágenes están abiertas al frío, calor e intensidad humana». En la junta de gobierno está el catedrático de Historia del Arte Jesús Palomero que será quien diga en su día cuándo hay que hacerlo, pero no hay prisa.

A esas alturas ya le he entregado la estampa de la Virgen de las Angustias, que desde luego conoce. Siempre se pensó en que los dos Cristos tenían cosas en común por estar tan próximos sus dos momentos. Y sí, están los rasgos, el dolor reciente, el sudario y muchos signos que los acercan, pero también quiero ver las distancias de seis o siete años entre uno y otro para ver cómo había evolucionado Juan de Mesa. José María me habla de la exposición *Por tu cruz redimiste al mundo* en la Mezquita-Catedral, donde fue con la hermandad de Villaviciosa de Córdoba, con la que tienen tanta unión a partir de la advocación de la Virgen. Allí está la Dolorosa, que siempre vi tan honda y apropiada para el misterio que preside y el día en que sale. Su retablo es nuevo y están a punto de dorarlo. No le he preguntado por el paso del Triunfo de la Santa Cruz sobre la muerte, la Canina, como todo el mundo, porque sé que no le gustará quien se lo tome a risa, y yo mismo he entendido siempre su sentido: «Yo se lo dije al arzobispo, que el Santo Entierro saca el paso más importante de Sevilla. Uno es que la muerte triunfó sobre la muerte y otro la Resurrección. Sin eso no hay nada más».

Al marcharme de San Gregorio todavía me quedan en la cabeza algunas palabras del hermano mayor.

—Aquí sin fe no hay nada, y la fe te es revelada. ¿Por qué uno tiene fe y otros no? La fe es revelada y, por supuesto, importa el ambiente en que tú has vivido y te has desarrollado desde chico. También te lo transmiten tus padres y tus abuelos, y el círculo de amigos en que te mueves. Todo eso te hace implicarte, pero sobre todo la fe es lo primero.

He ido atrás en el tiempo, al día en el que estaba en aquella iglesia junto al Señor Yacente y también al domingo en que salió en Vía Crucis. El escultor tuvo aquí la oportunidad de variar y seguro que tuvo que agradecerlo, porque, aunque los Crucificados le hubieran dado elogios y prestigio, a cualquiera le gusta aceptar nuevos retos. Me hice una pequeña película mental con lo que recordaba del Señor Yacente: la boca entreabierta y todavía sufriente, el cuerpo marcado por los golpes, la cabeza en que Juan de Mesa siempre trascendía todas las heridas para mostrar a Dios y para enseñar la confianza en que regresaría de la muerte. Me imaginé en las calles casi en duermevela del centro de Sevilla en cualquier tarde de domingo, y en una bulla sin exageraciones.

Algunos quizá hablasen de rumores, otros seguirían el rezo, los más se dejarían caer en los detalles y no se darían cuenta de que estaban abstraídos casi hasta que el Señor llegase de vuelta. Los peores son los que, como yo, no pudieron estar. No imaginaban entonces que en aquel silencio recogido y pasmado que siempre hay en torno a las grandes imágenes se marchaba la Semana Santa de 2020. No la consumada del Sábado Santo, sino aquella que se quedó en un bosquejo después de una Cuaresma gris y entristecida.

Al pensar en la representación en escultura del sepulcro me vienen a la cabeza las obras del escultor castellano Gregorio Fernández, el otro gran genio de la escultura pasionista del siglo XVII. Sus yacentes tienen un tono patético mucho más acusado y también más teatral, aunque son casi coetáneos de Juan de Mesa. Luego hablaré del que vi, con la boca entreabierta y más pinta de agonizante que de cadáver, radicalmente humano y profundamente sagrado, estremecedor en todos los sentidos, aunque estuviese en un lugar que no era un templo. Tenía siete años más que él y vivió mucho más que sus cuarenta y cuatro, pero encontró el barroco mucho antes que los autores de la escuela sevillana. El prestigio de Montañés, que seguía con los modelos clásicos del manierismo, frenó como un dique aquel nuevo estilo más teatral, más dramático y con una humanidad tan expresiva. Era imposible que el maestro cordobés lo conociera de primera mano, pero quién sabe qué dibujo le pudo haber llegado en aquella cosmopolita Sevilla.

Entre 1620 y 1621, después de menos de tres años en que no habría ni un día en que no trabajase o no se atormentase para saber cómo resolvería las incógnitas que sus obras le ponían delante, Juan de Mesa casi había terminado su trabajo para las cofradías de Sevilla, a las que había entregado dos crucificados, un yacente, un nazareno, un San Juan y quizá algunas dolorosas, además de otro Cristo que tendría que salir en Semana Santa trescientos años después. Su trabajo impactó de inmediato en las hermandades que le pagaron por sus obras, pero también en toda aquella fiesta entonces joven que apenas llevaba unas décadas caminando, y que veía cómo las imágenes crecían de ser la culminación de sus cortejos de disciplinas y penitencia al centro de toda su vida todo el año.

Llega a una fiesta que si es tradición tiene pocas décadas y aún no hay nada inmutable, si es que alguna vez lo hubo. No es el primero que hace obras para una cofradía, pero sí funda el concepto del imaginero que trabaja mucho para ellas. Ni siquiera cuando le piden una obra conforme al modelo de otra hace nada parecido al trabajo en serie, pero su casa funciona de forma parecida a la de los imagineros que llenarán Andalucía de imágenes tras la Guerra Civil. La historia es la misma: un escultor destaca por las obras para el lugar en que trabaja. Otras cofradías y órdenes religiosas admiran lo que hace y le piden más encargos conforme a lo que han visto. Su obra, que había nacido en un lugar, se dispersa después por muchos otros lugares. A partir de 1620 o 1621, si se acepta que hizo el Señor Yacente en ese tiempo, los Cristos de Juan de Mesa se hacen en Sevilla y buscan otros lugares. Muchos otros, como su propio maestro, habían enviado su trabajo a otros territorios de España, y España estaba entonces a los dos lados del Atlántico. Él trabaja para muchos clientes, pero la obra que le distingue es la de la pasión del Señor, la que le piden las cofradías. Desde 1621 serán las de fuera de Sevilla las que más trabajo le den, aunque todavía le quedaba por dejar algo en la ciudad en la que vivió.

Hasta algunas imágenes que no hizo para ellas terminaron, al llegar el siglo XX, en manos de nuevas hermandades que las sacaron a la calle y demostraron que su impacto sobre un paso y en Semana Santa no se distinguía tanto de sus hermanas, pero eso asoció su fama siempre a esta fiesta. Las noticias sobre las restauraciones de sus obras y sobre las nuevas atribuciones no aparecen en las páginas de Cultura de los periódicos, como sí están sus hermanos, ni mayores ni menores que él, Gregorio Fernández y Francisco Salzillo, como sí apareció la gran exposición de su maestro Montañés. El país de las cofradías le levantó un pedestal de veneración, pero esa pequeña tierra tiene, como todas, una capital, y pasó a veces que parecía terminar la obra de Juan de Mesa en el momento en que se apagaron sus trabajos para las hermandades que las sacan a las calles de Sevilla.

En contra de lo que tantas veces sucederá luego, las obras que lleguen, que estarán en templos donde no tendrán cofradías o que se asentarán en pueblos que muchos identifican con las imágenes que Juan de Mesa talla para ellos, no repiten logros ni el escultor cae en la complacencia. Busca, depura, mejora, cambia y si se supera o no es algo que tendrán que decir los que saben y los espectadores. Sí está claro que no se acomoda, que sus imágenes se reconocen, pero se parecen en que son distintas.

Me lo imagino absorto en un trabajo que no tenía final. Tenía que llenar la alacena de las fuerzas después de haber hecho las obras que más fama le darían para seguir, y no dejaba de firmar contratos entonces.

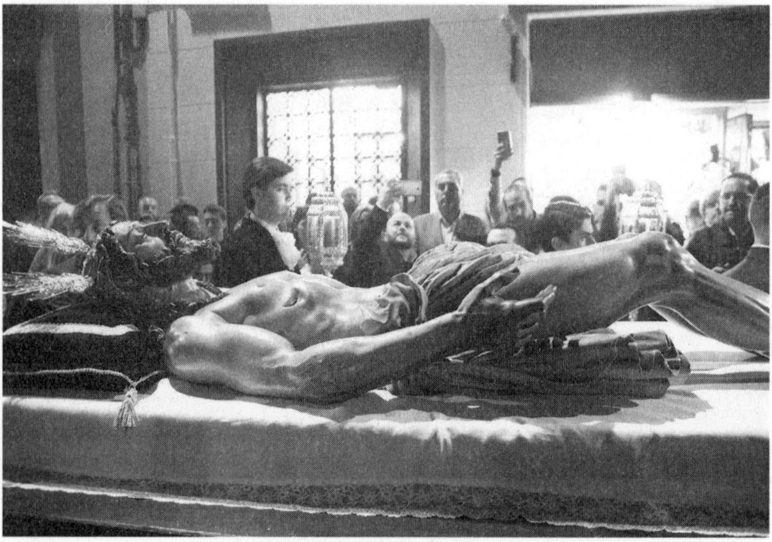

El rostro como dormido, pero con expresión de dolor. El Señor Yacente. Foto: Manuel Jesús Rodríguez Rechi

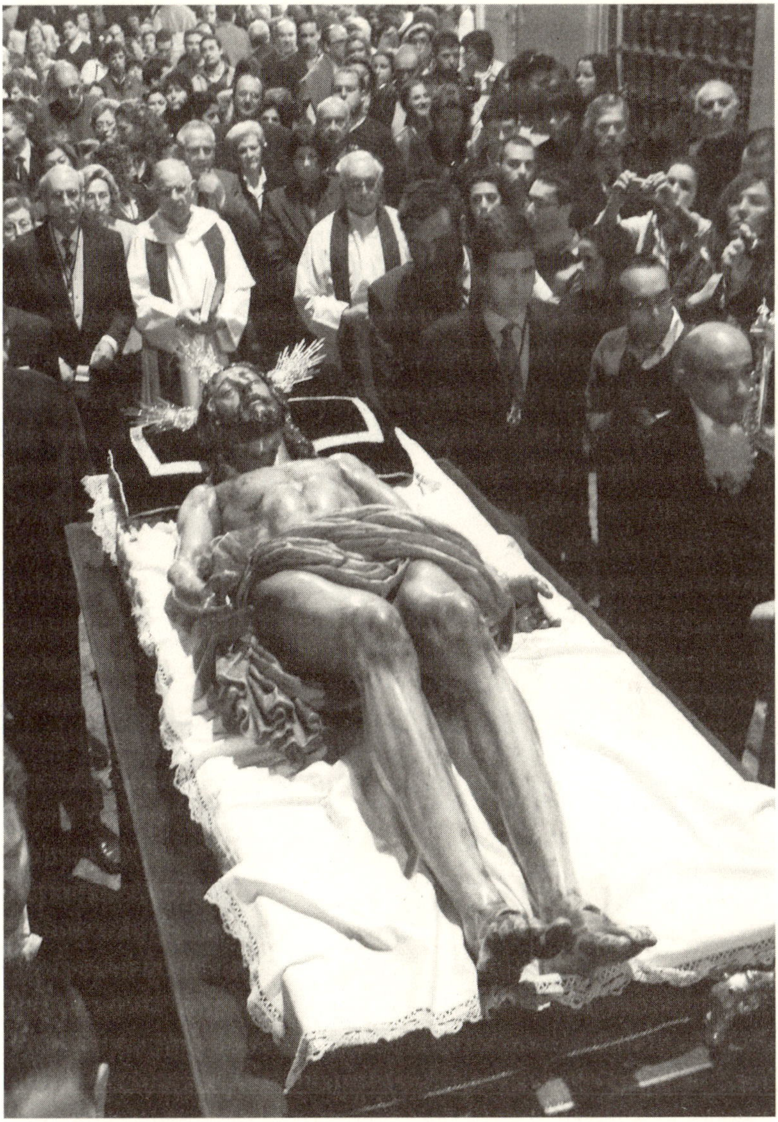

Lección de anatomía, pero con la sutileza con que se ven los músculos y los huesos en un cuerpo natural. Foto: Javier Comas

12

ERGUIDO ANTE LA HISTORIA

Supongo que igual que yo, muchos de los que tuvieran delante de la televisión el quince de junio de 1993 encontrarían familiar la hechura de la imagen de Cristo muerto en la cruz que la realización enseñaba de vez en cuando, aunque casi siempre de forma fugaz y sin que nadie dijera nada de ella. Los protagonistas eran Juan Pablo II y la Catedral de Santa María la Real de la Almudena de Madrid, que el Papa Peregrino consagró aquel día. Entre tomas de las amplias naves neogóticas y de aquel hombre que parecía tener el don providencial de comunicar la fe con sólo estar delante de una cámara, de vez en cuando llamaba la atención una cruz muy alta de la que colgaba una escultura con muchos rasgos conocidos. Se notaba en el rostro doliente y a la vez sereno, en los volúmenes de imagen de bulto redondo que no deja detalle, aunque se caiga en la tentación de pensar que por allí no la verá nadie. En la cabeza caída sobre el pecho, en la flacidez del cuerpo vencido, en el arco de las piernas ya sin vida. Hasta la cruz tan alta que habría sorprendido al escultor se parecía en sus grietas y nudos a aquellas sobre las que dormían sus otras imágenes.

Apenas se dijo en aquellos días que aquel Cristo que presidía bajo el crucero la nueva Catedral de Madrid era de Juan de Mesa, aunque yo tuviera el pálpito, porque sabía que en la capital de España había una obra suya. Cuatro años después lo conocí cuando visité aquel templo con mi madre, y se me despejaron todas las dudas al ver cómo en la inmensidad vacía de aquellas naves la imagen crecía y desplegaba todo aquello que su autor le daba: la proximidad, la ternura, la conmoción, la unción indefinible.

Si el nombre de Juan de Mesa quedó sepultado por el silencio casi tres siglos después de su muerte, no fue por incomprensión de sus contemporáneos, que admiraron sus obras de inmediato y le pidieron trabajos parecidos. Ningún impacto fue más inmediato que el del Cristo de la Buena Muerte: lo terminó en septiembre de 1620 y el dieciséis de marzo del año siguiente ya firmó un contrato de un crucificado «conforme al que está hecho en la casa profesa de la Compañía de Jesús de esta ciudad». El encargo se lo hizo Jerónimo Ramírez, que actuaría en nombre de Francisco de Tejada y Mendoza, que había sido presidente de la Casa de Contratación de Sevilla entre 1616 y 1618 y que para aquel 1621 ya se había trasladado a Madrid. Juan de Mesa salía del año más importante de su vida y todavía de aquella lista tan larga quedan obras sin identificar, como dos grupos de San José con el Niño Jesús de la mano, uno de 1619 y otro de 1620. El primero podría ser el que se ha restaurado hace poco en la iglesia de San Ildefonso de Sevilla, que José Carlos Pérez Morales atribuyó a Juan de Mesa, y que es un grupo escultórico lleno de presencia y de poder. La imagen del niño tiene una anatomía plena de sutileza y la del patriarca es monumental y muestra el estilo del escultor en este tiempo. Dirige a él la mano derecha, pero no lo toca, y en los ropajes tallados está mucho del movimiento que tiene toda la obra. Por el estilo puede ser más el que le encargó Diego de Herrera en 1620 que el que le pidieron los carmelitas del Santo Ángel un año después. En los últimos años ha aparecido otra escultura del patriarca, en ademán de llevar al niño, pero sin él, en el Museo Diocesano Regina Coeli de Santillana del Mar, que procede de Castro Urdiales, en la misma Cantabria.

Al crucificado que le pidió Jerónimo Ramírez sí que se le puede seguir la pista, aunque ha escuchado muchas veces las tempestades de la historia. Y se ha erguido siempre ante ellas. Estaba en el oratorio privado de la familia, pero en 1633 Francisco de Tejada decidió que presidiera la capilla que acababa de fundar en la iglesia del Colegio Imperial de Madrid, de la Compañía de Jesús, con la que tan íntima relación tenía. Las imágenes de Juan de Mesa funcionaron muchas veces como una semilla que hacía brotar la devoción y la admiración, y en aquella capilla crecieron la espiritualidad y el arte, pero también quedaron huellas de distintas épocas. Los jesuitas la enriquecieron a partir de 1671, cuando pasó a ser suya, y a los pies del Cristo colocaron imágenes de la Virgen, San Juan y Santa María Magdalena que encargaron a Pedro de Mena. También hubo cuadros y retablos. Un grabado de Bernabé Palomino inmortalizó esta estampa luego perdida, en la que el INRI recuerda de inmediato al del Cristo de los Estudiantes. La Magdalena está arrodillada y abrazada al pie de la cruz, como debía de estarlo todavía la del Cristo sevillano, y la Virgen de pie y con un gran corazón traspasado. Como si estuviera destinado a estar igual que la imagen que lo había inspirado, también este Cristo se quedaría solo, aunque ahora sí se conoce la historia. En 1708 aparecía ya el sintagma de la Buena Muerte, propio de los crucificados de los jesuitas. La Congregación de los Dolores y Buena Muerte hacía allí sus ejercicios espirituales desde entonces, hasta que Carlos III expulsó a la Compañía de Jesús en 1767. Algo sí que no cambió en aquellos años: el nombre de Juan de Mesa no existía y el Cristo se atribuía al jesuita Domingo Beltrán, y así fue durante muchos años hasta que se encontró el contrato.

El templo y todo lo que contenía pasaron a manos de la Archidiócesis de Madrid y a partir de entonces se convirtió en colegiata de San Isidro e hizo funciones de Catedral, aunque nunca lo fuera. Los vientos de la historia que ya habían sacado al Cristo de su raíz jesuita volvieron a aparecer en 1936, en el Madrid descontrolado que resistía al avance de las tropas de Franco y donde tantas iglesias se saquearon. Prendieron fuego a la capilla y se perdieron las imágenes de Pedro de Mena, así que el Cristo volvía a quedar tal y como lo había pensado su autor. Luego se supo que perdió los pies y las piernas a partir de las rodillas, pero solo cuando se restauró en 1993 y se encontró la diferencia, que no tenía documentación y apenas se notaba. Quien lo hiciera tuvo que haber acudido a las fuentes originales.

Por no terminar con las historias paralelas, también este Cristo perdió la corona de espinas casi completa, de la que quedan algunas ramas, porque estaba tallada en el mismo bloque. Hernández Díaz se preguntaba cómo Juan de Mesa había vuelto a hacer un sudario montañesino para esta imagen, cuando ya en el Cristo de la Conversión y en el de la Buena Muerte había encontrado el modelo de paño sujetado con un cordel y una cadera desnuda, que distinguía todavía más a sus obras. Quiero pensar al maestro en el intento de encontrar la forma de hacer una escultura que cumpliese con lo que le habían encargado en el contrato y a la vez que se distinguiese, porque me gusta imaginarlo, y así lo encuentro en todo lo que veo, horrorizado ante la posibilidad de imitarse a sí mismo o mimetizar lo que había hecho antes. Por eso el sudario es amplio, tapa las caderas y tiene los pliegues del que hizo para el Cristo del Amor. Por eso también el rostro es algo más sufriente y menos dormido que el de la imagen sevillana, con la boca todavía abierta como si tuviese restos de dolor.

Así era la imagen que descubrimos tantos en 1993, ya sobre una cruz que con razón me recordaba a las que había en Sevilla: la había tallado Manuel Guzmán Bejarano y se había ido a los modelos de Juan de Mesa, aunque no hubiera estado mal encontrar o reproducir el

INRI. Desde allí presidió el funeral del Estado del 11-M y la boda de los entonces Príncipes de Asturias aquel mismo año, y hasta allí llegó otro papa, Benedicto XVI, que quizá, si reparó en Él, encontrara la unción, la paz y el despojo con que vivió siempre para sus estudios y su búsqueda de Dios. Si antes tuvo obras de Pedro de Mena a su alrededor, ahora también dialoga con artes plásticas de otro tiempo, de este tiempo. En la cúpula hay interesantes pinturas en las que José Luis Galicia representa con carácter geométrico la bóveda celeste sostenida por los cuatro elementos: tierra, mar, fuego y aire. Detrás, en el ábside, están los menos afortunados murales de Kiko Argüello, de un estilo al que se puede llamar neobizantino de forma indulgente. También en esto dialoga el Cristo con el gusto de la Iglesia de este siglo XXI.

Allí presidió Benedicto XVI una misa para seminaristas el veinte de agosto de 2011 y al Cristo quizá se dirigiera su pensamiento y las miradas de quienes lo escuchaban: «Poned vuestros ojos en Él, que por su encarnación es el revelador supremo de Dios al mundo, y por su resurrección es el cumplidor fiel de su promesa. Dadle gracias por esta muestra de predilección que tiene con cada uno de vosotros». Allí mismo anunció que San Juan de Ávila —el patrón del clero secular español— iba a ser doctor de la Iglesia. A los pies de la obra de un escultor cordobés hecha con aliento jesuita se consagró el magisterio de un clérigo de Córdoba que estuvo muy próximo a la Compañía y que vivió y murió en la ciudad de Montilla.

Allí pudieron sonar las palabras de aquel apóstol de Andalucía, que además fue un escritor exquisito que siempre tenía una metáfora en la pluma y una forma elegante de expresarla: «¿Qué le falta a esta cruz para ser una espiritual ballesta que así hiera los corazones? Esta santa cruz es el madero; y el cuerpo tan extendido y los brazos tan estirados son la cuerda; y la abertura de ese costado es la nuez donde se pone la saeta de amor para que de allí salga a herir el corazón desarmado».

El pálpito de una imagen familiar cuando San Juan Pablo II consagró la Catedral de la Almudena. Cristo de la Buena Muerte de Madrid. Foto: Chema Barroso / Archivo ABC

13

LA PRESENCIA ABRUMADORA

Cuando pienso en el camino que he recorrido hasta llegar a esa puesta de sol que no termina, recuerdo el día en que pude volver a salir a la calle en busca de Juan de Mesa. Más que un regreso al trabajo es como una liberación. Hay un aire de primavera en la mañana transparente. Como al poeta, también a mí me espera Jesús Nazareno al doblar la esquina, pero no es la tarde de marzo ni tiene el presentimiento en la piel de un día anhelado. Quiero creer que es primavera porque es un día en el que he recuperado el hábito de poder salir a las calles sin el privilegio o la extrañeza de ser el único, aunque todos tengamos que llevar mascarilla. El mundo ha renacido hace poco tras un invierno que ha llenado la primavera de días grises y tristes y la ha vaciado de música y de flores, de todo eso que han echado de menos hasta los que no reparaban en ellas. El aire es de primavera porque es fresco y porque se ha marchado aquel verano adelantado con que se iba despidiendo mayo. Parecía que el calor iba a tomar el relevo del coronavirus para encerrar a la gente en sus casas con el aire acondicionado, pero los primeros días de junio llegan en una primavera tardía y clemente. Quizá sea un verano aliviado, pero yo prefiero verlo de otra forma.

La Rambla es un pueblo pequeño y blanco que duerme en un mar de olivares y tierra calma al suroeste de la provincia de Córdoba, cerca de otros mucho mayores y monumentales como Montilla, Aguilar de la Frontera y Écija. Al llegar desde la autovía de Málaga dan la bienvenida algunas torres y la forma propia de los pueblos que se levantan en una pequeña colina, pero también los polígonos empresariales y la actividad de su larga tradición alfarera, que ahora es industrial sin dejar de ser tan artesanal como el mismo barro.

De allí salió en la década de 1610 un sacerdote que se llamó Alonso Ecijano, que se estableció en Sevilla y que un día de 1620 tuvo que asomarse al convento franciscano del Valle para conocer la imagen de Jesús Nazareno con la cruz a cuestas que había llegado hacía muy poco como titular de la cofradía del Traspaso. El contrato que firmó con Juan de Mesa, y donde también intervenía Juan de Escamilla, hermano mayor de la cofradía «de los nazarenos de la villa de La Rambla», no menciona que la imagen tuviera que parecerse a ninguna, así que no es seguro que conociera al que hoy es el Señor del Gran Poder, pero los documentos no siempre cuentan lo literal. Si lo conoció, tuvo que sentirse asombrado por la expresión desvalida y a la vez entera del Señor; tal vez rezara y meditara sobre el peso de la cruz y se sintiera abrumado, como tantos, y dejara pasar las horas. No era, no es una imagen a la que haya que poner recuerdos ni exvotos de la vida, aunque las soporte, sino que asombra desde la primera vez.

El sacerdote le encargó entonces otra imagen del Señor con la cruz a cuestas para La Rambla. No había tenido ni que verlo en Semana Santa, porque Juan de Mesa había otorgado carta de pago por Jesús del Gran Poder el uno de octubre de 1620, y el contrato para la siguiente imagen de Cristo con la cruz a cuestas era del cuatro de marzo de 1621.

La idea de que me acompañe mi hija Gloria se nos ha aparecido a la hora de desayunar y entre su entusiasmo y mi optimismo nos ha parecido una buena idea. Viene advertida de que no podrá quejarse si el rato de la visita se le hace largo, y sabe que en este tiempo todavía no es fácil entrar a los locales públicos. Pero viene. Ser padre es un proceso de aprendizaje en que hay que corregir bastantes errores, y yo en algún momento me di cuenta de que la receta de atracar a los niños con los gustos y pasiones de los padres puede a veces conseguir que se empachen y que rechacen el plato con hartazgo. La curiosidad se puede saciar, pero no sé si estimular. Hay que esperar a que aparezca, no provocarla, y cuando esté se tiene que satisfacer en dosis pequeñas, sin dar la lata. Por el camino me pregunta por el momento en que me interesé por la obra de Juan de Mesa y por la primera vez que vi a Nuestro Padre Jesús de La Rambla y le cuento, con el peso de bastantes años y unas cuantas ausencias encima, que fue la primera imagen suya que conocí. Tendría yo siete u ocho años y antes de saber que Juan de Mesa había existido ya había visto una de sus obras.

Los padres de mi abuela paterna eran de La Rambla, aunque acabaron viviendo en mi pueblo, Fernán Núñez, separado entonces por siete kilómetros de una carretera sinuosa entre olivos. Parte de los recuerdos de mi abuela estaban allí y mi padre la llevó algunas veces a sus procesiones de Semana Santa. Aquella mañana de Viernes Santo, seguramente poco antes de que la cofradía se recogiese, no me dijeron que esa era una imagen prodigiosa, o por lo menos yo no lo recuerdo, pero sí guardo la silueta del Señor casi vencido por el peso de la cruz y su perfil monumental en un paisaje tan abierto que más parecía de campo que urbano. La estampa de la imagen era el fondo, porque la impresión fuerte era el palio que entonces lo cubría, y que recuerdo morado y gigantesco. El hermano mayor, Juan Sierra, me contará luego con orgullo que apenas quedan Cristos en Andalucía, quizá ninguno, que se cubran de esta forma, aunque en la historia lo llevaron muchos en una época en que las normas todavía estaban lejos de ser un estándar.

Es la primera vez que entro en esa iglesia, aunque he visto al Señor muchas veces en la calle y hasta en otros templos. Allí me espera el hermano mayor, con una sonrisa franca que intuyo debajo de la mascarilla, aunque no pueda verla, y al saludarlo y explicarle el propósito del libro tengo que hacer un esfuerzo para no desviar la mirada a la presencia poderosa y magnética del Señor. Yo ya lo intuía, pero prefiero que él me lo confirme: fuera se puede hablar del Nazareno de La Rambla para distinguirlo con precisión, pero en el pueblo, igual que en el mío y en tantos otros sitios del interior de Andalucía, siempre lo llamaron Nuestro Padre Jesús.

La iglesia tiene una sola nave y en el altar mayor hay un retablo neoclásico en el que sólo se puede reparar después de muchos minutos. La cabeza portentosa, la mirada vencida y consoladora a un tiempo, la rodilla izquierda que amaga con seguir avanzando y las manos delicadas en torno a la cruz, que ahora no es la de plata, desbordan las columnas del siglo XIX, los bordados de la túnica morada y todo lo que no esté en la madera tallada.

Me admiran los camarines clásicos porque tienen algo de antesala del cielo, como si en cada escalón que se asciende se anticipara en un poco el paraíso prometido y la meta fuera la cámara en que Dios recibe, y que es a la vez deslumbrante y austera. Hasta un poco antes llegan sus devotos, pero nosotros pasamos al privilegio de su presencia. Nunca me gustó estar demasiado cerca de las imágenes, porque sé bien que imponen la distancia exacta y que hacen notar cuál es el sitio. Por allí se pasa una vez, aunque dure unos pocos minutos, y uno se marcha marcado. Gloria y yo vemos sobrecogidos los pies tensos en el esfuerzo de andar debajo del peso de la cruz, las piernas llenas de fuerza en los músculos, el sudario completo, aunque sin la perfección barroca de los crucificados, porque no tenía que verse. «Le encargaron la cabeza, las manos y los pies, pero lo hizo entero», recuerda Juan Sierra mientras esperamos en vano a que avance el pie derecho y siga el camino. Tiene el segundo dedo de los dos pies en martillo, y eso, según han dicho los médicos, era normal en la época de Cristo y en parte también en la de Juan de Mesa, porque el calzado, cuando existía, dejaba el pie más desprotegido. Desde allí, al ver el perfil derecho y la forma de avanzar, la comparación es inevitable con ese besapiés permanente en la plaza de San Lorenzo de Sevilla, pero también hay mucho que les diferencia.

Luego están el rostro y la mirada. La mente se va sola: queda el color oscuro que lo multiplica, pero nada falta en los ojos caídos que pueden ver de cerca a quienes rezan a sus pies y en la boca que toma un poco de aire para avanzar. Puedo describir la mirada como de tristeza, pero mejor me parece hablar del pasaje evangélico que promete alivio para los agobiados: «Aprended de mí, que soy manso y humilde de corazón, porque mi yugo es llevadero y mi carga ligera». Y es lo que cuentan esos ojos que duelen por repartir tanto consuelo. Allí está la espina que atraviesa la ceja izquierda, siempre sin demasiada sangre, y desde luego la corona tormentosa que rodea toda la cabeza. Me acuerdo de Carlos Colón cuando me señala el comienzo de la corona de espinas en el parietal derecho, y veo también la cabeza de la serpiente de los pecados, y se lo cuento a Gloria, porque a su edad cualquier metáfora es tan poderosa como las palabras. Creo que fue Hernández Díaz quien habló de que tenía «mirada taladradora» y no exagera. No se puede sostener muchos segundos.

Pregunta luego mi hija al hermano mayor por el agujero a la altura del omoplato izquierdo, y él le explica que fija, con una palometa, el madero que carga, y cuenta la historia de la cruz cilíndrica de plata que llegó desde Veracruz, en el virreinato de Nueva España, en 1723, primero hasta Cádiz y luego a La Rambla. Es una pieza portentosa que tienen que mover entre tres hombres y que regaló un virrey del que se piensa que él o su esposa fueron de La Rambla. Desde allí se ve la espalda muy curvada por el peso y la cabeza más vuelta hacia abajo, y eso lo distingue de la imagen que había terminado muy poco antes.

—Fijaos en que la peana —nos cuenta— tiene dos partes. La original es en la que están los pies del Señor, pero en algún momento le metieron una cuña debajo. Es de una madera distinta, igual que el montículo en que apoya el pie derecho. Parece que en la postura original estaría el Señor con los pies más bajos, como levantándose o alzando el peso de la cruz.

A Gloria se le notan en los ojos la emoción y entusiasmo por lo que ve. No está con la actitud distraída de quien hace una visita turística y tiene la voz del guía como un hilo musical del que ha desconectado. Está curiosa y activa, y sabe que hay mucho más de lo que le dicen los ojos. No me hace falta preguntarle si le gusta cuando bajamos otra vez a la iglesia para hablar y el hermano mayor le entrega una pulsera de la hermandad, unas cuantas estampas del Señor y a mí una reproducción del texto del contrato entre Juan de Mesa y la cofradía. Estamos delante de Él, en un banco, para hablar.

—¿Qué comunica esta imagen? —quiero saber.

—A la vez del dramatismo y el dolor que plasma Juan de Mesa a todas sus imágenes, Nuestro Padre Jesús tiene dulzura, paz, tranquilidad, sosiego. Eso es lo que me transmite. Cuando nos acercamos a Él para rezar, para pedirle, transmite paz.

—Y también impone.

—Muchísimo. Muchas veces cuando llego, y me pongo aquí, o me siento y me arrodillo para rezar, pienso en cuántos miles de personas habrán pasado por este templo para hacer lo mismo que yo hago. Eso me traslada a todas esas circunstancias que se han vivido en La Rambla y en Andalucía como la que vivimos de la pandemia, de momentos muy difíciles en los que siempre se venía a Nuestro Padre Jesús.

El rey de Castilla Pedro I el Cruel acampó en 1364 en el cercano cerro del Mentidero, hoy del Calvario, para dirigir el sitio y la conquista de Aguilar de la Frontera, entonces en manos musulmanas. Como agradecimiento a la villa de La Rambla erigió la iglesia. La tradición oral dice que en 1603 nació la cofradía de Jesús Nazareno y allí llegó en 1622 la obra de Juan de Mesa. Primero estaba en un altar lateral, pero luego los monjes del Espíritu Santo comprenderían que su posición sólo podía ser de dominio. Pasó al altar mayor. Fue entonces, me dice Juan Sierra, una iglesia barroca, pero de su esplendor no quedan más que un sagrario y cuatro columnas salomónicas repartidas por la iglesia como recuerdo.

Las tropas de Napoleón ocuparon La Rambla y quemaron la iglesia, que perdió sus retablos, pero el Señor se salvó del incendio. La policromía que hoy tiene el rostro se la dio Juan Sansor, pocos años después, cuando lo restauró seguramente para reparar los daños del fuego y el humo. Un siglo más tarde lo hizo Antonio Castillo Lastrucci y en 1995 Enrique Ortega y Rosa Cabello, que idearon el vástago metálico que sostiene tanto al Señor como a la cruz de plata. «No tenía ningún problema de estructura, pero si hasta entonces no lo hubo queríamos seguir evitándolo», explica.

Aquel destrozo de los franceses fue el último. En el clima ya tormentoso que presagiaba la Guerra Civil sus cofrades temieron por el Señor un día en que en la Casa del Pueblo proyectaban una de esas impactantes películas soviéticas que exaltaban la Revolución Rusa. Iban a llegar obreros y militantes izquierdistas del cercano pueblo de Montalbán para verla y se temían lo peor, así que se encerraron en la iglesia. Sabían lo que pasaba en otros sitios, pero no sucedió allí: «No sólo no hicieron nada, sino que, al pasar por la puerta, los que llevaban gorra o sombrero se lo quitaron en señal de respeto».

Como en tantos pueblos, Nuestro Padre Jesús es la gran devoción y su procesión el corazón de la Semana Santa: «Cuando Nuestro Padre Jesús sale, según sus reglas a las dos horas solares de la madrugada del Viernes Santo, que es a las tres o a las cuatro según el cambio de hora, invita a toda La Rambla a presenciar ese momento. Son en torno a dos mil hermanos, pero en la procesión, que mezcla hermanos y penitentes, pueden ir de tres mil a cuatro mil personas». Estuve una vez, y también en las procesiones extraordinarias, y no exagera. Un tercio de la población de La Rambla forma parte de la cofradía y más de la mitad de sus vecinos participan. Pocas ciudades más grandes, empezando por la vecina Córdoba, pueden presumir de un arraigo social tan fuerte. Recuerdo al Señor en aquella Madrugada con un cortejo interminable. Llevaría música, pero en la memoria lo tengo guardado en el silencio en que imágenes así hablan mejor. También estuve en la extraordinaria del Año de la Misericordia, en 2016, y anduve junto a Él camino del lugar que se conoce como el Calvario. Iba muy cerca, en las andas de plata en que lo tuve que ver aquel día de mi infancia, y si fuera pintor creo que lo describiría como un cuadro abstracto en que hablan las sensaciones y no la figuración. La compañía, la calidez, la presencia. Eso fue.

La cofradía recoge una larga tradición de hospitalidad a quienes llegan desde fuera a ver a Nuestro Padre Jesús y a admirarlo porque saben quién lo hizo y conocen su fama. El hermano mayor recuerda de niño la visita de José Hernández Díaz, que pasó varias jornadas en La Rambla, y que de vuelta habló a sus hermanos del Gran Poder de que había una imagen que lo superaba. No es una tradición oral ni un mito chauvinista: siempre defendió que Juan de Mesa había perfeccionado allí lo que había hecho en el Señor de Sevilla. Alberto Villar, su discípulo, ha escrito de él muchas veces y llevó a los participantes en las jornadas que se organizaron en 2002.

No se menciona en la charla aquella expresión tan triste que se refiere al Señor como «Gran Poder de La Rambla», y que siempre me pareció el resumen de una triste claudicación: la de que cualquier obra de arte que esté en un pueblo tiene que justificar su grandeza por una referencia en una gran ciudad. En el mismo pueblo de La Rambla hay otra escultura asombrosa que muchas veces se ha relacionado con Juan de Mesa. Si hizo uno pudo también haber tallado el otro. El Cristo de la Expiración es un crucificado monumental de presencia, volúmenes y anatomía, con una expresión muy fuerte. No faltan puntos en común, pero el rostro y el sudario se alejan del maestro. Ninguna atribución ha prosperado. Alberto Villar me dirá luego que tal vez recoja la inspiración del Cristo de la Agonía de Vergara y que sería obra de alguien próximo a Juan de Mesa, quizá de entre 1626 y 1630. Juan Sierra me habla también del Cristo de la Expiración antes de que siga preguntándole por Nuestro Padre Jesús.

—¿Se acostumbra uno a una imagen así?

—No. Donde más encuentras cosas nuevas es en la celebración de la eucaristía los sábados por la tarde. Cualquier pasaje del Evangelio habla de Jesús, te quedas mirándolo y ese pasaje del Evangelio lo encuentras en Él. Es la fe, que es la que nos lleva. Siempre encuentras cosas nuevas, sobre todo cuando vienen expertos y empiezan a hablar. Nuestra cercanía con Alberto Villar y tantos personajes ilustres no ha llevado a conocer a Nuestro Padre Jesús en lo más escondido.

Hemos visto a la imagen con toda la fuerza de la zancada, pero desde el primer banco de la iglesia es desvalida y tierna, y las manos cambian la crispación por delicadeza. «Es otra forma de ternura, de coger eso que lleva por todos nosotros, que es la cruz. Con qué suavidad, con qué ternura», dice Juan Sierra. Recuerdo la reciente magna exposición en la Mezquita-Catedral de Córdoba y la procesión de traslado desde San Agustín, cuando compartió templo con la Virgen de las Angustias, la última obra de Juan de Mesa, y cómo lo que se sentía no era tanto admiración artística, aunque fuera mucha, como vértigo ante dos presencias abrumadoras.

—Pasamos mucho para aprobarlo. Fuimos los últimos, porque en los pueblos siempre pensamos en si puede pasar algo, y era la primera vez que el Señor salía de La Rambla. Las medidas de seguridad eran tremendas y la acogida en Córdoba fue maravillosa. Pensé en lo feliz que estaría Juan de Mesa de ver a sus dos obras juntas en san Agustín.

También fuimos felices los demás. Cuando entré allí en la mañana del trece de septiembre de 2019 sabía que me esperaba algo grande, pero aquella unión insólita entre esas dos imágenes era capaz de desbordar el vaso pobre de las mejores expectativas. A la izquierda del espectador estaba Nuestro Padre Jesús, y a la derecha la Virgen de las Angustias. Se notaba el hilo común del autor, pero también los seis años de diferencia y algo que se sumaba a la contemplación artística. Era el magnetismo, la dificultad de marcharse y la facilidad para sucumbir a otra tentación de dar alguna vuelta más y buscar otro detalle, otra huella de aliento. En aquella hora larga que estuve allí casi no era necesario mirar con detalle, sino detenerse para dejarse invadir por aquellas esculturas sagradas con lo que significaban. Di mil vueltas alrededor por todos los ángulos y no tuve ni que pensar ni que mirar con lupa. Sólo había que dejarse envolver por la mirada, por el gesto de introspección, por el movimiento.

Por esa iglesia pasan muchos devotos todos los días del año, pero hay días especiales en agosto y en Cuaresma. Está en besapiés el seis de agosto, el día de la Transfiguración, y se le viste de blanco, el color en el que se tornaron sus vestiduras en el monte Tabor según el relato del Evangelio. También comparece en besapiés al final de su quinario, el tercer domingo de Cuaresma. Me estremece lo que el hermano mayor me cuenta:

—Donde más conmueve la presencia de Nuestro Padre Jesús, y siempre lo digo cuando hablamos de Él, es en el cementerio. Allí el sesenta o setenta por ciento de las lápidas tienen la imagen de Nuestro Padre Jesús.

—No sólo allí —le respondo—. También en los cementerios de Fernán Núñez y Córdoba he visto más de una tumba y nicho con el Señor.

Cuando terminamos de hablar pienso en si mi hija se habrá aburrido de una conversación en la que no podía participar, pero Gloria sigue hechizada. «No me quiero ir de aquí», confiesa sonriendo. Juan Sierra me ha contado también que el escultor cordobés Antonio Bernal hizo una réplica a pequeño tamaño del Señor, que viaja en una urna para visitar a los devotos enfermos y ancianos, que no pueden salir de sus casas. La Rambla ha aprendido a ser hospitalaria con los amantes del arte que llegan en busca del Señor y sabe que tiene que cuidar a Nuestro Padre Jesús, pero también ha conservado su esencia y su entraña más honda, religiosa con todo el sentido de que une a los que se fueron, a los que están y a los que tienen que venir, como ha contado el hermano mayor. Ahora más que nunca es Enmanuel, *Dios con nosotros*, y por eso ha acompañado en la tribulación cuatro siglos y promete en los cementerios la resurrección y la vida a los que creen en Él.

El magnetismo, la dificultad de marcharse y la facilidad para sucumbir a otra tentación de dar alguna vuelta a más. Foto: Andrés Fresno

El pasaje que promete alivio para los agobiados: su yugo es llevadero y su carga ligera. Nuestro Padre Jesús Nazareno de La Rambla. Foto: Andrés Fresno

14

AMIGO DE LOS MARGINADOS

Es fácil imaginar a Juan de Mesa absorto en el trabajo y apartado de las relaciones sociales que no fueran imprescindibles. La larga relación de contratos y de obras de aquel tiempo, casi todas deslumbrantes, no le habría dejado tiempo para mucho más. Habría quien se desplazará a conversar con él a su estudio, y desde luego, como muchos han visto, quizá algunos sacerdotes jesuitas que compartieran con él impresiones de la concepción teológica de lo que tenía que representar. Si hablaba, quiero creer que casi siempre sería sin apartar apenas la vista del barro o de la madera, con la concentración de poder escuchar y contestar sin tener que quitar la atención de la gubia de la que iba naciendo otra escultura.

Ante la iglesia de Santa Isabel he reencontrado una cierta Sevilla popular, alejada de franquicias y apartamentos, que había pensado perdida. Hay tiendas modestas y de barrio, bicicletas y gente que mata el tiempo en los bancos. Sé que no es un lugar fácil y que cerca no faltan bolsas de pobreza, como sucede en muchas collaciones antiguas en que a pocos metros de la infravivienda hay una casa levantada hace poco con todas las comodidades detrás de una fachada con sabor antiguo. Y ahora apartamentos turísticos.

Todo lo que tengo alrededor son sus iglesias, y todas están cerradas. Abierta a una pequeña plaza y a la calle está la parroquia de San Marcos, que el paso del tiempo ha dejado como hundida en el pavimento, como si la Baja Edad Media en que se creó su fábrica mudéjar ya hubiera quedado a medio sepultar. Se ve a su derecha un rótulo que parece un verso: la calle Siete Dolores de Nuestra Señora, que lleva a la capilla de los Servitas, adosada a la parroquia. Detrás está la plaza y al lado el convento de Santa Isabel, donde se asentaron, desde el siglo XIX, las religiosas Filipenses Hijas de María Dolorosa. La portada renacentista es una exquisitez de Alonso de Vandelvira y en el interior de la iglesia el retablo mayor es de Juan de Mesa. No hizo tantos como su maestro, pero es tal vez el único que se ha podido encontrar e identificar. Es una obra manierista con tres cuerpos y pinturas entre las columnas, y las líneas rectas más puras del Renacimiento se van quebrando en la búsqueda de la curva barroca. Se corona con una gran cruz de Malta, porque en aquel entonces era una iglesia de los Caballeros de tan prestigiosa Orden. Lo hizo en 1624, y para entonces ya había terminado un crucificado del que no pensaría que iba a terminar allí.

Busqué muchas veces al Cristo de la Misericordia en mis años de estudiante en Sevilla y jamás lo encontré. Los horarios de los conventos son reducidos y muy tempranos, y sólo coincidí con la iglesia abierta el dos de marzo de 1998, primer lunes de Cuaresma. La Virgen de los Dolores y el Cristo de la Providencia de los Servitas acababan de salir de su capilla para presidir el Vía Crucis del Consejo de Hermandades y Cofradías, y pasaron primero por las puertas abiertas del convento. Entré y busqué, pero el Cristo de Juan de Mesa no estaba allí. Pensé que me habría equivocado de lugar. Esperé hasta 2000, cuando vino a Córdoba para una exposición sobre la época de Alonso Cano, y allí supe que en 1998 estaba restaurándose en el Instituto Andaluz de Patrimonio Histórico. Al año siguiente volvió a la ciudad natal de su autor en otra gran muestra.

Se lo encargó en enero de 1622 el mercedario descalzo fray Alonso de los Santos, conventual de la iglesia del Señor San José, una de las casas de la orden en Sevilla, que estaba y está entre Santa María la Blanca y San Nicolás. Su concepción fue más movida de lo normal y su vida siempre íntima entre las paredes de los conventos, con la devoción de gente consagrada o de personas muy humildes y lejos de las hermandades. Hubo cofrades que alguna vez soñaron con que fuera suyo y con que se subiera a un paso, pero no lo consiguieron. Juan de Mesa lo tenía terminado el siete de noviembre de 1622 según un documento que había introducido en su interior, pero el comitente tuvo que pensar entonces en que prefería una imagen de Cristo vivo que mirase a quien le rezara.

En aquella restauración de 1998 se encontró que había tenido la llaga en el costado y hasta los restos tapados de la sangre que brotaba de allí. Estaba policromado, pero volvió al taller para adquirir otra forma, y en este tiempo el escultor tapó la herida, abrió los ojos y tuvo que separar la cabeza del cuerpo, porque hasta entonces reposaría sin vida sobre el pecho. La entrega y el pago final no llegaron hasta el cinco de septiembre de 1623, mientras el escultor atendía a otros encargos. Tras la Desamortización, las religiosas filipenses se hicieron cargo de la iglesia de San José y se lo llevaron a Santa Isabel a mediados del siglo XIX.

No voy a sentirme culpable por imaginar al Cristo de la Misericordia en Semana Santa, aunque sepa que ahora está en las mejores manos. Es posible que Juan de Mesa pensara también que aquella imagen de oratorio podría salir a las calles con las cofradías para las que había trabajado, y sabía que con la teatralidad de hablar con aquel que le reza sería capaz de resistir el paso de la intimidad del oratorio a la gente que le espera fuera. Quizá supiera incluso que el cuerpo inscrito en un triángulo perfecto, la exquisitez de la anatomía y de la silueta, la fuerza en los brazos y la boca que parece estar en plena agonía, se desplegarían del todo en la calle. Nunca fue así y tal vez haya sido mejor, porque quienes se han reunido a sus plantas lo han hecho para ayudar a quienes no necesitan dinero para el pan o las facturas, sino una ruta para salir de una vida en los márgenes de la sociedad.

Me lo cuenta Marco Antonio Coronel, un profesor de la Universidad de Valencia que residió muchos años en Sevilla y que ha vivido las cofradías y el culto a las imágenes con las raíces de la fe y el conocimiento de las escrituras. Un día encontró en la basílica de la Macarena, su cofradía, a una monja rezando. «Preguntó por el manto celeste de la Virgen, que se acababa de restaurar. En el convento había habido un buen taller de bordados. A partir de ahí coincidimos los dos en el mismo banco y me di cuenta de que quería verlo, pero le daba apuro, porque entrar en el museo costaba dinero y no tenía. Me permitieron entrar con ella, se lo enseñé, y luego la acompañé al convento. Una vez allí empecé a frecuentarla, a hablar con ella de cosas del convento, del carisma de su orden, y así, poco a poco, fui acercándome no sólo a la imagen, sino a la institución de las religiosas Filipenses Hijas de María Dolorosa. Todo el mundo, yo también, sabía que el Cristo estaba allí, pero yo no llego a las monjas a través del Cristo, sino al Cristo a través de ellas».

Sí, todo el mundo sabía que el Cristo estaba allí y bastantes cofrades se habían fijado en la imagen. José Bermejo y Carballo, que hizo en las *Glorias religiosas de Sevilla* la primera gran historia de las hermandades, habló del «bellísimo Jesús, en el acto de pronunciar desde la cruz sus últimas siete palabras». Aquí, en 1882, cuando ya estaba en Santa Isabel, se escribió por primera vez que se recuerde el nombre de Juan de Mesa, «discípulo insigne de Montañés». Si reparó en aquel Cristo tuvo que ser porque lo quisiera para las Siete Palabras, la cofradía de la que fue hermano mayor, y que buscaba un nuevo titular ante el deterioro del anterior.

Si la imagen es un actor, como luego me dirá Alberto Villar, el crucificado mirando a quien estaba a sus pies

INRI

HIC EST FILIVS
MEVS DILECTVS
TVVS

bien hubiera podido representar el pasaje de San Juan que muestra en su misterio la cofradía del escapulario carmesí: «Mujer, ahí tienes a tu hijo; hijo, ahí tienes a tu madre». No lo consiguió, como tampoco lo lograron los cofrades de la Hiniesta que en 1933 también preguntaron por el Cristo. El incendio provocado del ocho de abril de 1932 había quemado totalmente a su Cristo de la Buena Muerte, que se atribuía a Felipe de Ribas, y a la Dolorosa que se decía de Montañés, y que en las fotografías parece bellísima. El cofrade Manuel Grosso, que escuchó la historia a través de su padre, recordó la proximidad entre el convento y la hermandad del Domingo de Ramos. La cercanía era física, porque una de las calles que dan a Santa Isabel y que conduce a San Julián se llama Hiniesta, y en aquellos días la hermandad había buscado refugio en San Marcos por la destrucción de su templo. También hubo mucha colaboración y mucha ayuda. «Se pidió que lo prestasen ese año, pero se negaron en redondo. Imposible. Mi padre llegó a hablar con el cardenal Ilundain y se les prometió que esa misma noche se les devolvería al Cristo», relata. Aquel crucificado vivo no pudo salir a las calles en los años treinta como Cristo de la Buena Muerte y la cofradía siguió pasando por el infierno de las llamas que destruyeron a su segunda dolorosa.

El Cristo de la Misericordia siguió en su beaterio y desde allí vio cómo las monjas atendían a personas en riesgo de exclusión en su convento y en su colegio de Santa Isabel. A prostitutas de los barrios cercanos y a sus familias, durante muchos años. A Marco Antonio Coronel le encajaron todas las fichas en la cabeza en 2013, el Año de la Fe.

—La anterior madre general, madre Enriqueta, ya con una edad bastante mayor, se decide y se va a Kenia, para fundar una escuela. Cuando llega se da cuenta de que el Espíritu la está llamando no para hacer una escuela, sino para atender a las llamadas niñas-madre, que es un problema muy gordo que existe en Kenia: niñas de corta edad violadas dentro de la propia familia. El padre, el primo, el hermano. Estas hermanas decidieron crear un centro para atender a estas niñas, tanto desde el punto de vista psicológico como profesional. Durante el Año de la Fe, 2013, se me ocurrió organizar un concierto benéfico para este proyecto. Fue un grandísimo acto, porque se unieron las bandas de Tejera y la del Carmen de Salteras. La parte musical fue coordinada por David Hurtado, que tiene una marcha llamada *Esperanza Eterna*.

—Vaya cartel —concedo.

—Cuando aquello acaba, me dirijo a otra madre general, madre Ana, la actual. Y le digo que no podía ser un acto aislado. «Ustedes tienen una joya en su iglesia. Las imágenes están para eso, para vincular al pueblo con la Iglesia, tienen un papel catequético, pero también de enraizar a las personas con un determinado carisma. Creo que tienen un regalo del cielo, pero que no está utilizado. Es una pieza de museo, aunque no sea un museo. ¿Me permiten darle un consejo? Vamos a organizar unos cultos al Cristo, para que Sevilla lo conozca, porque es patrimonio de la ciudad, aunque sea propiedad de ellas». Les pareció muy bien la idea, y ahí fui cuando empecé a «tratar» al Cristo. Porque la imaginería exige tacto, exige que tú lo trates, como tratas a una persona. Tú amas a una persona cuando estás en contacto con ella, cuando conoces sus problemas. Así llegué yo. La primera vez que lo bajamos teníamos muchísimo miedo, porque no teníamos infraestructura. Lo hicimos con voluntarios, gente que conocía de la Macarena, que es mi hermandad. Más o menos empezamos a hacer los cultos. A partir de ahí, cuando vi el Cristo en el suelo para limpiarlo, me sentí totalmente sobrecogido, y todos los que estábamos allí. Incluso las propias hermanas, que sabían que tenían una obra de arte, pero saben que tienen un vínculo con la sociedad a través de la imagen. Así lo conocí.

De vez en cuando, Marco Antonio Coronel emplea la primera persona del plural, porque forma parte de un grupo de personas que se reúnen en torno al Cristo de la Misericordia, pero entre ellos no hay más vínculo que el de la devoción y el de ejercer la virtud teologal de la caridad. No hay nada constituido que tenga reglas, ni mucho menos cargos jerárquicos. Habla como parte, y no como cabeza, de un grupo, aunque estuviera entre sus impulsores.

«Sí que sé, porque lo hemos hablado con la madre general, que a lo mejor sería bueno crear una especie de grupos de laicos que sean llamados al carisma filipense, que tiene una atemporalidad. Es vivir desde la alegría, desde la responsabilidad, desde la aceptación de la vida de cada uno, en el lugar en que cada uno está. Sé que lo tienen en mente. Tienen grupos de laicos, pero sobre todo relacionados con sus colegios», cuenta. En algún lugar he leído que el Cristo de la Misericordia es patrón de las mujeres y niños en riesgo de exclusión social.

—No existe ningún nombramiento oficial, pero el carisma de las religiosas es atender, como antes se decía, a prostitutas y ahora mujeres en riesgo de exclusión social. Tienen varios hogares de niños a cuyos padres la Junta de Andalucía les ha retirado la custodia. Están estudiando y viviendo en mismo convento, donde también tienen un hogar de mujeres en severo riesgo de marginalidad. Todas estas mujeres y niños ven al Cristo día a día, y la gente del colegio. Soy testigo de la cantidad de mujeres que pasan penalidades que acuden a besarlo, a verlo, a llorar. Personas que te cuentan «yo tenía esta vida y me acuerdo de este Cristo, porque fui niña acogida en esta casa». A partir de ahí, al Cristo lo consideran de estas mujeres y de estos niños.

No es la primera vez, porque su historia va unida a la marginación. El siete de septiembre de 1621 murió una mujer llamada Juliana Sarmiento, viuda de un escribano público, que poco antes había constituido en la iglesia de San José un patronato que buscaba ayudar a mujeres «descarriadas». Es decir, prostitutas a las que se buscaba dote para que se casaran y dejasen atrás aquella vida de pecado. De ahí salió la hermandad del Santísimo Cristo de la Misericordia y Nuestra Señora de Belén, que no era para salir en Semana Santa, sino para convencer a las mujeres de que dejasen aquella vida. Lo hacían personalmente sus cofrades, que luego tenían que ser testigos de la boda. La fundación tenía un presidente jesuita y un vicepresidente mercedario, así que no podían ir a otro escultor que a Juan de Mesa.

—Una historia impresionante —digo sobrecogido por el vínculo permanente con esas capas de la sociedad de las que muchos apartan la mirada.

—Lo sabíamos, es el sentido simbólico de las imágenes. Sobre las referencias o sobre el lenguaje referencial habitual, hay como una especie de signos que yo estoy totalmente convencido de que vienen de lo Alto, y que uno, si es un poco sensible, es capaz de percibirlos y, sobre todo, de interpretarlos. Juan de Mesa lo talla muerto, y cuando lo ven le dicen que lo quieren vivo, que pueda dialogar. Que la gente a través de su mirada pueda experimentar lo que es la gracia de la misericordia. Es un Cristo creado con una finalidad muy concreta: reflejar que las personas desvalidas no están solas. Y aunque estén solas, la Providencia siempre está cuidando de ellas dándole un sentido al sufrimiento, a los sinsentidos que están viviendo. A la desazón, a la falta de solidaridad. Este Cristo ha ido pasando durante los siglos de un lado a otro con este mismo objetivo. Cuando nos implicamos todos en lo de Kenia nos encontramos con lo mismo, con gente marginada. Parece como si la Providencia hubiera colocado sobre esta imagen el objeto de dar esperanza a las personas en situaciones límite, de una forma o de otra.

—La caridad aquí no es un adorno ni un complemento, sino una obligación por encima de todas las demás —continúo, y admiro lo que estoy escuchando, porque escucho un ejemplo y a la vez una explicación muy razonada.

—Totalmente, no me canso de explicar a la gente que *charitas* y *amor* significan lo mismo. «Charitas Christi urget nos», como escribe San Pablo: es el amor lo que nos incita. Siempre le digo a la gente que la caridad no empieza por dar un determinado dinero, que el amor no es tampoco eso, sino que deben situarlo más en su interior. El amor surge, y de ahí también la caridad, de un compromiso interior. No puedes decirle a una persona que actúe de tal o cual manera si en su corazón no lo siente, por mucho que intelectualmente le quieras explicar principios morales. Dios va seleccionado a las personas, no sé por qué razón, no tengo curiosidad por investigarlo. Una vez que la persona recibe esa llamada debe aprender a darse.

—¿También tenía que ver con ello la advocación de la Misericordia?

—Siempre se llamó así, tengo entendido, supongo que por la propia configuración de la palabra. *Cordis* es corazón, es la capacidad de ponerte en el lugar del otro, de sufrir con el otro, solidarizarte con el otro. Si lo llevas al terreno de Dios, no de una persona, la misericordia, utilizando el sentido paulino, es que Dios decide no computarte tu pecado y salvarte. Como un acto de amor. El derecho se tiene que basar en la justicia, que es dar lo que corresponde; sin embargo, la misericordia es dar lo que no te corresponde, porque tus actos no son merecedores de esa gracia. Qué nombre más apropiado para un Cristo para que sepan que no están solas. Que sufre con ellas.

Lo hacen todo con sencillez extrema y aunque han aprendido de las cofradías y forman parte de ellas también se han distinguido, o la Providencia les ha hecho distinguirse. «Nunca hemos recibido grandes donaciones, nada de eso, pero sí que hemos creado una pequeñísima comunidad de personas que en torno al Cristo están teniendo experiencias interiores, de profundización en su fe. A través de eso muchos de ellos van asumiendo responsabilidades no ya en el convento, sino incluso en sus parroquias, sus hermandades, en otros lugares. El Cristo sigue siendo plenamente conventual, con lo que eso implica. Sólo una vez al año deja de ser conventual, para ser una imagen de la ciudad. La gente ha aprendido una cosa muy importante: el placer de colaborar sin la ansiedad por adquirir una vara, sin la ansiedad por tener en su casa un cuadrito de agradecimiento. Porque no hay nada de eso. La gente ha aprendido que se puede amar a los demás sin necesidad de inversiones de dinero. Todos juntos hemos aprendido que el anonimato es también una gracia de Dios, que no hacen falta reconocimientos. Esta es la primera vez que hablo de esto, porque incluso cuando el concierto del Año de la Fe jamás quise salir en ninguna entrevista, y preferí que el protagonismo lo tuvieran las personas como los músicos, que es su trabajo. Yo no; afortunadamente, tengo mi trabajo».

Marco Antonio Coronel y yo habíamos quedado en vernos para hablar a los pies del Cristo de la Misericordia el sábado catorce de marzo, en que yo quería visitar Sevilla y seguir con el trabajo del libro, ya que él iba a estar por la ciudad en ese tiempo. El miércoles o el jueves fijamos la visita en la ingenua ignorancia de que aquel virus que estaba vaciando las ciudades de Europa no sería mucho peor que la gripe A. El viernes lo cancelamos con más miedo a lo desconocido que conocimiento de los días sombríos que iban a llegar. Antes de hablar por teléfono con él, he leído el libro que ha dedicado al Cristo, y que ha titulado *Aguaceros de luz. Meditaciones junto a la cruz*. La misericordia y la esperanza son allí los dos rieles de una fe que corre sustentada por el conocimiento profundo de la palabra que se usa para comunicar y también por la Palabra de Dios. Los beneficios que saque de su venta serán para las monjas.

Mientras hablamos se me viene a la cabeza la silueta de la imagen, que vi a la altura que tendrá en sus besapiés. Aquí está en la versión más serena de sus esculturas, aunque las muchas tumefacciones que se reparten por el cuerpo hablan del dolor. El sudario deja al descubierto, como en el Cristo de la Buena Muerte, la cadera derecha, y el trabajo de los pliegues muestra precisión de orfebre. Recuerdo al Cristo de la Clemencia de Montañés, que también dialoga, aunque la serenidad de Juan de Mesa siempre tiene un punto de inquietud, de intranquilidad. Su aliento es cercano y si se quería que invitase a la oración, lo consigue.

Su poco patrimonio no es de plata ni oro, sino un artilugio para que el Cristo se pueda disponer erguido en su besapiés. «No quería que estuviese tumbado, porque eso es falsearlo», resalta Marco Antonio Coronel, que cuenta su historia: «Fue gracias a una persona, por la que el Cristo hizo una enorme gracia, que es algo personal de él. Es un amigo mío de Valencia. Donó al Cristo un aparato que hicieron en su empresa, que es una empresa de montajes de escenografía de óperas. Idearon un artilugio para que pudiera estar erguido, porque no tiene cajillo. Está colgado, pero nadie lo nota. Él nunca falta para los cultos, va a Sevilla con su familia sólo para estar allí».

Por un momento pensé en un ciclo de cultos como los que se ofrecen a los titulares de las cofradías, con quinario, función principal y besapiés, pero no es del todo así. Como no hay recursos es difícil hasta tener un sacerdote, así que la misa es el último día, el domingo, y es la celebración dominical de toda la comunidad. Hay liturgia con exposiciones del Santísimo y también mucha actividad formativa y cultural, y conferencias religiosas y espirituales, que sus autores han hecho siempre desinteresadamente.

Tiene el Cristo, aunque no salga en Semana Santa, una marcha, *Misericordia Filipense*, del compositor valenciano Rubén Jordán. Han pasado por varias fechas, de septiembre al Domingo de Pasión, y ahora, como muchos de los colaboradores tienen que llegar desde fuera de Sevilla, lo hacen en torno al puente de Todos los Santos. También en las formas se distancian de las cofradías: «En el besapiés, cuando la gente entra en esa iglesia que no sufrió estragos, trato de respetar el espíritu conventual en la sencillez. No quiero que se parezca a una hermandad, con mucha platería. Usamos jarrones de porcelana, con macetas, como se hacen las cosas en los conventos».

—El Cristo me recuerda al de la Clemencia de Montañés por su voluntad dialogante. ¿Qué dice una imagen como esta?

—Puedo contar mi experiencia.

—Eso es.

—Cuando lo tengo delante —confiesa— lo único que me sale del corazón es absoluto silencio, pero no porque me quede impactado por la belleza, por la maestría técnica. Creo que más allá de las palabras lo que hay es el silencio. Me quedo contemplándolo y se me produce en el interior un completo vacío, y eso que se da en llamar una cierta inefabilidad, una incapacidad para pronunciar. Es la más pura contemplación, porque jamás le he pedido al Cristo nada. Es como transportarte a una burbuja, en la que te encuentras contigo mismo, y cuando te encuentras contigo mismo no hace falta razonar. Ningún tipo de argumento. Eso es para mí lo más bonito que he experimentado con el Cristo, la necesidad de no racionalizar en forma de petición o acción de gracias. Simplemente estar quieto, callado, mirando, y sintiendo el privilegio de que la mente descanse, que es únicamente cuando el alma puede emerger, porque como la mente esté dando vueltas… Lo fundamental que me transmite es silencio. Tuve la experiencia con mi padre, cuando estaba en el hospital muy enfermo. Estaba con él las noches que me tocaba, y no le decía nada. Simplemente miraba y dejaba que el corazón se llenara del amor de él como padre, que había dado la vida por sus hijos también. Con el Cristo es paz interior y silencio, y decir «aquí estoy, Tú sabrás lo que es mejor para mí, no tengo que verbalizar nada».

Pienso fugazmente en la cantidad de gente que me ha hablado a estas alturas de su imagen como compañera en la vida y en la muerte, y en la naturalidad con que lo hacen, con la confianza de que lo que se avecina no es un abismo oscuro. Coincido en eso del silencio. Lo he notado cuando estoy ante la Virgen de las Angustias. Siento no poder entregarle la estampa que tienen todos los que me han atendido para este libro.

—Me pasa a mí también muchas veces con las Angustias.

—A mí me ha pasado con tu Virgen de las Angustias. A

veces he ido a Córdoba exclusivamente para verla, y siempre que voy a Córdoba es una visita obligada —dice, y me agrada escucharlo—. Me sucede con el Cristo del Amor de Sevilla y también con Jesús de la Pasión. Eso es unción sacra, la unción no es que digas qué bonita y hagamos el top ten de las más guapas. Eso es una frivolidad. La unción es lo que te transporta, te arrasa y no entiendes lo que está pasando. Una imagen tiene unción cuando tú, delante de ella, sientes como si fuera una epifanía, una manifestación del amor, la gloria, la misericordia de Dios. En ese momento podemos decir que tiene unción, porque junto a ella, y estoy pensando en el sentido de lo sagrado tal y como los antropólogos lo han estudiado, se rompe la homogeneidad de la vida cotidiana. Cuando tú estás delante de una imagen como estas hay una ruptura con lo cotidiano que no puedes verbalizar. Si lo haces, estás convirtiendo en cotidiana una experiencia sagrada. El Gran Poder, y otras muchas imágenes: la Encarnación de la Calzada, la Estrella, la Amargura, la propia Macarena. La estética es otro don de Dios, pero se está vaciando de contenido y está ocupando el lugar de lo que debe ser la fe, el compromiso. Hay gente que son devotos de bandas de música o cuadrillas. Incluso una procesión, al decir que las imágenes salen para evangelizar. A mí me deja frío la frase. Díganme cuánta gente ha cambiado su vida, ha empezado a comprometerse. El peligro de no escuchar el interior es que nos quedamos en lo puramente estético, no trascendemos y al final tenemos una fiesta, un espectáculo en la calle. Pero es tan importante la labor de Juan de Mesa que esto es imposible que suceda con imágenes suyas. El Cristo del Amor se pone en la calle, baja por la rampa, y provoca esa emergencia inmediata de lo sagrado. En función de las experiencias individuales, de la formación de cada uno, algunos lo sienten como un escalofrío, otros como una experiencia estética sublime, y con la Virgen de las Angustias pasa lo mismo, y con el Cristo de la Misericordia igual.

Lo intuía antes de empezar y lo sé a estas alturas: las imágenes de Juan de Mesa estarán vivas y vigentes mientras a su alrededor florezcan la admiración y la devoción, y de allí salen semillas que dan frutos hermosos. Quizá en las cofradías sea necesario expurgar, pero no es poca cosa la conservación de sus imágenes y la vida en comunidad en torno a ellas. A los pies del Cristo de la Misericordia crece otro grupo tan libre que no quiere para constituirse más papeles que la mirada a las escrituras y al magisterio ni otro ejemplo que el que ellos mismos ofrecen. Cuando lo terminó Juan de Mesa en 1623, las cofradías de Sevilla ya sentían crecer el legado que definiría una gran parte de su ser y para el Cristo de la Misericordia parecía la Providencia buscar otras metas menos conocidas y fotografiadas.

Un Cristo que dialoga y con el que se habla en silencio absoluto. Foto: Manuel Jesús Rodríguez Rechi

En un triángulo perfecto, exquisito de anatomía y silueta. Cristo de la Misericordia de Santa Isabel. Foto: Manuel Jesús Rodríguez Rechi

15

VUELO DE ALAS LIBRES

Los que hayan vivido siempre allí le pondrán nombre personal a sus casas y a sus calles, a las tiendas de toda la vida y a los rincones en los que se escribieron los momentos buenos y malos de sus años. La toponimia será menos la que esté en los callejeros oficiales que la que conserven en una alacena secreta del pecho y de allí la compartirán con muy pocos. La ciudad de Vergara que yo imagino, gris de noble piedra y cuajada de historia en un valle, de montañas verdes, de muchas tardes lluviosas en otoño y noches frescas en verano, la construyo como la ciudad del Cristo de la Agonía. No como el lugar en que está la iglesia en que se venera, sino como un sitio marcado por la presencia de una obra de arte asombrosa que es capaz de desbordar todo su entorno. Al pensar en el Santo Cristo y en Vergara me lo figuro como si estuviese encima de uno de los montes que hay cerca del lugar y se viera desde las calles estrechas y las plazas, y hasta avisara al llegar desde los pueblos vecinos de que allí está Vergara, como esos monumentos al Sagrado Corazón de Jesús que en el siglo XX se pusieron para proteger a las ciudades. Para mí es como el cartel de la Semana Santa de Sevilla de 1962, cuando Haretón hizo un fotomontaje en que el Cristo del Calvario, en una imagen cenital casi inédita, emergía gigantesco de la Catedral y de la entraña de la ciudad.

Vergara no tiene un crucificado de Juan de Mesa, sino aquel en el que el escultor hizo el vuelo más alto y perfecto de sus pocos años de creación. Otras veces le dieron el camino hecho o le pidieron que volviera a pasar por donde había estado antes. Ahora tenía delante de sí un gran salto y muchos metros para volar libre sin que ninguna condición ni ningún modelo estricto lo entorpeciera, y tenía las alas llenas de creatividad y de aprendizaje para saber que no iba a desaprovechar aquel viaje y que no se iba a estrellar contra el suelo. Si soñó con un momento en que le hicieran asumir el riesgo para ascender a las alturas de lo desconocido, lo encontró el seis de abril de 1622. No se iba a quedar en dar un paseo por lo que ya conocía si podía volar.

Hace poco he leído que Ícaro hubiera seguido acercándose al Sol si el calor no le hubiera derretido la cera de las alas, porque el ser humano lo es por su capacidad de superar límites. En su fábula está ya el reto de quienes quisieron pisar la Luna por afán de conocimiento, pero también porque estaba ahí y la humanidad tenía que visitarla. La única cera fungible de las alas de Juan de Mesa fue el tiempo escaso, pero en aquel año todavía le quedaba y podía acercarse al riesgo todo lo que quisiera.

Aquel año la Semana Santa había terminado el veintisiete de marzo y la fantasía se complace al imaginar a Juan Pérez de Irázabal, un contador de las alcabalas del rey y por lo tanto un alto funcionario, admirado de ver en las calles al Cristo del Amor, al Señor del Gran Poder, al Cristo de la Conversión o al Yacente, o quizá rezando ante el Cristo de la Buena Muerte en la Casa Profesa de los jesuitas, tan arraigados en la tierra vasca. Lo siguiente sería que preguntarse qué escultor había labrado esas obras que no se parecían a ninguna de las que hubiera antes, porque hacía tiempo que pensaba en encargar un crucificado para su culto privado y quizá para que velase su tumba en alguna capilla.

La fantasía tiene que quedarse en su reino ingenuo para volver a los documentos que cuentan que Juan Pérez de Irazábal, natural de Vergara pero vecino de Sevilla, encargó un crucificado vivo de diez cuartas de alto, que Juan de Mesa debía terminar en el plazo sorprendente de cuatro meses. Ahora que tengo que describirlo me siento como aquellos que se hubieran asomado al estudio de Juan de Mesa o, ya un poco más tarde, lo hubieran conocido en la casa sevillana de su propietario. No era una época aquella de arte convencional ni habían nacido las academias que cortasen los brotes imprevisibles de la inspiración y la genialidad, y no les tenía que sorprender que tantos pintores, arquitectos y escultores soltasen amarras con sus maestros y llegasen a puertos lejanos. Aquel Cristo tendría que superarlo todo.

Mi camino con él empieza como un niño de trece años al que ya le sonaba el nombre de Juan de Mesa por aparecer en aquellos suplementos de periódicos y libros con que hacía un viaje dúctil e infinito a Semanas Santas que todavía tardaría años en conocer. Primero a la de Sevilla, en aquellas publicaciones que desde los diez años me traía mi padre y que me abrían a un mundo fascinante de cofradías con tres pasos y cortejos de nazarenos que me parecían infinitos como un kilómetro de carretera bajo el sol. No entendía por qué me iba sonando el nombre de Juan de Mesa asociado a advocaciones imponentes y famosas, como el Gran Poder, y a momentos que me fascinaban de pequeño, como la Conversión del Buen Ladrón. Se me quedó incluso más que otros que aparecían más en las relaciones de obras y hasta podían llamarme la atención por el exótico apellido italiano, como Castillo Lastrucci.

A los trece años ya sabía que había nacido en Córdoba, que había dejado en la ciudad a la Virgen de las Angustias y que, a siete kilómetros de mi pueblo, tenía una imagen de Jesús Nazareno que yo había visto alguna vez sin reparar todavía en su grandeza. Con esa edad supe que también estaba el Cristo de la Agonía de Vergara, aquella ciudad vasca que me sonaba del abrazo que selló la paz de la Primera Guerra Carlista y hasta de un cuento de Pedro Antonio de Alarcón que me había llevado de alguna biblioteca.

Lo encontré en el libro que Ángel Aroca Lara dedicó al Crucificado en la imaginería andaluza del siglo XVII, y que trazaba un panorama temporal de obras cimeras que empezaban en el Cristo de la Clemencia de Montañés, seguían por Juan de Mesa, continuaban en Alonso y Pedro de Mena y tras detenerse en José de Mora culminaban en el vértigo expresionista del Cachorro. Seguramente en aquel libro descubrí del todo que el nombre de Juan de Mesa, por su presencia real y por la influencia que había dejado, pertenecía a alguien extraordinario, y que esa imagen debía destacarse más que ninguna, aunque también se recordaran los valores de todas las demás.

Me encontré con todas sus obras en los años siguientes, muchos o pocos, pero del Santo Cristo de la Agonía no tenía más que relatos de amigos que lo habían visitado en su iglesia o de quienes lo habían encontrado en los años ochenta en una exposición en Sevilla dedicada a Montañés y a su época, aunque ya estuviese claro para entonces que era de Juan de Mesa. Tenía que escribirlo porque cuando iba adivinando su silueta me sentía como si hubiera llegado a la meta de una larga peregrinación que duraba más de veintisiete años. Era el viernes uno de abril de 2017 y yo no había viajado a Vergara, sino a Sevilla, donde el Cristo acababa de llegar para restaurarse en el Instituto Andaluz de Patrimonio Histórico. Durante un mes se expuso en la iglesia del convento carmelita del Santo Ángel no como una pieza artística sino como una imagen al culto con otros dos Crucificados capitales: el de los Desamparados de Martínez Montañés, que se venera allí, y el del Seminario de Granada, de Pablo de Rojas. El gran escultor, su maestro y su mayor discípulo.

No decepcionaba, pero como las grandes obras de arte el Cristo de la Agonía tiene tal caudal de grandeza que supera a la percepción y hay que comprenderlo poco a poco, de abajo a arriba, porque la cabeza no está preparada para recibir tanto y tan de golpe. Están primero las piernas tensas y los pies temblorosos de soportar todo el peso del cuerpo en una herida atroz, como si en el momento en que pudiesen fallar los músculos y los huesos débiles, ya tan torturados, sobreviniera la muerte por asfixia. Llegaba luego el sudario, que como en el Cristo de la Conversión se anuda a la izquierda y deja la cadera de ese lado desnuda, y que Juan de Mesa había labrado con la destreza y la perfección de quien ya estaba muy seguro de su arte.

El pecho parecía el de un sediento de aire que no tuviera fuerzas ni siquiera para tomarlo, y el ojo engañaba a la cabeza y le hacía esperar que el abdomen se iba a contraer de un momento a otro para seguir inspirando y espirando, aunque fuera con tantas dificultades. Los brazos parecían apoyar en los hombros machacados toda la fuerza con que se movían hacia arriba lo poco que se podía, y en la cabeza ya no había recuerdo de anatomía, aunque fuera importante, ni de impresiones médicas: ahí estaban ya la unción y el abismo de lo trascendente, el rostro del Hijo de Dios en sus últimos momentos.

Era entonces una imagen con la policromía del color del bronce y muy deteriorada por los efectos del humo de un incendio que no lo tocó, pero que lo tenía muy deteriorado. Y era capaz de sobreponerse a todo eso. Los colores perdidos multiplican el efecto de lo que parece la madera desnuda, porque el Cristo es extraordinario por lo que le puso Juan de Mesa. Se limitaba a las formas y a la gubia y aquella imagen, como tantas, se la entregó en blanco a quien se la había encargado.

Hice aquel viaje a Sevilla con Antonio Varo, que sí lo había visto en la exposición anterior y alguna vez en la iglesia de San Pedro de Vergara, y estuvimos en el Santo

Ángel en silencio mientras de la iglesia iban y venían curiosos que lo relacionaban con las imágenes que ya conocían en la ciudad. Era el penúltimo viernes de aquella Cuaresma y de allí nos marchamos a ver iglesias y a buscar a las imágenes ya en sus pasos procesionales. En un momento de descanso en el sagrario de San Andrés, ante el Cristo de la Caridad, al que esperaban las demás figuras ya en el paso de misterio de Santa Marta, pensé que me había sabido a poco: «¿Volvemos al Santo Ángel?». Y volvimos, claro.

El padre Juan Dobado, al que ya habíamos saludado, nos miró divertido, pero también comprendía que aquella imagen no se agotase. Luego recordó las tres semanas en que tanta gente pasó en busca de aquella imagen cenital. «Provoca un estado de shock en la ciudad. De la otra venida del Cristo a esta hay una valoración mucho mayor de Juan de Mesa. La cultura popular se ha interesado más por la imaginería y mucho más público accede a las exposiciones, lo cofrade y lo cultural. Lo ve muchísima gente». El carmelita tiene incluso un cálculo, que subiría por encima de las cien mil personas: «Una barbaridad, y calculando Sólo a ojo». Para los muchos andaluces, no sólo sevillanos, que en aquellos días fueron a verlo, era un asombro y también un reencuentro, como leer la obra cumbre de un autor al que se conoce mucho. Por eso piensa que «provocaba una especie de identificación del sevillano con la imagen».

«Veían el Gran Poder en la cruz, sabían que es de ellos», relataba, y advertía ya que había nacido la devoción, aunque su contacto naciese para ser breve. Conectaba con la sensibilidad de los que pasaron por allí y afloraba el vínculo sentimental y devocional con su obra. Y dejó caer con una sonrisa lo que habría rendido un lucernario a sus pies con tanta gente como pasó por allí en esos días, porque los carmelitas descalzos del Santo Ángel pagaron el montaje y el transporte. Era lo que conocían los sevillanos y andaluces de Juan de Mesa y a la vez algo todavía más perfecto. Para los historiadores del arte, lo han dicho todos, es su obra cumbre. «Como el helenismo en que se llega a esos cánones de esa belleza tan espectacular de la cultura clásica», remata Juan Dobado.

Nos marchamos casi a la fuerza, pero antes reparé en algo que nos pasó desapercibido, precisamente por la naturalidad de la inserción de aquella imagen en una iglesia barroca de Sevilla. El Cristo estaba expuesto al culto, con un dosel detrás de color azul, unos hachones que apenas se encendieron un día y quizá algún ramo de flores frescas. Casi todos los que pasaron por allí en algún momento se santiguaron, y si lo hicieron es natural pensar que también habían rezado. Yo mismo tuve la tentación de besarle los pies que parecían rígidos de tanto esfuerzo, ya que los tenía al alcance, pero me conformé, por pudor, con llevarme los dedos a los labios y luego dejarlos en la madera del Cristo.

Volví a Sevilla para verlo el domingo diez de febrero de 2018. No estaba del todo convencido de dejar a mi familia un domingo por la mañana, pero me dejé convencer por Alfonso Castro, un amigo con el que compartí sueños adolescentes de cofrade y más tarde la realidad de la Semana Santa de Sevilla. Vinieron conmigo Antonio Varo y su esposa, Petra. La foto que luego nos hicimos con el Crucificado al fondo sirvió para despojar de canas y años a los cofrades ilusionados que habíamos sido desde hacía años.

Si el viernes de la Cuaresma anterior era el primer día en que se le podía ver en Andalucía, aquella era la última jornada que la imagen-obra de arte pasaba en Sevilla a la vista de todos. En el Santo Ángel estuvo expuesto al culto con velas, dosel y flores, y en la Cartuja consiguió volver a sacralizar una capilla que ya no lo era, pero que con su abrumadora presencia volvía a ser un oratorio dominado por el crucificado. Lo que había sido madera casi desnuda ahora eran músculos recién encarnados y la mirada algo misteriosa y atormentada ya estaba clara; lo que parecía deterioro se había marchado para que la obra de arte recuperase la frescura con que brillaban todos los detalles que su autor le había dado. La fuerte impresión no se había marchado con la oscuridad, sino que se había multiplicado.

Seguían los músculos tensos, el pecho anhelante que quizá no estuviese en el último aliento, pero ahora la mirada hablaba de otra forma, como desvelada. La capilla de afuera del Centro Andaluz de Arte Contemporáneo ya no tenía más que un retablo del siglo XVIII, muy bien conservado, aunque sin la imagen que debía estar en el camarín. Era una mañana de domingo del último invierno, con la primavera a punto de doblar el cabo de los días, y ya se sabe que la primavera en Andalucía empieza con las casullas moradas. El Cristo estaba justo en el centro de la pequeña capilla. Exento, sin dosel ni retablo que impidiese rodearlo y contemplarlo a placer, como una obra de arte en la sala de un gran museo, aunque sin que se le cayera el aura y la unción tremenda de imagen sagrada.

Estaba bien que se vieran los resultados del trabajo científico que había eliminado el deterioro y había dejado a la vista la naturalidad de la encarnadura, y esta palabra, que viene de carne, aquí es más apropiada que nunca; a pesar de ellos, y quizá por la predisposición con la que íbamos la mayoría, el Cristo de la Agonía llenaba la capilla de velas que no se veían y de oraciones que no se escuchaban y la hacía otra vez oratorio. Aunque nadie dejase de moverse en absoluto silencio y total admiración a su alrededor, lo de aquella mañana fue un besapiés sin besos ni priostes, y, sin embargo, el encuentro con el representado era más puro que en muchas iglesias.

Hasta entonces el Cristo de la Agonía había sido un relieve en que Jesús mira al cielo, no se sabe si pidiendo amparo ante el abandono o confiando el final de la misión tan dura que había recibido. No perdía nada tal y como lo ven siempre los suyos en su capilla, pero en aquel momento fue una escultura en tres dimensiones. A llegar a los perfiles limpios estaba la firma del escultor que, en los mejores días de una creación, que nunca fue estéril, había querido ser más temerario que valiente. El Cristo se eleva sobre los tres clavos, el de los pies en especial, y no hay a la altura de las lumbares ningún tornillo que lo fije al madero, y que quizá no fuera necesario si apenas se ha movido de su iglesia. Allí el grito a los cielos clamaba todavía más, como si al seguirle los ojos casi vueltos se pudiera encontrar al Padre a quien se dirigía. La proyección por el perfil iba mucho más allá de la separación de la cruz y de la ascensión. Partía de allí, de la fuerza con que se mueve, pero parecía significar algo más.

La percepción engaña y se echaba en falta que aquel pecho que tomaba aire no se contrajese para volver a respirar, que los brazos no se cayesen por puro agotamiento de tantos dolores, que la cabeza no se inclinase como si no pudiese más. Desde allí se podía escuchar el aliento en la boca entreabierta, que como pasa siempre en las imágenes de Juan de Mesa, no es sólo el aliento que sale de los pulmones, sino también el que sale de los ojos. Voló con aquel Cristo como voló la mirada de su obra en busca de la gran altura.

A falta de la mayor parte de la corona de espinas, perdida en estos años, este tuvo que ser el Cristo de la Agonía que salió del taller de Juan de Mesa y que recibió Juan Pérez de Irazábal. Como si quisiera aparecer en mi vida, al día siguiente me reuní con Pepe Arévalo y Rosa García Perea para hablar del libro que me iba a encargar la editorial Almuzara, y que salió ese mismo otoño con el título de *Historia de la Semana Santa de Córdoba*. Les conté aquel viaje reciente y mi paseo de esa mañana de domingo por Sevilla y allí mismo salió la idea de este libro, que en un principio me pareció superior a mis fuerzas, pero del que ahora hablo en presente.

Cuando allí lo dejamos hizo un viaje parecido al de entonces, aunque esta vez con una parada, durante unos días, en la Catedral del Buen Pastor de San Sebastián.

Luego regresó al lugar al que lo envió su dueño. El cinco de octubre de 1626 llegó a Vergara y sus feligreses y vecinos no tardaron en maravillarse. Es «de mucha devoción, valor y estimación con el primor que conforme al arte está acabado», dice la parroquia. Del dieciocho de enero de 1627 es la respuesta de Juan Pérez de Irazábal a la carta de agradecimiento que le habían enviado: «Que por haber salido tan a mi contento y devoción y comenzado a causar aquí su majestad algunas maravillas me atreví a enviarlo por las esperanzas y viva fe que tengo que ha de causar mucha devoción y aprovechamiento en las almas, que es mi fin principal».

Jon Molina, párroco de la iglesia de San Pedro, cuenta ahora que su deseo fue realidad enseguida. No podía esperarse otra cosa de tal imagen.

—Creo que es un signo de identidad de la villa, del pueblo de Vergara. Vergara históricamente ha sido un sitio importante, es un lugar donde el arte y la cultura han tenido una gran importancia, porque aquí se estableció un colegio que elevó el nivel cultural de la ciudad. La verdad es que son numerosas las obras de arte, pero el Cristo destaca sobre todas ellas. El Santo Cristo de Vergara es un emblema de la villa, sea para gente creyente como no creyente.

—¿Viene mucha gente expresamente a verlo?

—Sí. La verdad es que durante algún tiempo estuvo en tan mala situación, no sólo el Cristo, sino la parroquia de San Pedro. En el núcleo urbano de Vergara hay dos parroquias, Santa Marina y San Pedro. Hasta el año 2013 en que se hizo una reforma de la parroquia, la iglesia en su conjunto estaba muy mal, muy deteriorada. El Cristo y también la capilla donde se conserva, todo estaba en un estado deplorable. En ese estado los vergarenses seguían acudiendo, pero apenas había visitas de fuera. Cierto es que, desde Andalucía, y en concreto desde Sevilla, siempre había algún visitante. Nunca dejaron de venir los sevillanos. Pero la verdad es que todo estaba muy deteriorado y no invitaba. En el año 2013 se remodeló la parroquia en parte y más tarde la capilla del Cristo. Y se restauró el Cristo. Desde entonces han aumentado los visitantes, no sólo de Vergara, sino de otros lugares.

Vergara nunca fue un lugar turístico, dice el sacerdote. No está en la costa y no siempre había llamado tanto la atención. Jon Molina habla del Santo Cristo y cuenta que en los once meses en que estuvo en Sevilla se restauró su capilla, así que cuando regresó ya era un lugar tan renovado como la imagen.

—Se reactivó un poco el culto y la devoción al Santo Cristo. Los primeros viernes de mes —explica— se celebra una misa en la capilla del Cristo, a la que acude bastante gente. Eso ha reactivado un poco la devoción, que no se había perdido, ni mucho menos, pero tal vez había languidecido, y ahora va poco a poco recobrando fuerzas. Junto con esto, todos los niños que son bautizados en la parroquia son invitados a pasar al Cristo, y se hace un pequeño gesto de presentación al Señor de los niños recién bautizados. Con estas pequeñas cosas va creciendo un poco la devoción que no se había perdido, pero que estuvo durante muchos años desatendida.

—¿Gustó la restauración?, ¿impactó?

—El cambio fue espectacular —admite—. Parece ser que en algún momento hubo un fuego en que prendieron algunos manteles y cirios. El Cristo no se quemó, pero sí se ennegreció con el humo provocado por estos incendios. Aparte de la suciedad propia del paso del tiempo, tenía la huella de estos incendios que habían ennegrecido completamente la imagen. La restauración supuso el redescubrimiento de la policromía original, y la diferencia es de la noche al día. La gente quedó encantada. No son comparables, porque la imagen del Cristo es de una calidad infinitamente superior a la del retablo que lo contiene, pero también restauramos el retablo, y el conjunto ha quedado diría yo que brillante. El retablo es bonito y tiene su punto de espectacularidad, sobre todo aquí en el norte, porque es una capilla muy sevillana y barroca, cosa que aquí no es tan habitual. El conjunto de la capilla ha quedado muy bien.

Dos profesores de la Universidad del País Vasco, María Jesús Aramburu y Jesús Ángel Gil Masa, cuentan que Juan Pérez de Irazábal había nacido en Vergara, pero se estableció en 1601 en Sevilla, donde pasó la mayor parte de su vida. Ascendió y ganó dinero, y su pueblo tenía que saberlo. La parroquia de su casa no era la de San Pedro, sino la de Santa Marina, propia de las casas rurales del pueblo, y allí tenía su familia enterramiento. Él, sin embargo, compró luego otra, aunque no la habitara, en la feligresía de San Pedro, las más urbana, y todavía sigue en pie. Como otros de los paisanos que prosperaron, contribuyó a la construcción del templo, pero además entregó aquella imagen cuyas dimensiones, ya desde el encargo, hacían pensar en que rebosaría el culto privado. Era, al margen de una obra piadosa y espiritual, de la que tampoco nadie está autorizado a dudar, un indicador de estatus, y un paso a la inmortalidad, porque muchos de los que conocen al Santo Cristo de la Agonía saben también el nombre de quien lo encargó.

En aquella iglesia del siglo XVI le dieron una capilla propia delimitada del resto, bajo el coro y cerrada con reja, y allí sigue, y desde el primer momento florecieron la devoción y las limosnas. Su primer retablo se hizo en 1679, pero se quemó en un incendio y se encargó al cabo de los años otro, de Jacobo de Jáuregui y José de Suso, que se terminó en 1728, y que tuvo la virtud de insertar con naturalidad y buenas proporciones en un espacio reducido a una imagen colosal en centímetros y en presencia. Tiene razón el párroco: es un retablo andaluz de columnas salomónicas decoradas con vides, uvas y espigas, policromadas en verde y oro, y con elementos de mucha riqueza. Los trabajos lo han dejado a la altura del crucificado que desde allí se manifiesta, aunque yo persista en imaginarlo sobre un monte y clamando a los cielos el grito espiritual y humano de su palabra. Lo acompaña un hermoso lienzo de la Virgen Dolorosa con la advocación de las Angustias.

Las «esperanzas y viva fe» de Juan Pérez de Irazábal se cumplieron. Vuelvo al párroco para ver cómo uno de los grandes crucificados de la cristiandad se relaciona con los que lo visitan a diario.

—Desde un punto de vista espiritual, padre, ¿qué dice esta imagen? Porque admira a los amantes del arte, pero a los cristianos también les dice mucho.

—Sí, bueno, y por una vez coinciden. El hecho de que sea un Cristo vivo le añade un punto de dramatismo y de realismo que a la gente le impacta, no sólo desde el punto de vista estético, sino también desde el punto de vista espiritual. Desde el punto de vista artístico, el hecho de que Jesús todavía esté vivo permite al artista plasmar toda la tensión del cuerpo humano en el momento culminante de la expiración. Eso hace que toda la musculatura, los tendones, todo esté impresionantemente marcado y visualmente es muy impactante. Pero casi produce el mismo efecto en el espíritu. La mirada, la tensión, el sufrimiento de Cristo es evidente y la gente conecta muy fácilmente con ese sufrimiento, con ese dolor. Empatiza con ese sufrimiento de Jesús. Ve en alguna medida plasmadas en la imagen sus propios dolores y sus propias miserias y sufrimientos, y la verdad es que no deja indiferente, desde el punto de vista artístico, pero tampoco desde el punto de vista espiritual. Destaca la mirada del Cristo que traspasa el alma.

—¿Tiene algún detalle que le llame la atención o en que insistan quienes lo ven?

—Precisamente la mirada, porque es a la vez angustiosa y serena. Es la mirada de un hombre que está sufriendo, pero a su vez no es una mirada amarga, no es una mirada de odio, sino que transmite confianza, transmite serenidad. El rostro de Jesús es espectacular; todo él, empezando por el tamaño, que es enorme. Magnífico. Sólo la imagen de Jesús sin el madero son dos metros y diez centímetros. Impacta, sí.

—¿Tiene oraciones específicas, devocionarios? —quiero saber.

—Hay una oración anónima en castellano, muy bonita, que tenemos impresa en una estampa, y con ocasión de la restauración adaptamos una oración al Santo Cristo en euskera, porque no había oración en vasco. Ahora tenemos dos oraciones en dos estampas distintas. Una en castellano y otra en euskera, que no son la misma. La castellana es una oración *ad hoc* al Santo Cristo y la vasca es la adaptación de otra oración.

Jon Molina ejerce su ministerio en la parroquia de San Pedro de Ariznoa, que así se llama, desde 2010, y ha dicho que le parece que el Santo Cristo es una imagen expirante. Algo debe de haber intuido quien lo habrá visto desde entonces casi todos los días. En los minutos interminables —porque no acabarán mientras se recuerden— en que lo vi en Sevilla, Antonio Varo y yo hablamos mucho del sentido de la imagen. Coincidimos entonces en que parecía ser el final del camino que había empezado en la agonía —otra vez la agonía— de la oración en el huerto, pero esta vez se le encontraba en la mirada de dolor y sufrimiento algo de esperanza, como si tras el «consummatum est» latiera la convicción de aquella redención pagada a un precio terrible había servido para algo. Y quizá algo del alivio de la misión cumplida.

Otras veces, al traerlo al primer plano del recuerdo, me ha parecido que la palabra agonía tiene mucho más de incertidumbre y se acerca a aquel salmo que recoge el Evangelio, «Dios mío, Dios mío, ¿por qué me has abandonado?», y a la búsqueda de una respuesta desesperada que se quiere encontrar en el cielo. A Juan de Mesa se le había encargado un Cristo vivo sin más, no muerto en la cruz ni en diálogo con el buen ladrón ni siguiendo el modelo del que hoy se llama de la Buena Muerte, y encontró el campo abierto para dar el siguiente paso. Allí podría cazar el aliento de otra forma distinta a la que estaba ya en la Conversión, en el Gran Poder, en el Cristo de la Misericordia para los mercedarios, en Nuestro Padre Jesús de La Rambla, y eso con la seguridad del maestro que no tiene dudas al retratar a un coloso sufriente. Las diez cuartas son doscientos dieciocho centímetros que al ojo le parecen gigantescos, pero jamás desproporcionados, porque todo está resuelto con sutileza.

José Hernández Díaz fue el primero que encontró en aquel cuello torcido al cielo y los ojos casi vueltos la misma huella sobrecogedora que en el *Laocoonte*, la escultura en mármol de la Escuela de Rodas que hoy está en los Museos Vaticanos. Juan de Mesa asumió la valentía de congelar el movimiento de la cabeza en ese escorzo lleno de tensión y con eso coronó como obra maestra el que de todas formas ya sería uno de sus grandes crucificados. Ángel Aroca Lara, en aquel libro del que hablé antes, ve en el Cristo un impulso natural y una unción que no están en el sacerdote griego, desesperado por la mordedura de las serpientes con que los dioses lo castigan. Y José Carlos Pérez Morales contó en una conferencia que no parece probable que Juan de Mesa conociera el *Laocoonte*, aunque se hubiera descubierto en 1506. Más bien mira a dos obras del escultor Gaspar Núñez Delgado: un crucificado de marfil que ahora está en Indianápolis, con el mismo impulso ascendente, y una cabeza de *ecce homo* con una mirada que lo recuerda. No hay que olvidar al Cristo de la Expiración del Museo, que tanto influyó en los escultores de esos años, pero tampoco a una pequeña imagen de cincuenta y seis centímetros que se atribuye al maestro cordobés y que está en la parroquia de Santa María la Blanca. Parte del movimiento ya está allí.

Si su altura tremenda y mayor presencia me llevaron a imaginarlo alzado en un monte y vigilando a Vergara, tal y como había querido aquel hijo suyo que se ganó la inmortalidad con él, esa posición tiene en estos días un poco de soledad. Me lo dice Jon Molina cuando me habla de los cultos propios.

—Ahora han disminuido tanto las bodas, al menos aquí, que se ha perdido la costumbre, pero durante mucho tiempo era muy habitual casarse en la capilla del Cristo. Son infinidad los matrimonios de Vergara que se han casado en la capilla del Cristo. Ahora apenas hay matrimonios canónicos. A eso ha contribuido también el estado en que ha permanecido durante mucho tiempo. La capilla ha estado tan abandonada, tan oscura, que no invitaba a casarse allá. Ahora sería un sitio espectacular. Mensualmente, todos los primeros viernes de mes celebramos la misa, a la que viene mucha gente. Y las visitas constantes de devotos que vienen, que encienden una vela y rezan.

Los que aquellos días de Cuaresma y Pascua lo vieron en el Santo Ángel y los que se asomaron a la majestad de su perfección en la antigua capilla cartuja en el invierno siguiente admiraban a Juan de Mesa y amaban el arte, y con la primera premisa también es probable que fueran cofrades, porque son quienes mejor lo entendieron y quienes recibieron sus mejores obras o al cabo de los siglos las adoptaron. Que tiren la primera piedra de la seriedad los que no lo imaginaron encima de un paso y desbordando las calles, buscando el cielo con la fuerza ascendente que le hace parecer de músculos y carne, y no de madera. Siempre pensé para esta imagen en un paso parecido al del Cristo de la Expiración del Museo, porque su movimiento sólo se puede iluminar con candelabros como esos, que si son arbóreos tienen la búsqueda celestial del ciprés.

Los carmelitas descalzos quisieron sacarlo a las calles de Sevilla y hacer un Vía Crucis tras la restauración, pero no fue posible, y no fueron los únicos que se quedaron con la miel en los labios de rendirle esa forma de culto, porque por encima de todo era una imagen sagrada. En Vergara nunca salió a la calle. «No lo hizo para ninguna cofradía ni para ninguna hermandad ni para nada de eso. A su vez, el tamaño no invita demasiado, es demasiado grande, sería complicado procesionar la imagen. Los anclajes del Cristo al madero tampoco son los apropiados para procesionarse. No se pensó para eso y nunca se procesionó», resume el párroco.

La idea de la secularización desoladora me ha acompañado mucho tras la conversación con el sacerdote. Me gustaría estar algún día en una misa ante el Santo Cristo de la Agonía, en esa capilla pequeña en que se desvela en toda su impresión catártica, ante el grupo de fieles que reza delante de él. En otros tiempos las parejas se casaban allí, pero ya apenas lo hacen y prefieren la ceremonia que cambia la mística de la Biblia por la burocracia del Código Civil. O ninguna ceremonia, que puestos a quitar trascendencia quizá sea lo mejor. ¿Llegará un día en que el Cristo de la Agonía, y con él todas las imágenes de Juan de Mesa, sean apenas obras de arte excelsas que hayan perdido su sentido espiritual y sólo se les admire por la profundidad humana y la perfección técnica?

Me acuerdo de una frase de Hegel que yo leí citada por Carlos Colón: «De nada nos sirve hallar magníficas las imágenes de los dioses griegos y representados Dios Padre, Cristo y María: ya no nos arrodillamos ante ellos». Si el mundo avanza así ya no habrá distancia entre el Santo Cristo de la Agonía y el *Laocoonte* y quién sabe si tantas de las imágenes que aparecen en este libro veneradas y entre velas no terminarán en los museos. Su mirada al cielo no preguntaría por el abandono de Dios, sino por el de los hombres a los que había salvado del pecado, y que ya no van hasta sus plantas a buscar consuelo ni consejo.

Le pregunto por ello a Juan Dobado y la voz que antes hablaba de arte con entusiasmo ahora tiene el tono de la preocupación y de lo serio.

—He visto en el periódico de que cada diez bodas, ocho son civiles. Me he quedado muerto. No lo sé, yo soy de naturaleza optimista. Habrá vaivenes convulsos. Peor que el XIX no creo que nos enfrentemos a nada, es el siglo más horroroso. El XX tiene partes malas y buenas, en que vemos cómo la fe resucita. Las características de este tiempo son diferentes. Lo peor es esta indiferencia de pasar ante una iglesia y da igual que sea un cine: esa indiferencia sí puede acabar con la fe. Soy de tener esperanza de que volveremos a ver cómo las comunidades cristianas renacen. Comunidades pequeñas, de base, chiquitas, que luego sean capaces de evangelizar. El hombre de hoy se da de bruces consigo mismo. Y el coronavirus es más matemático. Tanto que parece que el mundo iba disparado, y de buenas a primeras nos quedamos sin nada y todo se escapa.

—¿Serán entonces las imágenes alguna vez objetos de arte sin oraciones?

—Creo que al final la fe volverá a tener siempre su lugar. No sólo creo: tengo la esperanza de que a estas imágenes vengan a verlas historiadores, pero sigan siendo un lugar de oración.

—Tal vez —continúo— ¿es signo de las sociedades prósperas, como está pasando en muchos lugares de Europa?

—En Andalucía nos escapamos. Eso es una señal. Cuando el hombre avanza y le va todo muy bien, Dios sobra. Luego se pega de bruces y vuelve a preguntar a ver si está Dios. Donde esté el progreso no hay que pedir, no hay que dar gracias, no se valora el trabajo que has realizado, el dar gracias a Dios.

El hermano mayor del Gran Poder prefería verlo como una advertencia incluso en los lugares en que parece que todavía la fe es más viva y pública. Como si la situación no fuese en Sevilla y el resto de Andalucía tan distinta a como es en el País Vasco, aunque el esplendor y la capacidad de las cofradías para llenar las calles sean capaces de hacer creer que todo el mundo se reúne en el nombre de Cristo.

—La secularización está ahí, y en los sacramentos, especialmente el matrimonio, se nota. Pero no puedo decir que los viernes viene menos gente ahora que hace veinte años porque mentiría. Es una contradicción en término, pero está ahí. Que a largo plazo pueda pasar, no lo sé; lo que sí es cierto es que hoy por hoy la religiosidad popular está actuando como freno a esa secularización. Es un freno aparente, en que, si no hay un trabajo detrás, tanto de la Iglesia como de los laicos que estamos en instituciones como las cofradías, se quedará sólo en aparente. Es nuestra responsabilidad.

—Las cofradías ayudan, pero ¿eso es profundo?

—Eso es una trampa, también. Desde dentro de las propias cofradías hay quien se siente tentado a quedarse sólo en ese aspecto. La tentación del número. Pero qué hermanos, qué compromiso, me da igual. Lo que quiero es tener más hermanos, lo que quiero es cuotas para un manto nuevo. Es el camino a una espectacularización en la calle más allá de una vida real de la cofradía como tal, y de cuál es tu función. ¿Estoy aquí para estar preparando todo un año una salida procesional? Eso no tiene sentido ninguno. Son los retos que tienen las hermandades. Es reto y es una obligación, como la parábola de los talentos. Creo que nos pedirá en su momento el Señor responsabilidad, porque la sociedad cambia. Se nos ha puesto a disposición una cantidad de personas sobre las que se puede intentar desarrollar una labor y si no la hacemos, la responsabilidad de la evangelización está ahí. De eso se trata. Presumimos de los que movemos, pero no vale presumir: hay que responsabilizarse, y en un momento en que las órdenes religiosas están menguando y nos están diciendo a los laicos que demos un paso adelante, o nos formamos y lo damos o esto se quedará en la cáscara.

Recuerdo cuando estuve en el Museo Nacional de Escultura de Valladolid la impresión que a Julia y a mí nos causó el Yacente de Gregorio Fernández. Aquel tuvo que hacerlo el gran maestro castellano hacia 1627, pero hacía años que ya había tomado el camino de un barroco patético y sobrecogedor, quizá algo antes que Juan de Mesa, aunque no pudieran tratarse. Ya nos había impresionado en otra exposición en El Prado en que compartía espacio nada menos que con el Cristo de Velázquez, otra obra sagrada que trasciende de la admiración de lo sublime para llevar a unas nubes más altas. Tal vez muchos de los que vayan no vean más que una historia de religión tan antigua como admirablemente pintada, igual que en otras salas están *Las Hilanderas* o *La Fragua de Vulcano*, pero yo quiero creer que, aunque sólo sea por haber crecido entre el cristianismo, muchos todavía notarían una espiritualidad distinta de la mitológica, aunque no pusieran un pie en una iglesia.

El Museo Nacional de Escultura, con soberbios artesonados de iglesias desamortizadas, era cualquier cosa menos el exhibidor frío que censuran los que se lamentan de ver allí a las imágenes, pero aquel Yacente desbordaba la sala y hablaba al espectador directamente con los ojos semiabiertos, la boca que parecía quejarse todavía y la curva deslumbrante del cuerpo en que el escultor se había recreado.

La mujer que vigilaba la sala nos notó lo mismo que le pasaba a ella. «Yo no me acostumbro. Me ponga donde me ponga me sigue con la mirada», dijo con el brillo en los ojos de aquello que le emocionaba más allá de lo artístico. No sé si estaría condicionada por lo religioso igual que nosotros, que veíamos allí a una imagen además de una escultura, pero ahora que lo recuerdo pienso que aunque el Santo Cristo de la Agonía, el Gran Poder, el Amor o el Cristo de la Conversión, por poner ejemplos que espero que no sean realidad, terminasen alguna vez en algún sitio así por haberse apagado sus rezos cuando la sociedad se aleja de Dios, tampoco admitirían que se dijese que nadie se arrodillaría ante ellos. Pensar en que las cosas llegaran a eso sería admitir que el azúcar supiese a sal o que el sol reapareciese una mañana por el mismo lugar por el que se había puesto la tarde anterior. La unción no la pueden evitar, aunque la civilización occidental haya perdido todo contacto con su raíz.

No sé si Juan de Mesa pensaría en la vida de sus imágenes cuando no estuviera, pero su historia, la que está contada en este relato y la que falta por contar, dice que persisten a su alrededor rezos y devotos. Sus cofradías no se perdieron para siempre o no se perdieron en absoluto; varios crucificados terminaron en manos de cofradías que los subieron a un paso y que les garantizaron atención cuando se había perdido la memoria de quienes los habían encargado, y hasta sus iglesias llegaron los que veneran la memoria del escultor para encontrar las huellas y fascinarse como si en cada una contase una historia distinta. Por esa capacidad de no agotarse cuando se cumplen los cuatro primeros siglos de sus grandes obras imagino yo ahora a Vergara dormida entre montañas verdes y dominada en el símbolo por un gran crucifijo que busca el cielo.

Se puede escuchar el aliento, que no es sólo el de los pulmones,
sino el de los ojos. Foto: Manuel Jesús Rodríguez Rechi

Juan de Mesa vuela como vuela el Cristo en busca de la altura. Cristo de la Agonía de Vergara. Foto: Manuel Jesús Rodríguez Rechi

16

HABLANDO POR LA MADERA

Tengo derecho a imaginar a Juan de Mesa feliz y exhausto en 1622, cuando ya ha entregado las esculturas que le dan la inmortalidad de la devoción y tiene el encargo de aquella que le subirá al olimpo de la escultura mundial. Ya no tiene el ritmo atroz de 1620 y su creatividad no se ha resentido, aunque ahora a veces la deba embridar en los encargos que le piden seguir a una imagen anterior. Quizá en este tiempo, si yo fuera contemporáneo suyo y en el siglo XVII existieran los medios de comunicación, habría querido conocer a aquel escultor portentoso que había asombrado con unas obras que para las gentes que las vieran en las iglesias serían piezas innovadoras y contemporáneas, tan arriesgadas como las obras abstractas que ahora están en las galerías de arte.

La personalidad del maestro solo se puede imaginar entrando en la sala resbaladiza de la especulación y allí es necesario andar con pies de plomo para evitar la fantasía o el delirio. Alberto Villar siempre ha insistido en el vigor de la firma, con la *J* muy pronunciada que parece resaltar su personalidad y el orgullo de lo que ha conseguido siguiendo su propio camino. Hasta en el testamento. Si Montañés era una estrella del arte que se relacionaba con pintores y escritores, y por eso dejó la huella que luego fue una fama que nunca se apagó, a Juan de

Mesa lo hemos imaginado entregado al trabajo, como si todo el genio que llevaba en el interior tuviese que salirse por las manos para imprimirse en la madera a través de las gubias. Como estos escritores que no preparan libros por ganar dinero ni pervivencia, sino por ser su forma de comunicarse, por ser incapaces de guardarse tanta creatividad y que el mundo se las pierda.

Si hubiese podido entrar al taller de Pasaderas de la Europa habría encontrado tal vez a aquel hombre discreto, que amaba la tradición, respetaba a su maestro y a la vez sabía que su escultura tenía que marchar por otra parte. Habría tenido que insistir un poco, tal vez al principio desesperado por las respuestas cortas y lacónicas para conseguir al final que me desentrañase algo de lo que tenía dentro. Hay documentos en que aparece como fiador de otras personas y eso habla de que era una persona seria y cumplidora, que hasta en sus últimas voluntades habló del trabajo que tenía pendiente entregar.

Ya me lo he figurado un par de veces ante el barro o ante el bloque de madera pensando en la mejor forma de afrontar el reto, pero si lo visitara estaría trabajando y escuchando y quizá, al cabo del rato, me señalaría algún detalle que tuviera que mejorar, o hasta algo a lo que tenía que dar todavía alguna vuelta. Si hubiera estado allí, vería las anatomías de plomo, los cuadernos de dibujo de los que sacarían una buena parte de lo que tenían que llevar a la madera y quizá libros de ascética y de piedad, aunque en su testamento no se habla de que formasen parte de la herencia. Pudo haber conocido *La imitación de Cristo*, de Tomás de Kempis, algún relato de la Pasión del Señor o algún libro de fray Luis de Granada, como la *Guía de pecadores* o *Vida de Cristo: para conocer, amar e imitar a nuestro Señor*. Muchos han visto en sus esculturas las huellas de la ascética, y en verdad su vida pareció de trabajo y renuncias tanto en lo que se ve de sus imágenes como en los muchos frutos que brotaron en pocos años.

La tradición habla de que los escultores de aquella época confesaban y comulgaban con regularidad, sobre todo antes de una obra importante. Núñez de Herrera, en aquella narración magistral, pondera así a Ruiz Gijón buscando la inspiración para el rostro del Cachorro: «En vano reza el escultor en la iglesia de Señá Santa Ana. En vano pone a su trabajo un largo prólogo de Credos». Fernando Carrasco, en una entrevista en la que hablamos de *El hombre que esculpió a Dios*, dijo que para él Juan de Mesa era alguien que creía en lo que hacía: «Lo imagino como lo reflejo: ante todo como un hombre temeroso de Dios, un hombre muy creyente, y con una personalidad con la que buscaba pasar desapercibido».

Carlos Colón, ya está escrito, pensaba en él como un hombre atormentado, y eso mismo es lo que veía la grafóloga Nati Reichardt, cuando hablaba de «cierta sensación de sufrimiento». Coincido del todo con José Haldón, el antiguo hermano mayor de Montserrat: «Yo creo que debía ser un hombre de una profunda espiritualidad y de un profundo conocimiento teológico, de una formación seria, académica, en ese sentido. Si no, es imposible que uno pueda explicarse cómo labra esas imágenes que tienen esa capacidad de conmover. Si tuviéramos que decir algo de Juan de Mesa sería que sus imágenes conmueven, no dejan indiferente. El arte no es sólo belleza, en este caso también tiene que mover las almas».

Por su taller estarían los oficiales y los aprendices, de los que no ha quedado más que el nombre: Juan Vélez, Lázaro Cano, Juan de Vargas y Francisco de la Puerta. Sí estaría ya por allí un chico de trece o catorce años que se llamaba Felipe de Ribas, y llegó de Córdoba en 1621. El prestigio de Juan de Mesa tuvo que haber llegado a su ciudad natal para que el padre de aquel muchacho con inquietudes artísticas le enviase a Sevilla con aquel paisano del que se decía que había hecho esculturas portentosas. No estuvo para ver los últimos días de su maestro, ya que tuvo que volver a Córdoba en 1626 por la muerte de su padre. En 1630, y ante la falta de trabajo en Córdoba, puso de nuevo rumbo a Sevilla junto a sus hermanos Francisco Dionisio y Gaspar.

Pienso en Felipe de Ribas como en un joven ya espabilado y atento al trabajo de su maestro, aunque luego su camino fuese más por el camino de los retablos y menos por el de las imágenes exentas; fascinado por la fuerza de las obras que veía ante así, pero también por el prestigio todavía reinante, y por muchos años, de Montañés, que quizá lo marcara más. También, en los pocos ratos que el trabajo les dejase, veo a Juan de Mesa descansando con un poco de comida y algo de bebida en las manos preguntando por aquella ciudad que había dejado atrás hacía más de quince años, pero cuya memoria siempre mantuvo en los documentos en los que nunca dejaba de describirse como natural de Córdoba.

¿Qué pensaban sus paisanos de las obras del crucero de la Catedral, que él pudo haber conocido durante su largo proceso? El padre de Felipe de Ribas regentaba un mesón que era propiedad del Cabildo, así que contacto con el arte de aquel tiempo no le faltaría. ¿Le preguntaría por personas a las que conoció, por parientes que había dejado atrás? Tal vez le contó que las viejas iglesias góticas que él había conocido se empezaban a recubrir con nueva decoración y le hablase de que San Agustín había cubierto por aquellos años las nervaduras con frescos pintados y yeserías sin eliminar los rosetones. ¿Había escultores y pintores que destacasen en Córdoba o estaba en la galbana discreta que él recordaba? ¿Le participaría el chico de las noticias que le diesen sus padres y sus parientes de la ciudad?

Tal vez allí me diera cuenta de aquel sufrimiento que atormentaba al maestro, y que puede que no fuera capaz de expresar más que cuando estaba representando a Cristo sufriendo con la cruz o a la Virgen María llorando por él, y en algún momento de esa entrevista tan imposible que él no hubiera podido comprender como hombre del siglo XVII, se hubiese callado o hubiera hecho un gesto de que no quería seguir por ese camino. Juan de Mesa nunca tuvo que responder a las preguntas de una entrevista y en su vida corta y vertiginosa la fama de su trabajo se extendió sólo con la admiración de sus contemporáneos y lo que contaban quienes las habían visto. Escribo muchas veces de cultura y hay ocasiones en que el escritor o el actor responden como a un cuestionario sabido, quizá por la pereza o la falta de imaginación de los periodistas. En otros momentos, y eso es siempre en persona y rara vez por teléfono, sí que se puede encontrar cierta conexión con el personaje y se consigue abrir el portillo de la intimidad y de la sinceridad. Es algo que es necesario compartir con el lector, porque la entrevista se hace para él y el periodista no es más que un intermediario, pero hay cosas que el que hace las preguntas y sostiene la grabadora se queda para sí, porque tampoco es fácil describirlas con palabras ni transmitirlas.

Marco Antonio Coronel me sorprende cuando piensa que pudo tener algún punto de heterodoxia, y hasta recuerda el foco de protestantismo que hubo en el monasterio de San Isidoro del Campo, el de la Biblia del Oso y Cipriano de Valera. No me lo dice, pero cuando luego sepa que el primer apellido del escultor es de origen judeoconverso recordaré a los que me decían que de ese grupo llegaron algunos talentos tan grandes como revolucionarios en aquel tiempo. Cervantes y Santa Teresa, por ejemplo.

—Me imagino a Juan de Mesa como un hombre muy, muy imbuido de lo que conocemos como *devotio moderna*, con una religiosidad muy interior, porque con sus imágenes, y esto es muy subjetivo, no me nace decirle guapo. Me impone la mudez. Una y otra y otra imagen esculpida por Juan de Mesa. Me lo imagino como una persona profundamente creyente, muy conocedora de las escrituras e intentando que sus imágenes fueran un espejo en el que el hombre pudiera mirarse y encontrarse, pero encontrarse interiormente. Puede tener este puntito de *devotio moderna*, o de religiosidad interior. Si uno lee los *Ejercicios Espirituales*, en esa línea: contemplando el sufrimiento de Cristo, sus llagas, su ejemplo vital, saber que es nuestro compañero, y que todo lo que nosotros sufrimos tiene un sentido si lo miramos y lo cotejamos con la propia experiencia de Cristo. Enorme fe, grandes conocimientos teológicos y escriturísticos y con religiosidad muy interior y profunda.

De la *devotio moderna* nacerán luego las cofradías y allí se inspira en parte san Ignacio para la composición de lugar de imaginar a Cristo ante la persona que reza. Es el contexto natural del escultor. Alberto Villar también me insiste en que no imagina al escultor como un hombre «del todo feliz». En su expresión ve la huella del desasosiego y otros buscaron la enfermedad que tan pronto se lo llevó. Quizá lo hubiera encontrado tosiendo y con signos de no tener una salud muy buena. Si me paro a pensar en las respuestas, me lo imagino respondiendo por el camino del enigma y la metáfora, como el hombre discreto y serio que tenía que ser, y cuando preguntase por el tormento del Gran Poder, por la unción sobrecogedora de la Agonía y por el ceño fruncido del Amor, me sonriese cortés con aquellos versos del romancero que pudo conocer: «Yo no digo esta canción sino a quien conmigo va».

La espina que taladra la ceja. La firma o una obsesión. Foto: Andrés Fresno

La perfección de un escultor consumado. El perfil derecho, la cadera y el sudario del Cristo de la Vera Cruz de Las Cabezas de San Juan. Foto: María Dolores Marchena

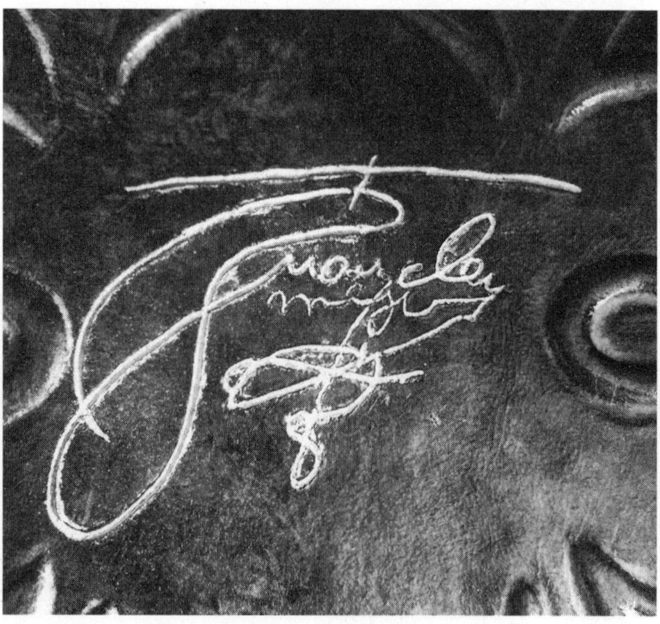

La firma de Juan de Mesa

17

AD MAIOREM DEI GLORIAM

Al imaginar a Juan de Mesa charlando con algún padre jesuita que lo visitara no he sido original. Muchos de los historiadores piensan que la relación del autor con la Compañía de Jesús tuvo que ir un poco más allá del contrato mercantil, de una relación comercial entre el cliente y el artista. Los jesuitas encontraron portentosas sus imágenes, le pidieron más, y quienes estuvieran interesados en el arte y el impacto de las esculturas sagradas irían a verlo. O quizá él se dejase querer y aprendiese de los conceptos nuevos que tenían para las representaciones.

Ni aquella orden pujante y aventurera ni aquel escultor espiritual e inquieto habían inventado las imágenes. Existían casi desde los primeros tiempos y las más antiguas que se conserven todavía en las iglesias pueden tener mil años de vida. Para una religión que adoraba a un Dios que apareció en la historia en un momento concreto, que se encarnó y nació, como los hombres, del vientre de una mujer, no era una adaptación del politeísmo pagano, sino casi un paso natural, porque adoraban a una Persona concreta, aunque sus representaciones no fueran documentales o arqueológicas y hasta se basaran en un concepto simbólico como el de la Virgen Reina.

San Ignacio escuchó a los luteranos y calvinistas desterrar a las imágenes y había leído cómo Erasmo se burlaba de ellas. Sus *Ejercicios espirituales* iban por el camino contrario y recomendaban tenerlas y rezar delante de ellas. No valdría cualquier talla: debían ser de gran veracidad y realismo, para que igual que a la vista estuvieran al tacto. Antes de la meditación, recomendaba lo que llamaba *composición de lugar*: el que hiciese los ejercicios debía construirse a Cristo ante sus ojos como si estuviera viendo en directo aquello que se contaba de Él en los Evangelios. Así ponía al día lo que había visto en la *devotio moderna*.

Las representaciones tenían entonces que llegar al cristiano por los cinco sentidos. La Compañía era la vanguardia más dinámica e inteligente de la Iglesia en aquellos años, así que el culto a las imágenes se reafirmó en el Concilio de Trento, y en el decreto que lo defendía había intervenido un jesuita. «Olor con Cristo quebrando, dolor con Cristo doloroso, lágrimas y pena interna de tanta pena Cristo pasó por mí», dejó escrito San Ignacio.

Campo tenían para evangelizar con sus propios métodos. Muchas órdenes enviaron a los suyos a la apasionante América para predicar el cristianismo, pero los jesuitas tenían una vocación que sin dejar de ser religiosa era también aventurera: llegaron a las tierras que no habían pisado antes otros occidentales y cuando la palabra hablada, y mucho más escrita, eran antes una barrera que una ayuda, se sirvieron de la comunicación icónica de las imágenes. El Sagrado Corazón de Jesús, que llegó un par de siglos después, tuvo tanta fuerza estética con la expresión simbólica que durante un tiempo llegó a los rincones de muchas iglesias y muchas casas de toda la cristiandad.

Aquella congregación todavía joven y con ideas dinámicas encontró en Sevilla a un escultor talentoso y en parte permeable a sus ideas. La larga lista de contratos hace pensar que nunca dejaron de entenderse. Comenzó con el Cristo que hoy se llama de la Buena Muerte y que hizo el escultor para la Casa Profesa y el impacto fue tan inmediato que no dejaron de pedirle que lo repitiera, y si tanta importancia daba la Compañía a las imágenes no se podía creer que no dirigieran también a su autor y le ayudaran a comprender lo que querían. No porque fuera una simple mano que ejecuta, sino porque si aprendía lo que le pedían podía alcanzar por sí mismo nuevas metas. En eso consiste el auténtico magisterio.

Juan de Mesa cumplió, aunque su temperamento de artista le impedía la imitación mimética, y todos los que hizo se diferenciaban, empezando por el primero de ellos, que es el que ahora está en la Catedral de la Almudena, aunque no fuera una petición directa. La Compañía le encargó otro más con destino a las misiones. Como pasó con otras imágenes para los jesuitas, Juan de Mesa lo firmó, esta vez con una placa de cobre en la cruz, y por ella se sabe que se hizo en 1622. Dos años más tarde llegó a Perú y el escultor no lo cobró hasta 1625, por medio del pintor Fabián Jerónimo, que pudo ser quien lo policromara ya en tierras americanas.

La iglesia fue en un principio del colegio de la Compañía en Lima y hoy es la parroquia de San Pedro y San Pablo, en el centro de la capital peruana, aunque sigue regida por los sacerdotes jesuitas. Es probable que al escultor le pidiesen seguir el modelo que tanto había gustado. Este tiene la misma advocación y un sudario parecido, con el cordel a la vista y la cadera derecha desnuda. No corre esta vez el hilo de sangre del costado por allí, quizá porque si el pintor estaba en Perú no habría conocido el modelo que estaba en la Casa Profesa. Por eso tiene repartidas por el abdomen y el pecho muchas pequeñas gotas de sangre, y hasta un hilo que cae desde la cabeza por el centro del torso.

El Cristo de la Buena Muerte que está en Lima conserva la corona de espinas, que Juan de Mesa talló en el mismo bloque. De ella caen bastantes y largos hilos de sangre y allí está la espina que atraviesa una ceja. Por eso en el rostro, el Cristo recuerda más a los que hizo para las cofradías y también al de Madrid; no está dormido con la paz de la misión cumplida como el que le pidió el padre Urteaga, sino muerto, con la boca abierta por el sufrimiento y las huellas del dolor en las facciones, y desplomado hacia adelante, como en casi todas las versiones del crucificado. El periodista Javier Blanco, que lo pudo conocer en su templo y lo reflejó en un reportaje para la revista *Pasión en Sevilla*, de ABC, veía en él más al Cristo del Amor, aunque tampoco olvidaba al de la Buena Muerte.

Se dispuso en el retablo de la capilla de la Congregación de Nuestra Señora de la O, y más tarde en el ático. Allí pasaba un poco desapercibido, así que no fue hasta la década de 1990 cuando empezó a notarse más su presencia. Pasó entonces a un altar en el lado de la epístola, de camino a la sacristía, y allí su impacto es mucho mayor en una iglesia con mucha vida. Una restauración en los últimos años recuperó su policromía original e hizo resplandecer todos los detalles de un Cristo en el que su autor volvió a no conformarse con la imitación de sí mismo.

Aquel 1622 en que labró el Crucificado fue un año importante para la Compañía de Jesús. Su prestigio y su extensión crecían. Frente a las canonizaciones casi en serie que se han hecho en los últimos años, fruto tal vez de la mayor expansión del cristianismo, impresionan los gigantes a quienes el papa Gregorio XV subió a los altares universales el doce de marzo de 1622: San Isidro Labrador, Santa Teresa de Ávila, San Felipe Neri, San Ignacio de Loyola y San Francisco Javier. Los dos últimos eran el fundador de los jesuitas y uno de sus primeros seguidores. Quienes continuaban su camino en aquella Sevilla que tantas casas suyas tenía no tardaron en contratar con los mejores escultores las imágenes que tenían que representarlos. En la Casa Profesa, unos años antes, cuando todavía eran beatos, habían sido de Montañés; en el colegio de San Hermenegildo serían de Juan de Mesa. Podía ser la institución con más prestigio intelectual de la Sevilla de aquel tiempo y por allí tuvo que pasar el crucificado antes de que lo enviasen hasta su destino de ultramar.

Cuando debía de estar en la dura y fecunda lucha del Cristo de la Agonía, el uno de mayo de 1622, Juan de Mesa firmó con el rector de este centro, el padre Juan de Pineda, la hechura de una imagen de San Ignacio de Loyola y otra de San Francisco Javier para ese templo que entonces era una novedad absoluta, puesto que se había terminado en 1619. San Ignacio de Loyola había vivido hasta 1556 y muchos tenían una copia de su máscara mortuoria, así que la mayor parte de sus imágenes son casi retratos y por eso coinciden en los mismos rasgos de un hombre calvo, con algo de barba y expresión decidida, propia del militar que fue, y a la vez espiritual. En la mano derecha lleva un libro con las *Constituciones de la Compañía*, mientras que en la izquierda muestra un lábaro de plata con el acrónimo JHS. Su expresión no es la del soldado herido que busca a Dios ni la del penitente, sino la del recién proclamado santo que ha cumplido su misión con éxito.

La de San Francisco Javier es una imagen que ha padecido algo más con las restauraciones, y que sostiene en la mano izquierda una cruz. Llevan los dos el hábito negro jesuita, que se ha enriquecido con estofados y dorados, porque, como interpretan los historiadores del arte, los artistas buscaban dar algo de vivacidad a aquellas oscuras prendas de la Compañía de Jesús. A pesar de la expulsión de los jesuitas en 1767 y de la posterior desamortización, las esculturas siguieron en manos de la Compañía y fueron al colegio San Luis Gonzaga, que regentan en El Puerto de Santa María.

Allí estaban cuando en una restauración apareció un documento tres veces doblado que desveló su autoría y su historia. En el interior de la cabeza de San Francisco Javier había un papel en el que Juan de Mesa, «discípulo de Juan Martínez Montañés y natural de la ciudad de Córdoba», certificaba que era el autor de aquellas imágenes, que había hecho para San Hermenegildo. Hasta detallaba el cobro: cuatro mil setecientos cincuenta reales, porque incluían la ejecución de la imagen, el dorado y un retablo. Cuando apareció en 1928, este documento fue fundamental para reconstruir la figura de aquel escultor todavía casi desconocido.

Juan de Mesa había empezado a firmar sus esculturas con otra imagen jesuítica: el Cristo de la Buena Muerte, que tenía en el interior hasta dos documentos con su nombre, y siguió por el Crucificado de Lima y por San Francisco Javier. A esas alturas su obra ya estaría en alta consideración, pero puede que no tanto su nombre, y empezaba a querer dejar huella de que lo había hecho él y no su maestro.

Quizá por aquel mismo tiempo el escultor volvió a San Ignacio de Loyola y San Francisco Javier en dos imágenes para el colegio jesuita de Santa Catalina, en Trigueros, y que ahora están en la parroquia de san Antonio Abad de esta misma localidad, de la actual provincia de Huelva. No todos los expertos están de acuerdo y muchos hablan de que son obras de taller. La cercanía en el tiempo y la similitud del tema no consiguieron que Juan de Mesa, si participó en algo o en todo, se repitiese demasiado. El fundador muestra en la izquierda las Constituciones y en la derecha un sol, y no un estandarte, con el JHS, y su rostro, con la mirada perdida en el horizonte, difiere en algo. San Francisco Javier se lleva la mano izquierda al pecho y tiene en la mano derecha un crucifijo que no parece ser del maestro por su postura muy rígida, los brazos no muy extendidos y el sudario esquemático. La expresión es también de vida interior y unción religiosa.

La tercera imagen de San Francisco Javier era una talla muy deteriorada de la que no se sabe cómo llegó a la parroquia de Nuestra Señora de la Asunción, en Fuente del Arco (Badajoz). El párroco se la ofreció al escultor sevillano Carlos Bravo en 1946 como pago para que restaurase el retablo del templo, pero con la condición de que sólo se la podría vender a los jesuitas, ya que era uno de los puntales de la Compañía. Así lo hizo al año siguiente. Cuando llegó al taller de Juan Luis Vasallo le faltaban dedos, tenía golpes en la cara y apenas conservaba policromía en el manto, pero el hábil restaurador, que había trabajado en obras como la Cieguecita de Montañés, recompuso el estofado a partir de los trozos que se conservaban.

Estuvo primero en el colegio Villasís, pero desde 1950 está en el Portacoeli, el gran centro educativo de los jesuitas en la Sevilla de hoy. Es una imagen con dinamismo que abre las dos manos: en una lleva una austera cruz y en la otra tuvo, durante algunos años, una concha de bautizar, como se correspondería al patrón de las misiones. Hasta el mismo año de su muerte mantuvo Juan de Mesa el vínculo con aquellos sacerdotes que parecían esperar a escultores como él para apoyar lo que querían decir.

18

REGRESO A LO CLÁSICO

Al escribir este libro, con los mismos cuarenta y cuatro años que tenía él cuando murió, me he hecho esquemas y cronologías, y en ellas siempre he tenido la intuición de que había cosas que no cuadraban. Le he dado vueltas y he visto que los documentos son los que son y sé que toda la reconstrucción de su vida que se hizo es correcta, con todas las lagunas y años oscuros que todavía están sin explicar. Me siento como los policías que quieren resolver un asesinato y que no dejan de mirar esquemas hasta encontrar el cabo suelto o la incongruencia de la que nace la solución. Era un hombre joven que entró en el taller del escultor más grande de la Andalucía de su tiempo cuando ya era un hombre hecho y derecho, que pasó el examen de maestro en torno a los treinta y que en sólo cinco años se había entregado con fanatismo al trabajo para pisar los terrenos que no había intuido nadie, o por los que nadie se había atrevido.

El que Hernández Díaz llama «lustro magistral» va desde el momento en que empieza al Cristo del Amor hasta 1623, y en ese tiempo Juan de Mesa no deja de trabajar y de recibir encargos y apenas se entrega a la complacencia, al conformismo o a la sucia rutina. Inventa para las imágenes de la pasión el perfecto equilibrio entre el sufrimiento conmovedor y la trascendencia de lo sagrado, intuye la necesidad de las cofradías de que sus imágenes interpelen al espectador como si fueran actores que están a punto de dar otro paso o de pronunciar una nueva palabra, crea un mundo de misterio que no dejará de asombrar, aunque pasen los siglos, y hasta tiene tiempo para desdoblarse en varios lenguajes. Quizá fuera imperfecto, sobre todo en los primeros tiempos, pero el impacto de sus esculturas, en aquellos años, y en los que vinieron luego, borraba los errores, si los había, y se ganaba la inmortalidad. El setenta y dos por ciento de sus obras documentadas, ha calculado Alberto Villar, nace en este tiempo prodigioso.

En enero de 1623 Juan de Mesa tenía que firmar sus obras, por dentro o por fuera, seguramente por intuir que muchos se las atribuirían a su maestro por el prestigio legítimo que tenía, pero el que quisiera conseguir que su nombre se pronunciase deja ver que estaba orgulloso de lo que había hecho. Iba a cumplir cuarenta años y una década, más o menos, como maestro de escultura, y ya había labrado siete crucificados que iban desde lo sublime hasta lo del todo excepcional y un nazareno que reuniría a un pueblo incontable como las estrellas del cielo y que tendría que desbordar a su ciudad, aunque estuviera anclado a ella. De su estudio habían salido imágenes de santos, un yacente, otro Señor monumental con la cruz a cuestas y muchas más atribuciones. Le bastaban entre tres y seis meses para hacer una obra maestra y en el taller se le acumulaban los encargos.

A partir de ese año en que tiene que cumplir cuarenta hay menos encargos. La cronología de su vida se ha reconstruido con los contratos y las cartas de pago de sus obras, como si Juan de Mesa no hubiera vivido más que en la burocracia de la administración y, por supuesto, en la llama de la creatividad. Él mejor que nadie sabría que esa brasa incandescente sería una luz que le abriese los mundos por los que quería marchar, pero también una quemadura que no le dejase dormir y que le mordiese cuando estuviera en la encrucijada de las divisiones. Un artista de verdad se confiesa en sus obras y por eso hay que buscarlo en ellas y por eso este viaje cuenta que en cuatrocientos años no han dejado de hablar con los suyos.

El resto hay que completarlo al mirar la sucesión de obras en la línea temporal de su corta vida. En enero de 1623 faltaban menos de cinco años para su muerte y el ritmo de trabajo comenzó a bajar, aunque lo que salía de sus manos seguía tocado por la excelencia. El año anterior había terminado su obra cenital y tras coronar aquel gran puerto que le había llevado a la altura de los más grandes de la historia no empezó una bajada vertiginosa con peligro, sino un llano de descanso donde podía disfrutar del viento favorable de todo lo que había aprendido, a la espera de nuevos desafíos, que tenían que llegar. Quizá fuera que ya podía permitirse descansar por haberse ganado el aplauso de cofradías, órdenes religiosas y particulares, o que la salud le empezaba a pedir que parase.

De la sucesión de contratos y de obras con que se logró rehacer su vida en el siglo XX no es posible sacar la enfermedad que se lo llevó con cuarenta y cuatro años. La tuberculosis no es más que una hipótesis que cuadra con el cronograma, y que además tiene la fuerza de encajar en la narración. En la visita imposible al estudio me he imaginado alguna tos en Juan de Mesa, algún gesto en el que el hombre fuerte que tenía que sacar vida de la madera sabría que su salud era quebradiza. Por eso se entregó al trabajo con la intuición de que no iba a tener mucho tiempo y el futuro no era más que una hipótesis. No podría dejar sus avances para el próximo crucificado porque podría no haberlo.

El veintiocho de enero de 1623, cuando todavía le faltaban unos meses para cumplir los cuarenta años, firmó con el procurador mayor del convento de Santa María de las Cuevas, el cartujo fray Juan Bautista Quero, la hechura de una Virgen con el Niño Jesús en brazos y de una imagen de San Juan Bautista. Juan de Mesa conocía muy bien que aquel encargo le había llegado de segundas, porque dos años antes, en 1621, los cartujos se las habían pedido a Juan Martínez Montañés y su maestro no cumplió, quizá por no poder hacer frente a tanto trabajo. Los contratos son un testimonio de la jerarquía del arte en la Sevilla de aquellos años: Montañés iba a cobrar trece mil doscientos sesenta y nueve reales y Juan de Mesa firmó el contrato por dos mil quinientos. El profesor Alberto Villar tiene un cálculo más preciso y sitúa al escultor en el término medio: Montañés cobraba 13.846 maravedís por cuarta; Francisco de Ocampo, 6,800; Andrés de Ocampo, 5.215 y Juan de Mesa 5.066. Estaba por debajo de ellos, pero por encima de los 2.125 de Luis de la Peña o los 1.616 de Blas Hernández Bello. Quizá tuviera la intuición del buen comerciante para el precio justo.

La larga lista de condiciones que los cartujos impusieron en el contrato es un testimonio de que el monasterio era una institución religiosa con prestigio religioso e intelectual en aquel tiempo y Juan de Mesa tuvo que sentir el desafío de hacer algo que estuviese a la altura de lo que esperaban de él. Debía conseguir dejar la firma de su personalidad y al mismo tiempo que nadie echase en falta que su maestro no hubiera podido hacer las obras. Los monjes no deberían pensar con lástima que se habían quedado con un repuesto para la titular del monasterio, la Virgen de las Cuevas.

La cartuja se desamortizó, como tantos conventos masculinos, en el siglo XIX; pasó por usos industriales antes del cultural que ahora tiene y todavía se pueden recorrer allí los restos de la iglesia, el claustro y las hornacinas vacías en que estuvieron estas imágenes y hasta el canónico Cristo de la Clemencia de Montañés. Las esculturas de Juan de Mesa pasaron al Museo de Bellas Artes de Sevilla donde no tienen rezos, pero en cambio sí la dignidad de exquisitas obras de arte.

Parece mentira en un escultor con tanta obra, pero la Virgen de las Cuevas es la segunda, y probablemente última, representación que hace Juan de Mesa de la madre con el Niño en brazos, o la tercera si se acepta que es suya la Virgen de la Consolación de Cumbres Mayores. La primera fue aquella dulce Virgen de la Misericordia de Alcalá de Henares, que pudo hacer cuando estaba de oficial en el taller de su maestro. En más de doce años su trabajo ha evolucionado, pero todavía se pueden encontrar rasgos que la recuerdan, como la toca que le cubre una parte de la cabeza. En el rostro de la madre opta por la idealización y lo refinado, con sonrisa ligera y boca muy sutil, y ya avanza ahí a las Angustias de Córdoba, con las cejas finas, el cuello largo y el inevitable pliegue. El manto es cruzado y se adivina la rodilla izquierda, porque en este lado descansa el peso.

En el brazo de este lado está Jesús, que no es el lactante que aparece en muchas representaciones, sino un Niño de entre uno y dos años que no tiene más remedio que parecerse a la madre. Juan de Mesa, quizá por intuir lo que le pedían los cartujos, ha optado por el lenguaje clásico y equilibrado que sigue siendo canónico todavía en esos años, aunque él ya hubiera tomado por otros caminos. El Niño Jesús, sin embargo, no imita a aquellos de Montañés que se han tomado como las muestras más perfectas de la iconografía. Tiene frente ancha, ojos almendrados y el pecho semidescubierto por la ropa y es una imagen con movimiento. Su mano derecha toca a la mano derecha de la Virgen, en lo que parece un gesto de cariño entre los dos, y ambas descansan sobre la rodilla del Niño, mucho más alta y flexionada que la otra. En la mano izquierda lleva un jarro, que se ha interpretado como una alusión al agua y al hecho de que Cristo es fuente de vida.

Al hacer la figura de San Juan Bautista, el escultor que había llevado el barroco a las imágenes andaluzas buscó el modelo de lo más clásico, como si hubiera estado en Italia, aquel viaje imposible que nunca pudo hacer Francisco Pacheco, para inspirarse en los grandes macstros. No sc notan, como tampoco están en la Virgen de las Cuevas, el espíritu turbulento y agitado de las imágenes de la pasión. Todo es belleza conseguida, equilibrio y camino de perfección formal. José Hernández Díaz, cuando dedicó a Juan de Mesa aquella monografía pionera, puso en la portada a esta imagen y no a uno de sus colosales crucificados.

La ropa está tallada y consiste en un vestido de piel de animal, en color dorado, y una especie de manto muy tosco de color rojo. En otras ocasiones lo representará con barba, pero ahora Juan el Bautista es un joven con la cara totalmente limpia, el cuello esbelto y el pelo largo que con la belleza formal se distancia de aquel profeta de voz áspera que se había retirado al desierto y comía saltamontes. Eso sin perder ni profundidad ni fuerza, porque los grandes ojos, tan propios de Juan de Mesa, parecen hablar al espectador. Adelanta un poco la pierna derecha, que se muestra desnuda desde algo más arriba de la rodilla, y con la mano derecha señala a lo que porta en la izquierda, un libro y el cordero de Dios que quita los pecados del mundo. Juan de Mesa otorgó carta de pago por estas imágenes casi un año después, el trece de enero de 1624, y es difícil pensar que el juicio de los comitentes no fuera favorable. Si no fue así, la historia las colocó en el pedestal de la admiración. Pocos años después Alonso Cano pudo inspirarse, dicen, en el grupo de María con el Niño para la Virgen de la Oliva de Lebrija, y hoy comparten salas con las obras de aquellos maestros con los que Juan de Mesa convivió. Si quiso ser clásico lo consiguió.

En aquel tiempo tuvo algunos encargos de los que hay documentos, pero no las obras que resultaron. El uno de mayo de 1623 se comprometió a hacer una imagen de San Benito con insignias, báculo y libro que le pidieron unos vecinos de Arahal, y que nunca se ha encontrado. En agosto contrató un retablo para el convento de las Santas Justa y Rufina, que se conocía como de Las Vírgenes, y del que hoy sólo queda la calle con ese nombre, junto a San Nicolás. Tenía que llevar escenas del Apocalipsis y tuvo una larga historia de pleitos y una suma que sólo se terminó de pagar cuando el artista ya había muerto. Aquel mismo año tuvo que hacer dos imágenes de Santas Justa y Rufina para Nicolás de Arnedo, un boticario que vivía en Triana. Hasta ahora no se han encontrado las obras que salieron de los documentos.

19

MADRUGADA ENTRE CIPRESES

Había pensado visitar Osuna quizá en algún sábado de la alta primavera, antes o después de una Semana Santa que no tendría que haber sido plomiza, oscura y como dibujada por una pesadilla; pero en esos días en que quería por fin conocer la ciudad, sus iglesias habían estado cerradas y sus calles tan vacías como las de toda España. El uno de julio todavía faltan algunas horas para que abra otra vez a las visitas la iglesia colegial que corona el pueblo, y la cofradía del Cristo de la Misericordia me ha hecho el favor de poder entrar para hablar de su imagen. Cuando he terminado los viajes en Montserrat tengo fresco el recuerdo porque es el mismo día. Agradezco allí haber cumplido con buen margen todas las citas de un día agotador que, sin embargo, echo de menos cuando escribo.

El camino hasta Écija lo sé de memoria, pero a partir de ahí me he internado en una carretera que tiene a su alrededor un paisaje que resume los desiertos meses anteriores y los abrasantes de este verano que es tan terrible como todo 2020. El campo, que habrá dado cereales y verduras, ahora está desértico y agostado, como si el verde viviera asustado por un sol despiadado que en los días siguientes no hará más que quemar ramas y plantas enteras por todas partes.

Llego a Osuna con media hora de adelanto y tengo tiempo para detenerme en la mole imponente de la Colegiata y de rodear todas sus fachadas. Admiro la belleza plateresca de la que luego me dirán que es la Puerta del Sol, y que se abre al oeste y a un mirador en que se nota que el pueblo de Osuna ya trabaja, aunque tenga que protegerse de la luz que achicharra.

El cinco de septiembre de 1623 Juan de Mesa había entregado el Cristo de la Misericordia que le habían encargado para el convento mercedario de San José de Sevilla y cinco días después firmó el contrato para otro crucificado que también iba a llevar esta advocación. Como el anterior, no parecía que fuese para una cofradía ni para salir en Semana Santa, sino para la devoción de una capilla de patronazgo privado, pero al cabo del tiempo sí que se subiría a un paso. Se lo encargó Diego de Fontiveros, canónigo de aquella iglesia.

Junto a la puerta que se abre al norte me espera José Antonio Cabello, hermano mayor entre 1997 y 2005 de la cofradía que ahora rinde culto al Cristo y que lo saca en procesión en la madrugada del Miércoles al Jueves Santo. Es un cofrade que no se ha separado de su titular desde que llegó a la cofradía en 1971. «Sólo he faltado en 1975, que estaba haciendo la mili en el Sáhara. Fui costalero de 1973 a 1983 y luego nazareno, pero nunca he llevado una vela», resume. Los cofrades han hecho un esfuerzo para atenderme y para que pueda ver la iglesia por dentro y estar ante el Cristo. Había llamado al hermano mayor en ejercicio, Enrique Núñez, y había concertado un encuentro para ese mismo uno de julio, pero a él le avisaron para una cita médica. Cuando le dije que ya tenía otras visitas en otros lugares para ese mismo día no tardó en buscarme la solución con la misma gentileza con que me llamaría días después para asegurarse de todo había ido bien. Tan bien como ahora cuento.

Paso con José Antonio Cabello al interior de la Colegiata vacía y ya lista para recibir a los turistas y me impresionan sus columnas renacentistas y sus hechuras de Catedral, más sobrecogedoras en la soledad de quienes pueden disfrutarla a solas. El interior recuerda a las grandes construcciones renacentistas que se asocian a los nombres de Hernán Ruiz y Vandelvira. En el retablo barroco encuentro algo que me evoca al del Salvador por las proporciones y la ambición de la arquitectura. Pasamos ante él para buscar una pequeña capilla en el lado de la epístola. No es su sitio original y me lo explicará José Antonio Cabello después. Pero allí está el Cristo de la Misericordia.

Lo recuerdo de la exposición *Y murió en la cruz*, que organizó CajaSur y que deslumbró primero en Córdoba y luego en Sevilla en las últimas semanas de 2001 y primeras de 2002. Recuerdo que se veía desde la puerta y que era como una invitación a toda la riqueza y variedad que había en el interior. Ahora lo encuentro en su contexto y en su lugar, en una capilla barroca entre una imagen de la Virgen Dolorosa y otra de San Juan. Es una escultura de ciento treinta y cinco centímetros de altura que se debió de hacer, como dice José Antonio Cabello, para ese hueco preciso, que parece desbordarse con la presencia del Cristo. A simple vista apenas se nota que no tenga el tamaño monumental que Juan de Mesa dio a todas sus imágenes. No hay ni asomo de desproporción y sí en cambio cierta postura distinta, quizá con el cuerpo menos desplomado que otras veces.

Nos sentamos ante la capilla que se llamó de la Inmaculada y admiramos al Cristo mientras José Antonio Cabello va contando la historia de Diego de Ontiveros. Fue su hija, historiadora y también cofrade, quien le llamó para decirle que había encontrado su testamento en la búsqueda de documentos para su tesis doctoral. «Anda ya, Ana», le contestó, sorprendido. Estaba en el archivo de la parroquia y en un libro con un papel que señalaba la página. «Don Desiderio, el párroco que estuvo aquí desde 1958 hasta 2005, sabía dónde estaba, y estaba callado. Era un hombre muy inteligente que se portó siempre muy bien».

El caso es que allí estaban el testamento y la limpieza de sangre, porque el abuelo de Diego de Ontiveros, Diego Galán Márquez, llegó como criado del duque de Osuna al castillo de Morón, su residencia. «Era persona de confianza, porque le llegó a prestar dinero al duque», cuenta. Se casó allí y se estableció en Osuna, y su hijo, el padre de Diego de Ontiveros, fundó la capilla del Cristo de la Misericordia, donde querían que se les enterrase. Ya estaba la advocación, pero no la imagen, porque era antes de 1623. «Lo que hemos supuesto, y siempre son opiniones con los documentos, es que había un Cristo que no le gustaba», dice. Así que como podía pagarlo, fue en busca de Juan de Mesa para la imagen, que le costó once ducados, el equivalente a mil cien reales. Las medidas tenían que ser las del retablo.

Mientras hablamos no puedo retirar los ojos del Cristo, como me ha pasado tantas veces. Después de mucho mirar le he encontrado rasgos parecidos al primer Cristo de la Buena Muerte, al que hoy está en la Universidad de Sevilla, pero la primera impresión ha sido distinta. Si se lo contase al escultor Miguel Ángel González Jurado me diría que es el efecto que en la percepción tienen los volúmenes y la policromía. La encarnadura es distinta, algo más craquelada y pálida y menos realista que otras veces, pero sobre todo impactan las heridas. No será su imagen más dramática, pero sí es la más sangrienta. Brota de las palmas de las manos y cae en abundancia por los brazos. No tiene en la cabeza la corona de espinas, así que es posible ver muchos rastros en la sien y en la frente. Hay un hilo impactante que cae desde el occipital izquierdo hasta el pecho, y la sangre que brota del costado se alarga y mancha el sudario, como cuatro años después pasará en el Cristo de las Angustias. «Lo de la sangre lo han hecho notar mucho. Un hermano tiene una administración de loterías y pidió que el Cristo fuese en el billete de un sorteo para el sábado siete de febrero de 2004, cuando se celebraba el 75 aniversario de la hermandad. Mandamos una carta con una fotografía y nos dijeron que sí, pero que enviásemos otra fotografía en que se viese al Cristo desde más lejos, sin tanta sangre. Tiene en la frente, el pómulo, por cada brazo, y la que cae en el sudario. Y está justificada», cuenta el cofrade.

El paño de pureza parece volver al modelo de Montañés, que nunca dejó del todo, con muchos pliegues, pero también con más volúmenes, que lo hacen más amplio. Es una imagen tan bien conservada que la restauración de Francisco Arquillo en 1985, en el sagrario de la Colegiata, apenas duró veinte días.

—Tenía unos desconchones en el pelo, en la frente, en las cejas, y en el brazo izquierdo se le veía la encarnadura. Corría el bulo de que el brazo estaba apolillado porque no era de madera cedro, porque no tenía bastante madera y Juan de Mesa le tomó el pelo a Ontiveros. Pero nada de eso: Arquillo dijo que era cedro y que ni polilla ni nada. Lo restauró y ya está.

—¿Cómo se ha conservado tan bien?

—Arquillo explicó que se conservaba mucho mejor que el de la Buena Muerte. Motivo: el microclima de la Colegiata, y que no está sometido al humo de las velas. Se encienden una vez al mes, cuando hay misa, en la misa de difuntos y en julio y agosto. Dos velitas. Y luego en el paso cuatro hachones, y la procesión dura tres horas. La policromía y el color que tiene le dan su carácter. Ahora lo va a restaurar Pedro Manzano, que ha hecho un informe. Actuará en los dedos de los pies y las manos, y hay una parte del sudario que tiene daños. Esta imagen no puede ponerse en besapiés para que pasen quinientos hermanos, no se puede. Y la pintura de los labios. Arquillo nos dijo que los limpiásemos con un buen plumero, y con esa brocha de maquillaje que siempre ha soñado tener cualquier mujer, pero que siempre le pareció cara, para el pelo, la barba y el sudario.

Al preguntar por la boca ligeramente abierta y por los detalles, José Antonio Cabello me invita a acercarme. Me lo han permitido varias veces, pero nunca lo he pedido. Lo agradezco, aunque sean las imágenes las que me hagan saber, o eso pienso, que no tengo que estar demasiado tiempo en esos lugares. Por eso paso tras los reclinatorios y admiro el aliento que parece salir de la boca muerta donde están los dientes, la unción sobrenatural que no falta nunca, la sangre que me parece que me goteará en la cara. Me ha crecido tanto de tamaño que ahora mismo no diría que no tiene la talla natural de un hombre.

—Fíjate en las venas de los dos brazos y en los músculos de las pantorrillas en tensión. Tengo quizá alguna fotografía en el paso y de perfil; la silueta es extraordinaria. Tiene un hueco bastante grande, sobre todo a la altura del cuello, pero no parece que esté inclinado. Por la morfología de la imagen y la forma parece que está colgado por los brazos. Por eso están tensos. El derecho parece más largo. No sé si fueron indicaciones de Diego de Ontiveros, y lo hizo dentro de sus cánones con el sello que quería, pero es una maravilla.

En el proceso en que la Colegiata pasó a ser el gran emblema monumental de un pueblo grande con muchas iglesias hermosas y bastante historia, el Cristo de la Misericordia podría haberse convertido en uno más de los tesoros artísticos que guarda el monumento y que tienen firmas colosales. José Antonio Cabello pronunciará el nombre de José de Ribera y cuando luego me enseña la iglesia no tengo dudas ante un estremecedor lienzo en que Cristo expira con la Virgen, San Juan y María Magdalena al pie de la cruz. El barroco fondo negro tiene vida propia y en él quizá, me dice mi guía, falte otra figura. Luego admiraré también piezas de Roque Balduque.

Juan de Mesa está en la letanía de grandes firmas, pero a su alrededor hay vida religiosa y devoción además de admiración artística. Ya había salido una vez, en 1723, en procesión de rogativas por la lluvia. Su cofradía se constituyó en 1929, pocos meses después de que apareciese el contrato que certificaba la autoría de una obra que hasta entonces se había adjudicado a Montañés. La corporación tuvo mucha influencia de la sevillana de los Estudiantes, que se había creado cinco años antes y además para una imagen del mismo autor y con la que comparte muchos rasgos. La Colegiata estaba al lado de uno de los pocos institutos de enseñanza media que hubo en la provincia de Sevilla durante gran parte del siglo XX, así que compartió este carácter de estudiantes.

«Al principio la hermandad iba un poco a trompicones, pero en 1948 José Olid Maysounave inscribió a su hermano Francisco. Era una persona muy culta, un hombre muy educado, que tenía Derecho e Historia. Lo eligieron director del Instituto de Enseñanza Media en 1939, y su hermano le dijo que la cofradía se perdía y que se hiciera cargo. Don Francisco era una autoridad aquí. De 1948 a 1984 fue siempre hermano mayor», recuerda. Fue él quien en 1952 dio el paso para el momento actual de la estación de penitencia: el Cristo saldría de la Colegiata a la medianoche ya del Jueves Santo y también ideó los hábitos negros con cíngulo morado. Estuvo bien asesorado por un ursaonense que escribió algunas de las páginas más celebradas y populares de la Semana Santa de Sevilla: Antonio Rodríguez Buzón. Era íntimo amigo suyo y había pregonado en su ciudad en el año 1950, seis años antes que lo hiciera con su mítico texto del Teatro San Fernando, y volvería a repetirlo después. De sus consejos vienen las bocinas, las únicas entonces de la ciudad, porque en Osuna la Semana Santa no es mimética a la de Sevilla, aunque el imán esté tan cerca.

He relatado a muchos cofrades en estos meses que quería hablar, entre otras cosas, de la vigencia y del impacto de las imágenes de Juan de Mesa, y a eso me han contestado. Enrique Núñez, el hermano mayor, me entendió, y José Antonio Cabello ya tenía pensado ir por delante de mí. «Por lo que me dijo, te interesa sobre todo lo devocional, así que vamos a hacer el recorrido de la cofradía», y así sabré por qué los nazarenos de la hermandad, aunque vistan de negro y la procesión sea de silencio, no pueden llevar el cirio al cuadril. Al menos en esa parte, Osuna es una ciudad sobre un monte que vigila gran parte de la comarca como una atalaya, y en ese monte está la Colegiata. La cofradía tiene que bajar o subir casi todo el tiempo y apenas tiene trescientos metros llanos.

Salimos entonces por la misma puerta, llamada del Evangelio, por la que se ponen en la calle y allí hay apenas unos metros lisos para buscar más tarde la Cuesta de los Cipreses. Por el camino me habla de su amistad con Antonio Ríos Ramos y de cómo el histórico hermano mayor del Gran Poder y presidente del Consejo General de Cofradías de Sevilla le animaba a que la ciudad no perdiese sus señas de identidad ante la influencia poderosa de la ciudad. Los que llevan el paso del Cristo de la Misericordia se llaman costaleros, pero no tienen trabajaderas transversales, sino longitudinales, de adelante a atrás. «Este es un pueblo agrícola y los sacos se cargaban a un lado», dice para explicarlo.

Son dieciocho hombres distribuidos en seis palos bajo un paso de madera oscura y muy sencillo y entre cuatro hachones de cera tiniebla, y aunque la imagen sea pequeña tienen que bajar y subir por pendientes que estremecerían a muchos de los que se llaman a sí mismos cirineos. Casi todos son profesionales cualificados con muy buena preparación física. Al bajar la Cuesta de los Cipreses me invita a imaginar al Señor entre los enhiestos árboles y con el fondo de la luna llena de Semana Santa. Impresiona la pendiente y todavía más que eso no afecte al exquisito andar, y desde luego que alguna vez me gustaría verlo con la escolta de los que siempre fueron mis árboles favoritos.

El Cristo, me cuenta, tuvo corona de espinas y hasta se ve una pequeña señal en la ceja, como en casi toda su obra. Cuando empezó la cofradía tenía una de plata y unas potencias muy valiosas que ahora no podría recuperar porque se llenaron los huecos. Seguimos por la Cuesta del Calvario y pasamos junto a un barrio nuevo que no ve pasar cerca a más cofradía que la Misericordia, y luego hacia la plaza de la Asunción y la Torre por un entorno más urbano. Está cerca el arco que conduce a la plaza de España, el corazón de la carrera oficial. Luego me enviará vídeos en que veré al Señor bajando a un paso reposado y quedo, pleno de elegancia, en que ni siquiera la pendiente parece evitar la sensación de que se le acuna. No tiene más música que un tambor ronco que marca el paso y acentúa el silencio. La cofradía está a gusto en su perfil severo y bien que lo sabe el nieto de mi interlocutor, que quería empezar a salir y escuchó la advertencia: «Un nazareno de la Misericordia no suelta el cirio».

En Osuna hay que mirar el tiempo para ver si llueve y también para saber si soplará con fuerza seca el viento solano que puede hacer desapacible y desangelada la noche más despejada de cualquier Semana Santa. Me lo cuenta al ver arriba la calle San Antón, una hermosa sierpe andaluza y encalada por la que la cofradía baja en esos años para estar más abrigada: «Algún año se corrió la noticia de que iríamos por allí y vino mucha gente de otros pueblos, más de lo normal, que siempre es bastante».

A las dos está el Cristo en la plaza Mayor y yo aprovecho para preguntar por lo que la imagen comunica.

«Desde que fue hermano mayor don Francisco Olid empezó a caer bien y creció la devoción. El Miércoles Santo viene mucha gente. En Osuna hay tres imágenes de las que se habla por lo que son, no por su nombre: Jesús, la Virgen y el Cristo. Jesús es el Nazareno y la Virgen la de los Dolores. Tiene muchísima devoción, pero al estar en la Colegiata sólo la gente de la hermandad puede venir el miércoles a visitarlo y el sábado por la tarde a la misa. Al Cristo lo acompaña mucha gente.

—¿Y cómo lo reciben los que lo ven? —prosigo.

—Detrás del antifaz se ve mucho. Aquí se dice que el paso es un poco endeble, pero ¿quién mira el paso? La gente está con la boca abierta.

Para ese entonces la cruz de guía ha dado la vuelta a la plaza y ya sube por la calle Luis de Molina. José Antonio Cabello y yo seguimos por la Cuesta de los Abades, que volvería a aterrar a más de uno, y me habla de los momentos íntimos en que extraen al Cristo de la estrechez de su retablo.

—Es difícil de sacar, pero le tenemos cogido el truco. Se sube tres deditos, se tira, y los de arriba lo sacan. En la parihuela, se quita de la cruz de la capilla, que es la que hizo Juan de Mesa, y se lleva arriba con la cruz que decimos de paseo, y que tiene la altura para estar sobre el paso. Se hizo en la Facultad de Bellas Artes de Sevilla con troncos de ciprés del cementerio de San Fernando que le habían dado a Arquillo tras restaurar al Cristo de las Mieles y con donaciones se pagó. Está hecha en la facultad de Bellas Artes.

—¿Y qué se puede vivir en esos momentos?

—Hice una cosa una vez hace muchos años, que me prometí que no lo haría más: le coloqué el clavo en una mano. Me entró un escalofrío por el cuerpo y me pasó toda la vida por delante. No lo volveré a hacer en la vida.

En la plaza de la Encarnación se ve el final del camino y la Colegiata está a la vista. No son las tres de una madrugada de primavera, sino casi la hora del ángelus y es verano en Osuna. Cuando vea los vídeos que me ha mandado José Antonio Cabello sabré que se me han quedado en la cabeza las calles por las que pasa el Cristo de la Misericordia. Como si su autor hubiera pensado que además de pasar el año en un retablo tendría que salir y tener perfil propio por todos sus rincones. Como si lo hubiera previsto o si hubiera querido poner la tentación al alcance de la gente que tenía que subirlo a un paso.

Crece hasta que no se nota que no tenga el tamaño de un hombre. Cristo de la Misericordia de Osuna. Foto del autor

No es su imagen más dramática, pero sí la que tiene más sangre. Cristo de la Misericordia de Osuna. Foto del autor

20

EL VIAJE INTERIOR

Por una vez mi viaje coincide con el de la cronología de las imágenes de Juan de Mesa y al subir al coche, que había aparcado a pocos metros de la Colegiata, busco el rumbo para Las Cabezas de San Juan. Cuando salgo a la A-92 y recorro el mismo corazón de Andalucía, el campo es una parrilla invertida en que el sol quema como fuego las tierras de cultivo y los pueblos de Sevilla que van apareciendo con sus torres que dominan sobre los montes. Si en Osuna me anticipé a la hora, esta vez tardo más de lo que pensaba cuando empiezo a pasar por travesías y polígonos industriales que me llevan hasta la autopista de Cádiz. Acaba de eliminar los peajes y está llena de tráfico en esos días en que el confinamiento se ha resquebrajado para dejar que la gente pueda moverse.

Pasé muchas veces de camino a Cádiz o Jerez y siempre recordé que allí tenían un Cristo de Juan de Mesa y que allí también, el primer día del año 1820, el general Rafael del Riego había liderado el alzamiento que restauraba la Constitución de Cádiz y obligaba a Fernando VII —«trágala, perro», decían los liberales— a jurarla. Veré luego carteles del bicentenario que se habrá dejado muchos actos en la alambrada imprevista del coronavirus. Pensaba hasta entonces que el pueblo que se arracimaba en torno a su iglesia tan alta era Lebrija y sólo ahora sé que es Las Cabezas, el lugar al que voy.

Después de despistarme un poco en el polígono industrial, doy al fin con la empresa en la que me espera el hermano mayor de la Vera Cruz, Antonio José Rojas, que me ha llamado por el camino un par de veces para saber mi situación. Ya es más de la una de la tarde. También ellos hacen un estupendo esfuerzo casi a la hora de comer y me han dado todas las facilidades para conocer a su Cristo. Meses antes me había topado con su perfil de Facebook y sabía que era cofrade de aquella hermandad a cuyo titular tendría que conocer. Inicié el contacto y pocos días antes supe que era su hermano mayor, como lo fue su padre. Tendrá mi edad y es un hombre dinámico y acogedor como lo son esos pueblos agrícolas de Andalucía que tan bien conozco. Habla de su Cristo con el orgullo de su belleza y también con alguna queja en voz baja por pensar que no se le da la atención que merece.

Dominando el pueblo hubo un castillo que quedó en ruinas y muy cerca se levantó la iglesia actual. Subimos allí en su coche y me va hablando de la cofradía y del pueblo. Junto a la iglesia de San Juan Bautista me presenta a María Dolores Marchena, que es la teniente de hermano mayor de la cofradía y que al día siguiente me enviará las magníficas fotografías que además de aparecer en este libro me sirven para recordar al Señor. Lo cierto que es que tengo que agradecer bastantes veces la hora a la que me abren la iglesia. Entramos por el comienzo de la nave del evangelio, a la altura del sagrario, pasamos ante la Virgen de los Dolores, que es la titular de la hermandad, y desde allí me va naciendo el Cristo. De todas las grandes imágenes pasionistas de Juan de Mesa que están en España es la única que no he conocido hasta ese momento.

Primero veo por el lateral el retablo dorado y conforme avanzo me aparecen las piernas y el torso, el perfil siempre monumental y la cabeza hundida sobre el pecho. Es Juan de Mesa químicamente puro y sólo puede impresionarme:

poderoso y herido, dulce y dolido, trascendente y marcado por el sufrimiento. Se documentó por un escrito que apareció en el interior, pero la atribución me parece del todo segura sin él, y ya se había hecho. Allí dice que se hizo «por el maestro Juan de Mesa, natural de Córdoba y por orden de los mayordomos de la cofradía de la Veracruz de la Villa de las Cabezas de San Juan». Aporta muchos datos además de la firma: «Pagolo el capitán Francisco de Gámez, por cuya solicitud se hizo para honra y gloria de Dios nuestro Señor». Era el ocho de marzo de 1624 y seguramente saldría ya el Jueves Santo de ese año.

Lo miro y disfruto largamente, aunque con esas imágenes nunca es bastante, y me harán una fotografía en pleno asombro. Nos sentamos en los bancos más próximos y hablamos primero de la historia. Como pasa en todas partes, la cofradía de la Vera Cruz es la más antigua, quizá del siglo XVI, y se piensa que su primer titular fue un Cristo gótico, una imagen que luego me enseñarán y que me parece de mérito. Antonio José Rojas es un apasionado de la historia y me habla de Francisco de Gámez, que medió, encargó y pagó la imagen a Juan de Mesa. Sé que era poco probable que la gente recorriese distancias largas en aquel tiempo y pudo haber sido como Juan de Escamilla con el Señor de La Rambla o fray Pedro de Góngora con las Angustias.

—No sólo fue importante para la imagen, sino en la vida cotidiana del primer cuarto del siglo XVII en Sevilla, porque la del capitán era una figura muy importante en la relación con escultores y artistas. Era un capitán de navío, militar y no mercante, que cubría la ruta entre el Nuevo Mundo y Europa con maderas, y estamos viendo que tenía relación con alguna familia importante de aquí.

—Es de Álava —tercia María Dolores Marchena— y viene y compra tierra en Torre Alocaz, que pertenece a Las Cabezas. Presenta un pleito para que lo reconozcan como noble, y lo gana.

—Imaginamos que entra en contacto con las familias importantes —explica Antonio José— porque a mitad del siglo XVII Las Cabezas tiene un auge de la economía. Hay tres o cuatro familias que perduran. Si lo llevamos a 1700, los recursos económicos dicen que veníamos de un pasado importante.

—Claro —continúo—, porque está a medio camino entre Sevilla y Cádiz, con la ruta de las Indias.

—Estas familias importantes fueron las que mediaron con Francisco de Gámez, que es el que adquiere terrenos por aquí, y tendría buena relación con la cofradía, o tendría devoción, y surge este encargo —afirma el hermano mayor.

La cofradía tenía una capilla propia que se declaró en ruinas en el año 1802 y el Cristo pasó a la parroquia. Antes había sido al revés: cuando el templo principal se deterioró se trasladó allí hasta construir la nueva iglesia. Ya tenía mucha devoción y además de en Semana Santa salía en procesiones de rogativas cuando faltaba la lluvia. La cofradía pasó por momentos de inactividad y se revitalizó a partir de 1930 por impulso del párroco. Ese año se descubrió que Juan de Mesa era el autor del Gran Poder y ya se hablaba mucho de él. El Cristo llamaba la atención. Yo mismo no puedo dejar de mirarlo, aunque esté hablando con sus cofrades. Es conmovedor y próximo como las mejores imágenes devotas, y, sin embargo, de equilibrio exquisito. El sudario me recuerda al del Cristo de la Misericordia de Sevilla, con la cadera derecha desnuda y pliegues de gran finura. Si tuvo que aprender, aquí ya es un artista del todo maduro y no aparecen dudas. A los cuarenta años el maestro parecía tallar como respiraba, si esta comparación me sirve para alguien que pudo haber sufrido tuberculosis. Antonio José Rojas me lo cuenta.

—La primera referencia académica es de José Hernández Díaz, que lo sitúa entre los grandes maestros barrocos sevillanos. En los años setenta y ochenta, que es la eclosión de las cofradías, se le presta más atención. En 1983 se descubre el pergamino con la autoría en la espalda y el encargo se pone en el lugar que debe.

Tendré luego la fotografía en que se ve el lugar donde estaba el documento, en un hueco de la imagen. Sé que el Cristo de la Vera Cruz, como todos, es una escultura de madera hecha por manos humanas, pero me siguen impresionando las fotografías, porque lo que tengo al lado, mientras hablo con ellos, parece carne humana con toque divino.

—Se pensaba que era de Martínez Montañés, por defecto —revela ella.

—Al aparecer el pergamino —aclara el hermano mayor— cambia la importancia, que para nosotros ya la tenía. En Sevilla cambia la visión sobre la imagen.

—Antiguamente la Iglesia decía que era suya —cuenta María Dolores— pero cuando sale el pergamino y se dice que se hizo por mandamiento de los mayordomos de la cofradía, también influyó.

—Les da posesión sobre una imagen, que estaba en entredicho —y aquí Antonio José Rojas hace hincapié en que el Cristo es de su cofradía— y sirve para que todo el mundo sea consciente y para que esté ratificado. Es el documento de la terminación de la imagen, no habla de dinero. Es un documento de autoría y el colofón al trabajo, con la figura importante de Francisco de Gámez.

La cabeza del Cristo está muy inclinada hacia abajo y he podido ver el rostro a sus pies. Tiene la boca entreabierta y algo se ve de los ojos; aunque tiene serenidad también queda mucho padecimiento. Los rasgos son inconfundibles, pero más suaves que otras veces. Está vencido, pero la anatomía y todos los detalles se notan gracias a que la policromía parece intacta, como si su autor la hubiese terminado muy poco antes. El espectador puede ver entonces que en la corona de espinas está la famosa cabeza de la serpiente que parece simbolizar el pecado, y que he visto también en el Gran Poder y en el Señor de La Rambla. Tiene potencias antiguas de plata y desde luego la corona de espinas tallada en el bloque del cráneo, como hacía su autor. Le faltan algunas, pero está la herida de la ceja.

Lo había dicho Francisco Arquillo, que hizo la restauración en que apareció el documento de la autoría. «No sabemos quién, pero tuvo que ser otro genio importante. La cromatización y los tonos tan realistas le dan la vida a la escultura». Este es el momento en que los cofrades tienen que hablar de cómo su Cristo habla con ellos en el siglo XXI, de lo que significa.

«Es la dulzura de la muerte, es Cristo que te dice "aquí estoy yo, no te preocupes, que la muerte es un paso simplemente". Ese cuerpo fláccido, esa cara tan dulce». Las palabras de María Dolores me recuerdan al verso de Martín Descalzo: «Morir sólo es morir. Morir se acaba.»

—Si tuviéramos que explicarle a alguien visualmente lo que es la reforma de Trento y lo que es llevar la evangelización a la calle es este Cristo —afirma Antonio José Rojas—. No por tenerlo aquí la gente se acostumbra. Durante un intervalo de tiempo lleva al recogimiento, a la reflexión personal, que es lo que trataban aquellos artistas, y lo que la Iglesia quería: que cuando contempláramos una imagen de este calibre hiciéramos un viaje interior y entráramos en sintonía con lo que la Iglesia y Dios nos pide. Creo que lo resume a la perfección.

—Ves la perfección hecha, pero luego vas buscando el interior, qué hay detrás, y al llegar a la cara, lo resume todo con la unción.

—Es una invitación a una espiritualidad. Uno lo ve todos los días, pero no deja de llamar la atención. Con los pocos datos que tenemos de él, no puedo ver esta imagen sin pensar que Juan de Mesa era un hombre con unas convicciones fuertes, porque es imposible que fuese capaz de captar esta otra parte y que realmente no lo sintiera. Sería imposible —concede el hermano mayor.

Veo la caída del cuerpo tan en vertical y me asomo luego a su perfil derecho, el izquierdo mío, donde da la cabeza. Las imágenes de Juan de Mesa son siempre de bulto redondo, en tres dimensiones, como si más que esculturas fueran copias del natural. Visto desde donde yo estoy es todo serenidad y equilibrio, pero al acercarse a los dos lados y buscar el rostro el Cristo parece a punto de abrir los ojos y de hablar con los suyos. Es probable, me dicen, que el *patibulum*, el palo horizontal en que están clavadas las manos, sea el original del escultor. El hilo de sangre del costado cae hacia el centro y no hacia la cadera desnuda. Hay mucho más movimiento que quietud.

—¿Se acostumbra uno a estas imágenes? —pregunto.

—¡Qué va! Yo tengo miles y miles de fotos, y siempre hay un detalle nuevo. Las orejas, por ejemplo.

—Cuando los bajamos de su retablo para los cultos —sigue el hermano mayor— y lo tienes cerca, a un palmo de tu cara, cada vez le ves un matiz diferente y te expresa cosas totalmente diferentes. Tienes unas horas en soledad y no terminas.

Y van enumerando, primero María Dolores y después Antonio.

—El detalle de la espalda. Los dedos de los pies.

—Esa terminación de la espalda en la rabadilla es increíble, porque anatómicamente el hombro izquierdo tiene la luxación, y si no lo ves en una persona es imposible que los plasmes en una escultura.

—La cadera, esa línea.

—La boca entreabierta. No están los ojos cerrados del todo, unos diez o quince grados, pero la boca al verla de cerca parece otra imagen diferente. Ahí ves una muerte violenta; parece otra cosa contraria de la dulzura. Trasciende más allá de lo estético, de lo académico. Va más allá.

Puede que, como me han dicho, tenga la luxación en el hombro como el Cristo del Amor, que se habría hecho al estirar el brazo izquierdo para clavarlo cuando ya estaba el derecho fijo al madero, y sí es seguro que está aquello que me contó Rafael Candau en el Salvador cuando me dijo que la columna vertebral se marcaba con toda claridad por la posición de las manos clavadas en el madero. La policromía es agua clara que permite disfrutar de todos los detalles y con el tono luminoso estremece todavía más, porque las heridas están más a la vista. La barba y el pelo tienen un modelado minucioso y casi pictórico. Me he acostumbrado a que me cuenten que tiene talladas las nalgas hasta donde cubre el sudario y creo que en el hondo conocimiento de la anatomía el escultor se permite desnudar primero a Cristo para cubrirlo después. Así es más natural.

Como pasa con todas las imágenes a las que se ha rezado durante muchos años, de vez en cuando quienes están a los pies sienten el peso de la historia. También es un valor del Cristo. «Cuántas plegarias y súplicas habrá tenido», se pregunta el hermano mayor al hablar de cuánta gente con problemas y cuitas habrá llegado desde 1624. Si la saca un escultor de un taller hoy, por muy perfecta que fuera, no tendría ese poso de historia, de lo que ha visto. «El peso de la historia y de la imagen cae sobre los que estamos ahora mismo de paso, porque mañana serán otros», reflexiona.

Mientras me enseñan la iglesia me van hablado de que el pueblo sabe que es su tesoro y por eso los suyos procuran hablar del Cristo de la Vera Cruz. María Dolores cuenta que han regalado un mantel bordado con el lema «orgullo de Las Cabezas», y buscándolo llegan muchos viajeros que saben que el pueblo está junto a la autopista. Vemos mientras el resto de la monumental iglesia, con estupendos retablos barrocos y neoclásicos y un belén de Luisa Roldán, que me descubren con mimo.

Fuera me hablan de la estación de penitencia del Viernes Santo, en que al Cristo le sigue la Virgen de los Dolores, titular de una cofradía servita que se fusionó con la Vera Cruz. Ese día vuelven muchos cabeceños que viven lejos y que recogen lo que les enseñaron sus padres y abuelos. De esos empiezan a ser los músicos de la banda de cornetas y tambores El Amarrado de Ávila, que va tras el crucificado desde hace casi veinte años. No es una imagen más tampoco para ellos. «La mayoría son hermanos y cuando observo a la gente de Ávila que viene un día al año, los dos o tres minutos que están ante Él, mirando, se me pone la piel de gallina. La trascendencia, más allá de la devoción familiar. Gente que ve el mensaje que Juan de

Mesa quiere mandar. Se sobrecogen y le rezan. Hablan mucho de la hermandad y de su Cristo», relata.

Antes de despedirnos me enseñan la casa de hermandad y el paso de palio de la Virgen, y al regresar frente a la iglesia me cuentan la difícil salida ante el pueblo reunido y el comienzo de su camino por las calles, que intuyo desbordadas por la presencia abrumadora de la imagen. Lo he visto en sus perfiles y luego en todas las fotografías que me mandan: la caída del cuerpo es valiente y vencida, pura fuerza descendente, como si el escultor pensase en la época en que los drones eran capaces de colarse en todos los ángulos posibles y no quisiera dejar ningún punto en que pareciese que era una imagen de madera y no un hombre muerto colgado de la cruz. Tengo que dar muchas veces las gracias por haberme colado en sus vidas y en su iglesia a la hora de comer en un día de verano. Creo que por muchas horas que dure la procesión y por muchos años en que se vea, no habría tiempo para disfrutar de tanta maestría desbordada en el que fue el último crucificado excepcional de Juan de Mesa.

Las vértebras contadas en el Cristo de la Vera
Cruz. Foto: María Dolores Marchena

Conmovedor y próximo, equilibrado y maduro. Juan de Mesa ya tallaba como respiraba. Cristo de la Vera Cruz de Las Cabezas de San Juan. Foto: María Dolores Marchena

Juan de Mesa químicamente puro: poderoso y herido, dulce y con dolor en la cara. Cristo de la Vera Cruz de Las Cabezas de San Juan. Foto: María Dolores Marchena

21

EL VACÍO SITIADO

El documento que está en el interior del Cristo de la Vera Cruz tiene caligrafía firme y letra clara como corresponde a alguien que sabía usar muy bien las manos, y, sin embargo, para entonces, para el ocho de marzo de 1624, y para los meses que siguen, puedo pensar en que Juan de Mesa está tumbado por el agotamiento. No vacío de ideas ni abatido por la rutina que le obligue a repetir lo que ha gustado, sino con las fuerzas físicas gastadas, porque su esfuerzo tenía tanto de intelectual para pensar cómo tenían que ser sus esculturas como de mecánico para llevar a la madera lo que le bullía en la cabeza. Habrían pasado menos de diez años de sus primeras obras como escultor independiente y la lista, que para un amante del arte es admirable, para los que lo quisieran y para los médicos a los que llamase debía de ser aterradora. Si tenía una enfermedad crónica, la salud se la iba dejando en el trabajo.

A partir de 1624 los documentos con su firma se pierden durante dos años. El último de esta época es del diecisiete de septiembre de 1624, cuando con su cuñado Antonio de Santa Cruz termina el retablo de Santa Isabel, que se piensa que es la hermosa composición manierista que está en el altar mayor. El siguiente encargo documentado ya es de septiembre de 1626, pero las obras que han seguido apareciendo, y que los historiadores le han atribuido, desmienten que Juan de Mesa estuviera del todo postrado en una cama por la enfermedad. Me lo imagino sacando fuerzas de flaqueza para trabajar en algunos días y sufriendo cuando el dolor o el cansancio lo obligaran a descansar. Lo veo quizá recostado y dando vueltas a la forma en que resolverá una barba, al gesto que tendrá San Juan Bautista cuando le hayan separado la cabeza del cuerpo, o a la forma en que resolverá el arrobo místico de un evangelista. Lo pienso feliz quizá dos días después en el taller, cuando esté otra vez en frente de la madera y tenga ánimo para hacerla hablar.

La investigación de los últimos años ha llenado de bastantes atribuciones el que Hernández Díaz llamó «paréntesis expectante», y la primera tiene un documento, aunque no se mencione al escultor Juan de Mesa. El Nazareno de Vejer fue para mí primero una noticia en 2015. Había llamado a José Carlos Pérez Morales porque quería hacer un reportaje sobre las últimas atribuciones a Juan de Mesa, que publicaría en la revista de ABC *Pasión en Córdoba*. De lo que me contó hubo imágenes que me admiraron y que me interesaron, pero aquel Jesús con la cruz a cuestas me impactó tanto que coloqué su fotografía a doble página, para que los lectores no tuvieran más remedio que bebérselo hasta el final.

Me convenció con una fotografía vertical y en primer plano del rostro. El pelo natural que se le puso después apenas se apreciaba, y ahí sí que estaban el aliento congelado y la mirada triste, el debate entre las fuerzas que se han gastado y las que todavía quedan, y quizá por eso mismo estuviese pasando entonces el autor. No podía verlo, pero sí me habló de la postura, de la monumentalidad y de los rasgos de Juan de Mesa. Tal vez aquella revista fue la primera en que se difundió a gran escala que la serie de nazarenos con la cruz a cuestas no había terminado en La Rambla.

Carlos Gómez, historiador del arte y cargador de esa imagen que en Vejer de la Frontera se llama popularmente Jesús, me habla del documento en el que la cofradía encarga a su titular. No la firma con un maestro escultor, sino con Diego Rodríguez Quijada, pintor y dorador, que tenía que traerla. «Estoy convenido a favor de la cofradía de Jesús Nazareno, sita en el convento de las Mercedes, con Juan de Mesa, hermano mayor, y el mayordomo, de hacer para la dicha cofradía y procesión que se hace los Viernes de la Semana Santa de cada año, una hechura de Jesús Nazareno, en el tiempo, precio y forma y condiciones siguientes. Me obligo a traerla de mi costa de la ciudad de Sevilla, de madera de cedro, ocho cuartas, con su peana y cruz hueca, y todo lo demás necesario, para que luego se empiece a obrar y encarnar de mi mano».

El documento tiene fecha del dieciséis de septiembre de 1624, en esos meses oscuros en que apenas aparecen documentos firmados por Juan de Mesa, y en él, Rodríguez Quijada se comprometía a que estuviera allí el Miércoles de Ceniza de 1625. Parece que lo consiguió por la carta de pago, que se otorgó en noviembre de aquel mismo año. Cuando apareció el documento en la década de 1990, el Nazareno había llamado ya la atención y se hablaba de la escuela sevillana. Estaba el nombre de Juan de Mesa, pero no correspondía al escultor, sino al hermano mayor de la cofradía.

La cabellera, el pelo natural, es lo que más distrae, pero Carlos Gómez me obliga a fijarme en otras cosas, como las orejas grandes, que ahora no parecen proporcionadas, pero que tuvo que tallar entre el pelo, como siempre hacía. En la ceja izquierda está el azulejo de la espina, aunque la corona original no se conserve y lleve una de metal.

Hago entonces la pregunta que para mí es clave, la prueba que acercaría a esta imagen a Juan de Mesa por similitud con el Señor del Gran Poder y con Nuestro Padre Jesús de La Rambla.

—¿Y la zancada, tiene la zancada?

—Por supuesto, el pie derecho atrás. Con mucha separación. El dedo meñique del pie, que lo retranqueaba un poco. Es de talla completa, abocetado entero, y veo que en la parte de atrás falta madera. Tuvo que haber un sudario que alguien le quitó. Está entero en color carne, pero se aprecia desde el ombligo para abajo que hay algo raro, que está desbastado después.

Muchas coincidencias parecen entre la fecha, la ciudad de procedencia y los rasgos personales. La zancada no se aprecia en Semana Santa porque en Vejer, como en todo Cádiz, las túnicas tradicionales de los nazarenos son de cola y sólo lleva una corta en la capilla. Diego Rodríguez Quijada hizo una policromía en que ahora se aprecia el craquelado antiguo y también muchas diferencias con el resto de las obras de Juan de Mesa, con mucha sangre en la frente. Es de las pocas obras en las que trasciende el pintor que la ha encarnado. No deja de ser tan injusto como el mismo olvido del escultor que apenas se conozca el nombre de los autores de pinturas tan sutiles y equilibradas que multiplican la expresión de las imágenes.

Desde que llegó, como en tantos pueblos, Jesús es el gran protagonista de la Semana Santa desde que sale a las diez de la noche del Jueves Santo, después de los oficios, el sermón de las Tres Caídas y el canto de la Sentencia y la Justicia. «La noche del Jueves Santo es la noche de Jesús. Sus cofrades dicen que son hermanos de Jesús, simplemente. Las únicas hermandades que sobrevivieron al siglo XIX y a la Guerra Civil fueron la patrona y Jesús; todas las demás desaparecieron. Es un reflejo de que la gente le ha tenido mucha devoción, y sigue teniendo. Cuando se ve en la calle, el escenario es muy bonito. Lo cargo y se ve mucha gente que le tiene devoción, que rezan, lloran. Los nazarenos tienen mucho tirón, y la gente va mucho a verlo en la capilla».

Una imagen del Señor con la cruz a cuestas es la obra de Juan de Mesa que está más presente en los corazones de todo el mundo, la de la expresión que más ha hecho correr el verbo y la tinta y la que más ha conmovido a los que lo ven todos los días y a los que sÓlo fueron una vez.

Las noticias dicen que tuvo efecto inmediato, pero si hoy se le pudiera preguntar a Juan de Mesa quizá se sorprendiese, porque fue sobre todo un autor de Crucificados. De tamaño natural hizo diez, todos documentados, además de dos pequeños y uno que debió terminar en el mismo año de su muerte y que no se ha identificado. De Jesús Nazareno tiene documentados dos y otros dos atribuidos: el de aprendizaje del convento de Santa María de Jesús y este que sería el último.

La imagen fue para el convento de la Merced, que, en 1620, muy poco antes del Señor, estaba en unas casas. Su historia es de muchas mudanzas. «Cuando el Duque de Medina Sidonia decide hacer un convento mayor, de la única imagen de que hay constancia es esta, el Nazareno. Pasa a la iglesia de San Juan de Letrán, que era de un hospital cercano. En 1661, muchos años después, el hermano mayor Miguel de Morales Pocasangre lo vuelve a llevar a la Merced, porque compra la capilla para enterramiento suyo. En el siglo XIX, 1835, con la desamortización, cierra el convento, y la hermandad se va a la iglesia del Rosario, que ahora no existe. Cuando el padre Caro, en 1905, consigue reabrir la Merced, retorna el Nazareno, que siempre ha querido volver a su sitio. Y ya en 1969 se traslada a la parroquia. En la Merced está el retablo original y nada más», relata Carlos Gómez.

En el escenario figuran dos presencias que antes y después se relacionaron con el escultor. Primero, la orden de la Merced, que le había encargado el San José de Fuentes de Andalucía y el Cristo de la Misericordia, y que luego le pediría más. Luego, el Ducado de Medina Sidonia, que había fundado el convento. En su palacio de Sanlúcar de Barrameda hay una colección de escultura en la que llaman la atención varias piezas que llegan del desamortizado convento de esta orden. José Carlos Pérez Morales ha señalado a San Pedro Nolasco y San Ramón Nonnato como posibles obras de Juan de Mesa, y en estos mismos años, por la documentación de la época en que se levantó el templo y también por la perfección de las esculturas.

Cuando los habitantes de Vejer ya rezan a esa imagen de Jesús Nazareno ha empezado el año 1625, el más oscuro de Juan de Mesa. Aunque las atribuciones pudieran completar el calendario de encargos y entregas no hay imágenes grandes, crucificados ni proyectos apasionantes. El profesor Hernández Díaz fue el primero en lanzar la hipótesis de que padeció tuberculosis, aunque ningún médico pueda sacar ninguna conclusión científica con las simples conjeturas creadas por la falta de contratos. Hay veces que la enfermedad se manifiesta como reavivación de una infección anterior, quizá como una recaída. Quién sabe si en un primer brote habría que buscar la razón de que empezase tan tarde el aprendizaje con Montañés.

No hay nada que pueda probarlo, pero la imagen del escultor que trabaja con intensidad por miedo a una muerte temprana está llena de potencia y el vacío de ese tiempo ya ha caído en parte por el empuje del estudio y de las atribuciones. Como el creyente que parecía ser, el pánico estaría atenuado por la esperanza de la vida futura; como el escultor que tiene en el interior la llama de la creatividad y la superación, sabría que tenía que trabajar deprisa para no encontrarse al final con que su vida había sido una sucesión de encargos parecidos. Muchos escritores y artistas tuvieron que aprovechar sus pocos días acosados por las toses de sangre, el cansancio y los problemas de respiración. Gustavo Adolfo Bécquer murió con treinta y cuatro años; Frederic Chopin llegó a los treinta y nueve; Edgar Allan Poe y Franz Kafka sÓlo cumplieron cuarenta, y Chejov, como Juan de Mesa, cuarenta y cuatro años, y todos ellos dejaron huella en la música y en las letras con una creatividad que parecía sobreponerse a la dura convivencia con una enfermedad crónica. Tanta que hoy parece mentira que en un tiempo tan breve dejaran tanta influencia.

Recuerdo aquí el que siempre me pareció el gran escultor de imaginería del siglo XX, el único que en Andalucía fue capaz de superar los moldes del barroco. En los trabajos de Luis Ortega Bru se notan la tensión y el dolor hondo de un represaliado que vio cómo los que ganaron la Guerra Civil fusilaron a sus padres. Él mismo estuvo condenado a muerte y tuvo que padecer mucho, incluso tras haber demostrado la calidad de su trabajo. «Todas mis esculturas son desgarros. Mi arte es la expresión del alma de mis amigos que han muerto luchando por un ideal. Son como sueños torturados... Los que me tachan de duro no saben que no puedo vender mi arte a los que sólo quieren ver muñecos bonitos. Pero en las imágenes llenas de misticismo de la Virgen expreso todo mi amor hacia Ella, mientras que el Cristo es como un grito desgarrado».

También aquí puedo traer el recuerdo de Francisco Bonilla, un escultor que entre 1955 y 1961 dejó en Fernán Núñez, en mi pueblo y el suyo, dos imágenes sobrecogedoras de mucho sufrimiento. No lo conocí, pero mis padres y quienes sí lo vieron me contaron siempre que padeció muchos problemas de salud y que incluso la policromía verdosa del Cristo de la Buena Muerte y el dolor de Jesús Caído eran el autorretrato de un hombre que vivió siempre enfermo y que murió con sesenta años. Al mirar a Jesús de Vejer de la Frontera, tan desvalido, y también a las imágenes que se hicieron antes, no deja de encajarme que también se habría visto al espejo.

En esta etapa en que pudo estar enfermo, o quizá algo antes, hay varias esculturas de iconografía tan parecida que es necesario enumerarlas juntas. En la iglesia de la Asunción de Estepa hay una imagen de San Juan Evangelista que pudo venir de un convento femenino y que tiene bastantes de sus rasgos. No lleva la pluma en la mano derecha, aunque el escultor la hizo para que la llevase, sentado sobre una peña y en el momento de escribir o el Evangelio o tal vez el Apocalipsis, que a los escultores y pintores les daba más juego por la expresión de misticismo y éxtasis de este libro revelado. El libro está sobre la rodilla izquierda, que se apoya en una pierna algo más alta que el resto del cuerpo. Tiene a sus pies el águila del tetramorfos y toda la fuerza expresiva del maestro en los claroscuros y en los ojos que parecen salir del rostro barbado.

Pudo ser también un San Juan el que ahora se venera como San Marcos en la parroquia de Sevilla de este mismo nombre, aunque no todo el mundo está de acuerdo en la transformación. Se sienta también sobre una peña con el libro sobre el lado izquierdo, que está un poco más elevado, y esta vez sí que lleva la pluma. No está el águila ni tampoco el león que es el símbolo de San Marcos, pero sí va vestido con túnica verde y manto rojo, que es la forma en que se representa a San Juan en la iconografía tradicional, sobre todo en sus años de juventud, cuando fue testigo de la pasión. Parece algo más doliente que el de Estepa y que otro que está en una colección particular, pero que perdió casi todo en un incendio provocado en 1936, quizá en la iglesia de San Martín, donde habría velado el descanso eterno de su autor. Las fotografías antiguas muestran una imagen poderosa y expresiva. La escultura de San Juan que apareció hace unos años en una subasta puede ser anterior. No tiene barba y es más bien el joven que acaba de ver la muerte y resurrección de Jesús, aunque ya va con un libro y con el águila. José Carlos Pérez Morales cree que puede ser del artista cordobés.

En 1625 pudo hacer también otra figura perdida, que según las imágenes que han quedado debió de ser excepcional. Representaba a San José con el Niño Jesús en brazos y estaba en Guadalcanal. Para aquel año ya había terminado el encargo de la Cartuja de Santa María de las Cuevas y este grupo escultórico parece resuelto en la misma postura, sobre todo en el Niño, que descansa sobre el hombro izquierdo. Tienen miradas profundas y poderosas los dos: la de Jesús perdida en el horizonte y la de San José que mira como intuyendo la singularidad de la persona a la que sostiene. Si partió de aquella obra también lo hizo esta vez con sus propios rasgos de expresión y de desgarro.

Y lo mismo ocurrió con dos representaciones de San Juan Bautista. La primera está en el convento de Santa María la Real de Bormujos, un reciente templo dominico al que no se sabe muy bien cómo llegó. También hay que mirar a la Cartuja, y si aquella vez era una imagen plena de clasicismo, contención y equilibrio, quizá para agradar a un encargo en que primero habían buscado a Montañés, ahora Juan de Mesa vuelve a los propios caminos de la fuerza monumental. Estuvo hace pocos años Sevilla para una exposición organizada por la hermandad de Montserrat y allí se notó cómo la monumentalidad de las obras de Juan de Mesa se da incluso en aquellas que tienen un tamaño inferior al de una persona. Este mide ciento treinta y cuatro centímetros y parece desbordar las medidas.

Juan el Bautista es ahora un hombre de mayor edad, con pelo ensortijado y la barba cerrada. No lleva nada en las manos, aunque pudo tener algún atributo por la posición de los dedos en la izquierda, y con la derecha señala al cordero en el que anticipa la llegada inminente de Jesús. Todo aquí es ya barroco en el pliegue de las toScas vestiduras, que por su mano se vuelven lujosas, y, sobre todo, en la poderosa anatomía de los brazos. Ahora sí es el rudo comedor de saltamontes que llamaba a la conversión y predicaba con el ejemplo de una austeridad extrema, pero Juan de Mesa nada duro lleva al límite y hay algo también dulce y amable en la mirada.

Hay que conservar en la memoria el mechón de pelo que está en el centro de la cabeza y que cae en parte sobre la frente, porque servirá para relacionarlo con la siguiente obra. En 1625 Antonio de Santa Cruz, cuñado de Juan de Mesa y colaborador en algunas de sus obras, actuó como testigo en la contratación de una bandeja de plata. Allí había que posar una cabeza degollada de San Juan Bautista, como se presentó en aquella fiesta en la que el rey Herodes no quiso desairar ante sus invitados la petición de Salomé. La cabeza está en el tesoro de la Catedral de Sevilla y no hay muchas dudas de su autoría. Tiene los mismos rasgos que la imagen de Bormujos, y desde luego el mechón central. Parece salir todavía de la boca, bastante abierta, algún aliento de vida, como pasaba con los decapitados por la guillotina en los segundos posteriores a la caída de la hoja fatal.

La cabeza se posiciona sobre la bandeja de plata sobre un lado y se ven el esófago y todos los grandes vasos sanguíneos seccionados por el golpe terrible del hacha, pero es el único detalle de dramatismo cruel. El rostro de la imagen todo lo trasciende y los ojos todavía no se han cerrado del todo. Está el rastro próximo de un dolor cruel que tendrá que imaginar el espectador, porque la muerte en Juan de Mesa es más sugerencia que relato forense. A esas alturas de tantos Cristos muertos o yacentes bien sabía cómo hacerlo.

Entre las fuerzas que se han gastado y las que quedan, Jesús Nazareno de Vejer de la Frontera. José Carlos Pérez Morales

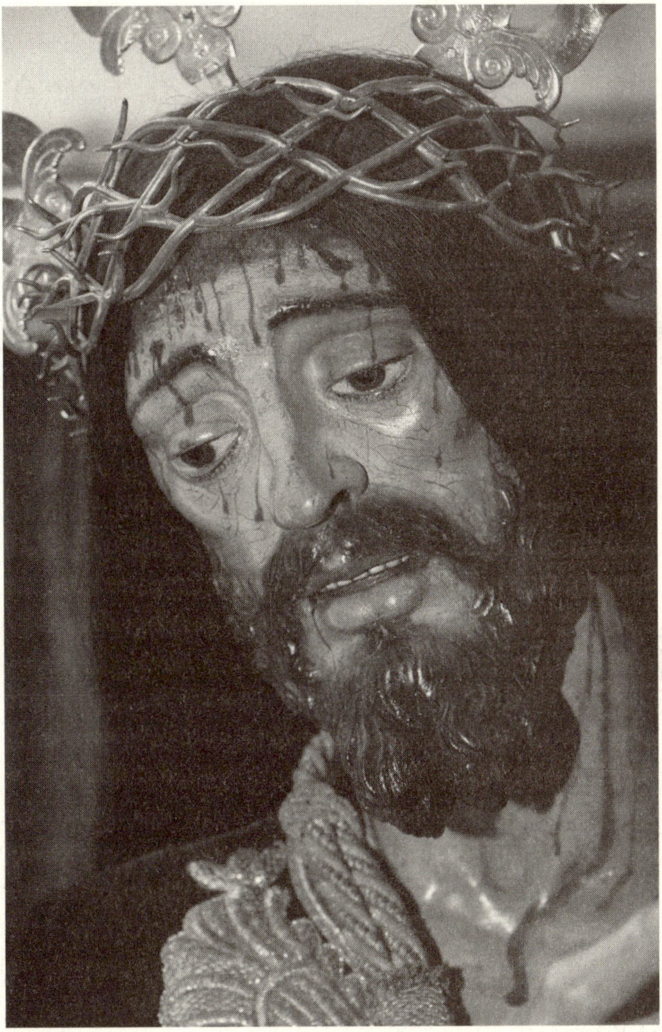

Aliento congelado y mirada triste en Nuestro Padre Jesús Nazareno de Vejer de la Frontera. Foto: José Carlos Pérez Morales

San Juan Evangelista atribuido en los últimos años. Foto: José Carlos Pérez Morales

22

QUEBRADA DE REFLEJOS

La anatomía desnuda de los crucificados, el movimiento de la rodilla en el cuerpo que parece que seguirá avanzando, los hombros descoyuntados en los cuerpos exánimes, las bocas de las que parece que apenas puede salir un poco de aliento y. sin embargo, tienen todavía fuerza para hablar y perdonar; las manos que toman la cruz con delicadeza o con fuerza, los huecos que han abierto los clavos en los pies desagarrando tejidos y tendones y abriéndose paso por los huecos de los huesos. Las espinas que taladran las cejas y las orejas, los brazos en que se sugiere más que se describe la fiel anatomía de los músculos y las venas. La muerte a la que se camina, la muerte que se siente y la muerte que ya ha sucedido. Así ha pasado hasta ahora casi todo el camino por las obras de Juan de Mesa, o por lo menos por las más admiradas. El dolor es siempre propio y los quejidos parecen por uno mismo, por la carne, por el dolor, por el abandono de los que hacía pocas horas juraban que hubieran bebido del mismo cáliz sin dudarlo.

La pasión, que es de lo que hablan las cofradías, es una historia de muerte, resurrección y perdón que concede un Dios que se ha hecho hombre, pero en la piedad popular, que sigue las fuentes de las escrituras y la tradición que nunca se equivoca, es también la de una madre que sufre al ver al hijo maltratado y colgado del madero. Juan de Mesa había perfeccionado al escultor para las cofradías y había incorporado conceptos que le sobrevivieron y que marcaron a casi todos los que llegaron después, pero lo hizo sobre todo en las imágenes de Cristo. El tiempo, el silencio de los documentos o las dudas han difuminado lo que pudo hacer al plasmar a la Virgen Dolorosa y obliga a hablar de ellas siempre con inseguridad. Es lo que estoy pensando al pasear por las setas de la Encarnación mientras adivino las espadañas de los conventos cercanos y las torres de las iglesias. Cae el sol en la ciudad en una tarde de enero que todavía no ha oído hablar de que todo el mundo se encierre ni de que ese año, por la esquina del vecino marzo, no llegará Jesús Nazareno. Mientras apuro mis minutos en Sevilla pienso en que en aquella tarde era imposible un mundo como el que ahora me rodea.

Me lo dijo Carlos Colón al principio: las grandes dolorosas antiguas de Sevilla no están documentadas, cuando hasta las imágenes de San Juan lo están. La Macarena, la Amargura y la Estrella desvelan su belleza en la sutileza intrigante del misterio, de unos pocos años inconcretos y de unas manos que todavía no tienen nombre. En los años en que Juan de Mesa reemergió del olvido como el gran escultor de la pasión se le adjudicaron sobre todo dos imágenes. La Virgen de la Victoria se llegó a tener por mucho tiempo como la dolorosa que había hecho para la cofradía del Amor de Cristo. Había cierta coincidencia entre los cofrades de las dos corporaciones y también algunos rasgos de estilo. Alberto Villar y muchos otros profesores dicen que, por el estilo, y quizá por las sucesivas restauraciones, no se puede mantener.

Es una imagen de un dolor intenso y una presencia arrolladora que se hizo, como las mejores, para que nadie la olvide. Soy testigo: sólo la he visto tres veces en mi vida y me estremezco al recordarla en su paso de palio los Jueves Santos de 1995 y 1996, con la candelería ya encendida, junto al hospital de la Caridad, en la intimidad de una epifanía única. Todo dolor, todo expresión, todo luz, todo ternura. No me decepcionó tampoco la última vez, en la tarde del trece de octubre de 2018, cuando regresaba a su capilla tras la coronación canónica. Era esta vez a plena luz y la vi venir varias veces, primero de frente y luego por los perfiles. Para entonces todo hacía pensar que la mano directa de Juan de Mesa no estaba allí, y que los ojos y la boca del maestro eran distintos, pero qué me importaría entonces delante de una imagen como Ella, de la que no me podía despegar. Era grande y monumental y eso reforzaba la atribución, pero los párpados la alejaban. Recuerdo unas reglas antiguas de su cofradía en que aparecía con el mismo rostro, pero con la cabeza recta. La posición actual es de una intervención del siglo XIX que le introdujo una cuña y le inclinó la cabeza a la derecha.

De Juan de Mesa quizá sean, ya he hablado de ellas, la Virgen del Socorro y la Virgen de Montserrat, que podría ser incluso de las más antiguas que hizo. Ahí sí parece estar algo de su estilo, aunque falten papeles y sobre misterio. También se ha hablado de la Virgen de la Soledad de Santa Olalla del Cala, en la provincia de Huelva. El rostro es un óvalo perfecto y las cejas sutiles y los ojos recuerdan al maestro, pero por ahora se admite más como una obra del círculo. Su única Dolorosa documentada es la Virgen de las Angustias de su ciudad de Córdoba, a la que menciona en su testamento y que llegará en su momento; por comparación con ella, Hernández Díaz y casi todos los grandes profesores han coincidido en que es suya la Virgen del Valle.

Llego temprano a la cita en la Anunciación, como he hecho muchas veces para admirar a las imágenes, y me da tiempo a pensar en cómo ha cambiado la historia. La que fue iglesia de la Casa Profesa de la Compañía de Jesús está llena de joyas de Juan Martínez Montañés y me fijo en el recién restaurado retablo de San Juan Bautista, con exquisitas escenas, y en las imágenes de San Ignacio y San

Francisco Javier. Y, sin embargo, la mayor parte de las mil veces que he pasado las puertas colosales que se abren para tantas cofradías que huyen de la lluvia, he pensado que entro en el Valle, en la presencia de esa dolorosa que se atribuye al discípulo. Eso es lo que realmente sabemos de arte los pobres cofrades, me lamento cuando me nace el templo imponente y me doy cuenta de lo que me gustaron siempre las iglesias con una sola nave.

Al principio hay una vitrina con distintos objetos litúrgicos y artísticos vinculados a la iglesia y allí hay una pieza de Juan de Mesa a la que pensaba en otro lugar. Es un busto-relicario de San Francisco Javier que se le atribuye y que hizo para esta misma iglesia. Ahora pertenece, como el mismo templo, a la Universidad y ha estado en el Rectorado, aunque tiene sentido que se pueda admirar en el lugar para el que se talló. Es una pieza impactante por la expresión del santo, que se sujeta el pecho en lo que parece la representación de los «ardores» que tuvo por anunciar el Evangelio en las misiones de las que es patrón. La mirada a lo alto y la fuerte expresión lo hacen una pieza llamativa en sus setenta centímetros desde el pelo hasta la cintura. En su interior hay entre otras reliquias, una carta manuscrita original de San Ignacio de Loyola.

Avanzo después con la guía del retablo pictórico y en el lado del Evangelio del crucero están las imágenes de la cofradía del Valle. Nunca supe con qué quedarme de esa cofradía; siempre me pareció tocada por una yuxtaposición sobrenatural de perfecciones que bendijeron a los suyos. Hay hermandades con alguna imagen extraordinaria y ellos tienen tres y si hay días en que me olvido del mundo en los ojos de la Virgen, en otros me conmuevo con el Señor con la Cruz al Hombro y más de una vez he acudido al besapiés para sumergirme en el mundo interior del íntimo y no siempre bien admirado Cristo de la Coronación de Espinas. Hay excelentes conjuntos de misterio y ellos tienen dos; andas personales y de buena composición, y también son las suyas; piezas de bordado fastuosas y palios antiguos y catedralicios y ese es el de la Virgen del Valle. Toda una Semana Santa reunida en los metros en que la cofradía se despliega.

Ahora he venido por la Virgen del Valle y en Ella me detengo antes de empezar. Es una imagen monumental, como las de Juan de Mesa, algo teatral en la mirada que se inclina al lado izquierdo y que conquista el mundo a través de los ojos, que son almendrados, grandes, poderosos. Y cambian según las circunstancias y según el punto de vista que se adopte. Me pongo en la primera fila y quiero escuchar el llanto. La cofradía actual surgió de la fusión entre la de la Coronación de Espinas y la de la Santa Faz y Nuestra Señora del Valle, que estaba en el convento franciscano que tenía esta advocación de la Virgen. Allí residía entonces la cofradía del Traspaso, que desde 1620 tenía a la imagen de Jesús Nazareno que más tarde se iba a conocer como Señor del Gran Poder. Además del estilo no parece raro que los cofrades buscasen para su Virgen a quien había hecho aquella escultura que desde entonces impactaría. La Virgen del Valle puede ser de hacia 1625.

A la izquierda del Cristo de la Coronación de Espinas está la casa de hermandad y allí me espera María Luisa Martos, que ha pertenecido toda su vida a la cofradías y que ahora ejerce como camarera, así que está muy próxima a Nuestra Señora del Valle. Los ojos se me van por las vitrinas y por su patrimonio asombroso, pero tenemos que subir y nos sentamos al lado del manto procesional de la Virgen, el manto de lo que unos llamarán estrellas y otros soles, como si no fueran lo mismo, y que bordó Juan Manuel Rodríguez Ojeda. Lo resume con unas palabras que más que biografía son el secreto de la pervivencia de las hermandades: «Vinculada a la hermandad y en concreto a la Virgen, toda mi vida por tradición familiar, mi madre, mi abuela… Es la imagen que siempre he visto en mi casa, la que mi madre me ha inculcado como mi Virgen, y la que a su vez inculco a mis hijos». Y al margen de ello, también es algo más.

—Dicen que es la que más llora.

—Sí, es cierto. Lo veo también objetivamente. Si no la más dolorosa, de las más —me dice, y para justificarlo deja caer algunas cuantas razones en las que no he caído. Y creo que lleva razón—. Es cierto que no tiene nada que ver ahora en el altar, con la luz de los focos, a con la candelería. Con la candelería esta imagen, y creo que casi todas las imágenes antiguas, se elevan. Pienso también que eso es porque en el siglo XVII no había luz eléctrica, había velas, y los imagineros de aquella época trabajarían a la luz tenue de las velas. Es una de las que más lo acusa, también por la historia de los ojos. Es verdad que se humaniza y a veces la oyes llorar, aunque sea un poco poético.

—Hace tiempo que no la puedo ver más que en la iglesia —digo—, pero sé que cambia de cuando está en el altar al besamanos y al paso. Parece que tiene los ojos más grandes.

—Cambia siempre que se mueve. En el paso los tiene del típico color verde, pero no tiene los ojos verdes —revela—. Pero ese reflejo de la candelería le hace ese color, porque ahora mismo no los tiene verdes. Pero sí que se humaniza y que cambia muchísimo. Cuando se baja para algo, cuando la inclinan para algo tiene otra expresión. Repito: que no quiero que parezca que es pasión mía de aquí. Las imágenes para el que las mira son humanas, ahí está en juego todo esto.

Cuando escucho sus palabras vuelvo a recordar los momentos extraordinarios en que la Virgen del Valle se muestra más como una aparición que como una imagen muy bella. Primero me acuerdo del besamanos de 1996, al que fui un viernes entre clases y ciclos de conferencias de la Facultad, que estaba a un paseo. Me sentí zarandeado por la presencia de la Virgen bajo el crucero de la iglesia y ahí estaba con los ojos que yo veía verdes y que parecían espejos en los que las lágrimas a punto de estallar reflejaban al que se acercaba tembloroso. Hasta las manos, con la rosa de pasión, parecían interpelarme. Me parecía entonces que había crecido y que le quedaba pequeña la tremenda altura a la que tendría que subirse después. No, no es pasión de los suyos.

—¿Cómo es la relación de los devotos con Ella? —busco.

—Entre sus devotos hay muchos que no conocemos, pero evidentemente, para ellos, es lo más. Incluso aquí tenemos dos Cristos que son una maravilla, pero la Virgen es la que manda —y vuelve a darme algunas de las claves—. Hay mucha gente que cuenta vivencias, pero es que además no es una devoción como otras más populares. Es más callada, más para dentro. La prueba es, no ya el Jueves Santo, sino el Viernes de Dolores con la función principal. Es por la mañana, un día laborable, y la iglesia de la Anunciación es grande, pero está llena. Llena. Hay gente de todas las edades. Yo no conozco un Viernes de Dolores yendo al colegio, porque para mi madre, igual que yo hago con mis hijos, ese día era festivo. Es bonito verlo, porque ahí se ve la devoción que tiene. Es verdad que la música de la misa de Gómez Zarzuela es espectacular y hay gente que vendrá a escucharlo. Pero la función empieza a las doce y cuarto y termina a las tres de la tarde y la iglesia sigue llena, y la protestación de fe dura una hora. Ahí se ve ese tirón que tiene, porque es un día laborable para todo el mundo.

—Y con la Virgen altísima.

—Sí, muy alta, y luego por la noche se baja. Con la iglesia llena, porque es como el rito de que la Semana Santa ya está aquí y baja la Virgen del Valle. Son cosas que atraen también la devoción de la gente. Siempre ha sido una cofradía de pocos nazarenos, pero los cultos se llenan. Es de las pocas imágenes que tienen todavía un septenario y los bancos se llenan. Son siete días que hay que estar aquí, que a veces llueve y hace frío y puede ser que el cura sea un tostón. A lo mejor mueven más a la inquietud los cultos y el día a día que el Jueves Santo. El Viernes de Dolores es nuestro día.

Me ha dicho María Luisa Marcos que es una devoción callada, hacia dentro. No poco numerosa, pero sí más íntima y menos de masas. Me vienen a la cabeza los dos años en que la vi en una bulla que no gritaba, pero que tampoco se marchaba; que no hablaba, pero que no podía dejar de mirar. Lo que la rodea es tan unitario que no puedo evocar los finos varales sin acordarme de las caídas y las piñas bicónicas de claveles de un inconfundible rosa pálido. Quizá fuera por la juventud de los veinte años, por azoramiento o por el comportamiento imprevisible de tanta gente, pero un año en que miraba aquellos ojos conmovedores en la calle Orfila terminé tan cerca del respiradero que el maniguetero de la derecha me tuvo que reñir. «¿Pero es que te vas a meter debajo del paso?». La camarera sabe que es cierto: «Siempre lleva muchísima gente delante. Atraída por eso, porque Ella parece que se eleva».

Los ojos, del color que se quieran ver, aparecen en cada momento. La boca es fina y delicada y las cejas son muy sutiles. Con todo eso habla la Virgen del Valle. Tuvo restauraciones en el siglo XIX, pero la más compleja fue en 1909, cuando sufrió un incendio en su altar de la iglesia del Santo Ángel, donde residió durante casi ochenta años. José Ordóñez tuvo que reparar los daños bajo la mirada del canónigo Muñoz y Pabón y el artista Joaquín Bilbao. En este último trabajo pudieron llegar los ojos verdes, si es que son verdes, según escuché decir a Juan Manuel Miñarro: «Es parte de la leyenda de la Virgen del Valle».

Nunca los vi tan verdes como una medianoche de Jueves Santo en un lugar tan poco estético como la trasera de los palcos de la plaza de San Francisco, cuando llegaba desde Hernando Colón buscando el camino de vuelta. La cera que había visto como una arquitectura inamovible al caer la tarde ahora había tomado las formas que le hubiera dado cualquier escultor y había mucha menos gente. La disfruté largo tiempo y al despedirse ya reparé en el palio antiguo, en los faroles que se reparten por los costeros y hasta escuché su marcha, porque la Virgen del Valle no va con música prestada. Había escuchado la explosión de llanto en que la obra de Gómez Zarzuela culmina de emoción y se perdía con lo que ahora sé que es un corazón a punto de apagarse al ahogarse en el río, la historia de un homenaje fúnebre que tuvo que fundirse con un canto a la Virgen. A muchas de sus partituras les pude poner cara y firma pasados los años. Todavía no conocía, ni yo ni muchos, aquella *Valle de Sevilla* que ya había escrito el maestro José de la Vega y que iba a hacerse clásica, y aún tendría que llegar *Sine labe concepta,* la pieza tan lírica y delicada con que Antonio Moreno Pozo ganó el Font de Anta. Y *Jesús con la cruz al hombro,* que escribió José Manuel Delgado, un cofrade del Valle al que luego la mismísima Virgen de las Angustias casi le sugirió al oído que le escribiese música.

Vuelvo a la tierra y a esa casi Cuaresma de la que todavía no sé si apenas llegará. Pregunto entonces por los momentos más íntimos junto a Ella.

—Tiene un dolor que está llorando en su máximo apogeo. Un dolor tremendo, es que se la ve sufrir. Depende de cómo la mires. Influye un poco también el amor que le tengas, pero depende de cómo la mires, se dice «la Virgen está contenta». En mayo le daba el sol de lleno por la ventana, y era otra. No tenía ningún atisbo de ese llanto que lleva el Jueves Santo. Nunca la vemos con sol, pero dándole de lleno por la ventana, frente a la vidriera, era otra expresión completamente distinta.

—Uno no se acostumbra, imagino.

—Impone mucho, porque cuando estamos tan cerca que la estamos vistiendo, es de tú a tú. Impone mucho. Te acostumbras, pero la primera vez fue una cosa increíble.

—¿Cómo vivieron aquella restauración del IAPH? —pregunto—. Para un devoto siempre es una prueba.

—Fue duro estar sin Ella los meses que estuvo en el IAPH. Había visitas no solo por ver a la Virgen, sino por estar con Ella un rato, sabiendo que estaba ahí dentro. No le faltaron flores aquí. Cuando la trajeron venía en un cajón que se le hizo ex profeso, con una capita y una capuchita y se invitó a una serie de hermanas a ver a la Virgen cuando llegó. Eran las tres de la tarde. Se cubrió de flores todo el pasillo central de la iglesia y entró el cajón y se destapó. Era una maravilla, más joven; no hay palabras.

—Gustó.

—Claro, era la misma, pero sin la suciedad. La gente decía «está más joven», porque había que quitarle la suciedad. Pero no cambió en nada. También había miedo con los ojos, y los ojos ahí están y son los mismos. Los ojos son parte de todo lo que tiene.

Cuando pasen las semanas encontraré en las redes sociales unas fotografías en que estará vestida de hebrea. Pensaba que no me entusiasmaba esta forma de vestir, pero en realidad lo que me pasa es que no me parece que deba ser obligatorio para todas. La Virgen del Valle la luce con una naturalidad asombrosa, como esas dolorosas de Pedro de Mena que llevan esos colores en los bustos de talla completa. Por eso quiero hablar de la forma de vestir, porque las dolorosas están hechas para verse con rostrillos o tocados, con mantos y sayas. «Tiene un estilo creado para Ella. El vestidor, Antonio Bejarano, sabe a lo que se enfrenta cada vez que viene. Ese es el estilo que tiene la Virgen y el que se está intentando recrear, que es el estilo de los años cuarenta, cincuenta y sesenta, de cuando estábamos en el Santo Ángel, pero adaptándolo al tiempo presente.

Hemos terminado y conozco entonces al hermano mayor, Gonzalo Pérez de Ayala, y conversamos en la planta baja ante la vidriera iluminada. Miro entonces la túnica del Señor con la Cruz al Hombro, con un sentido del diseño —de Antonio del Canto— y del bordado —Teresa del Castillo— al que poca gente podrá llegar hoy, y me detengo en el simpecado de Rodríguez Ojeda, con un impresionante bordado de hojilla de plata. Están allí las caídas del palio, que luego empezó a restaurarse en el Instituto Andaluz de Patrimonio Histórico, y muchas piezas de exquisita plata vieja. La espina, aquella misma a la que pudieron rezar Juan de Mesa y María de Flores para pedir los hijos que no llegaron, sólo se muestra en ciertas ocasiones.

Cuando salgo de la Anunciación ya es de noche y sé que tendré que seguir alimentando de evocaciones y lecturas mis recuerdos de la Virgen del Valle.. Me viene a la cabeza Rafael Montesinos, aquel poeta de la nostalgia lacerante: «Oh padre mío, / cuánto silencio hay en este Viernes / tan lejos de mi vida, / cerrada para siempre la cancela / que a nadie espera ya». Era del Valle, pero para despedirme de la Virgen prefiero los versos de Juan Sierra, sonoros y visuales.

Es ya tarde. Recogen su tristeza
los últimos espejos.
Entre dos luces nace tu belleza
quebrada de reflejos.

Llevan las asas de tu pena henchida
de brillos maternales
a la penumbra larga de la vida
dos ángeles iguales.

Tu cristalina soledad se fragua
en ópalos sagrados.
Lloran bajo la sombra azul de agua
parques enamorados.

Hay veces en que sólo las imágenes alucinadas del surrealismo pueden explicar lo que le viene grande a la razón.

«Entre dos luces nace tu belleza / quebrada de reflejos». Nuestra Señora del Valle. Foto: Manuel Jesús Rodríguez Rechi

Inolvidable aunque sólo se le haya visto una vez, la Virgen de la Victoria, atribución tradicional a Juan de Mesa. Foto: Javier Comas

La Virgen del Valle y sus ojos verdes a la luz de las velas. Foto: Javier Comas

23

TAN CALLANDO

Tengo cuarenta y cuatro años y hace tiempo que me he acostumbrado a las canas en el pelo. No me han bañado de nieve la cabeza y aún son mejores que el cartón a la vista que cuando era joven esperaba para este tiempo, pero me recuerdan la edad que tengo. Quien se mira al espejo todos los días no se da cuenta de que envejece hasta que una de las gotas del paso del tiempo suena más fuerte que las demás. Antes de afeitarme me fijo en que si me dejase barba sería mucho más blanca que morena. Nadie es capaz de notar en el paso de los días cómo le cambia la vida.

Hace mucho que no puedo salir a la calle sin que las gafas me indiquen cómo es el mundo a más de cinco metros de distancia, pero las que tengo ahora no me sirven cuando en ciertos días no puedo enfocar bien de cerca, y eso pasa estos últimos meses más de lo que quiero. Tomo una pastilla todos los días contra la hipertensión y aunque tengo la frente casi limpia de arrugas, de vez en cuando me aparecen junto a los ojos. El miércoles uno de julio, el día en que he hecho la ruta del Cristo de la Misericordia de Osuna al de la Vera Cruz de Las Cabezas de San Juan, para terminar luego en Montserrat, he quedado para comer con mi amigo Daniel Ruiz, compañero de la carrera y hoy uno de los escritores españoles con más personalidad, frescura, pulso narrativo y bisturí para contar la realidad. Hace cinco años que no nos vemos en persona. Bellavista a las tres de la tarde y al aire libre no es ningún oasis, pero, aunque el cobijo de la sombrilla sea un pan algo duro, la alegría del reencuentro rebaja cinco grados la temperatura y la cerveza es mejor que cualquier cóctel en el Caribe.

Hablamos algo de los viejos tiempos y mucho de los libros que antes compartíamos y de los que nos siguen uniendo cuando nos hacemos alguna recomendación por las redes sociales. Le felicito por su estupenda novela *El calentamiento global*, que acabé con la pena de que se me terminara y tuviera que despedirme de su ambiente y de sus personajes, y le hablo de este libro que estoy escribiendo y de cómo quiero empezarlo. «¿Murió con cuarenta y cuatro años?», me pregunta en un hilo de voz en que noto una brizna de angustia. Es mi edad y es la suya, y en ese tiempo Juan de Mesa no sólo había vivido todo lo que le tocó, sino que también dejó obras por todas partes como para que se le recordase y venerase; tan importantes como para que muchos hayan escrito y como para que yo lleve meses leyendo y recorriendo iglesias en busca de sus huellas.

No somos viejos y lo sabemos, pero he visto muchas veces la fotografía que nos hicimos al final para compartirla en un grupo en que estamos con otros amigos de aquellos mismos años. Nos reconocemos y nos vemos iguales porque nos parecemos al buen recuerdo que nos guardamos unos de otros, pero los años se echan encima y los cuerpos ya no son los de los dieciocho ni los veinte años. Es sólo que al vernos no nos vamos a fijar en las estrías del tiempo.

Los que a base de pelo teñido y operaciones creen que le ganan alguna batalla al paso invencible del tiempo gastan el esfuerzo con la misma vanidad que si yo retocase la fotografía para volver a ser como éramos al final del siglo XX. No es el efecto de los años lo que me preocupa. Con la ilusión de ver crecer a los hijos y con la de los proyectos que nos contamos tenemos para borrar las canas y las grietas que aparecen en las voces, que ya perdieron el eco de los años de casi chavales. Lo peor es el síntoma de que el tiempo corre para terminarse. Lo decía Joaquín Sabina: «Este hacerse mayor sin delicadeza».

El hombre es hombre sobre todo porque cree en la infalibilidad de la muerte, pero llena su vida con las inercias de que los días no se le terminarán nunca y con la esperanza de que podrán esperar las cosas que todavía no ha podido concluir. Se nota con esa gente a la que se ve sólo de tarde en tarde y que vive en el recuerdo de días que quedaron en otros barrios de la vida. De vez en cuando se piensa en volver a verlos y hasta se hace, pero también hay noches en que se cae en la cuenta de que llegará un día en que sea el último. No habrá próxima cita porque en la siguiente ya faltará alguien. Cinco años pueden pasar rápido, pero cuatro intervalos ya son veinte. Cuando se tienen esos veinte parece una eternidad, a los cuarenta parece que es fácil y a los sesenta la suma empieza a acercarse al cero absoluto.

Juan de Mesa era, por el temperamento de su obra y por el pensamiento del tiempo en que vivió, un hombre del barroco. Como todo el mundo de su época, debía de tener presente a la muerte y quizá supiera que convivía con ella desde el instante en que tuvo conciencia de que en algún momento se marcharía. Para los barrocos, la muerte es un proceso que comienza con el nacimiento y eso les obliga a un pensamiento algo pesimista y estoico. Disfrutan del tiempo que tienen, pero de vez en cuando miran a su lado y saben que caminan junto a su mismo final inevitable.

Luis de Góngora, que murió el mismo año que Juan de Mesa, aunque llegara hasta los sesenta y seis, lo intuía con el son inevitable de una aliteración: «Mal te perdonarán a ti las horas, / las horas que limando están los días, / los días que royendo están los años». Unos años más tarde Francisco de Quevedo era más terrible: «Ya no es ayer; mañana no ha llegado; / hoy pasa, y es, y fue, con movimiento / que a la muerte me lleva despeñado». Por un golpe invisible, o por el lento goteo de las enfermedades de los años.

Pudo Juan de Mesa saber que no tenía buena salud y temer que no viviría demasiados años, y habría visto morir a hombres y mujeres más jóvenes de lo que él era entonces sin que nadie se extrañase demasiado. Algunos matrimonios tenían muchos hijos porque sabían que muchos no pasarían de sus primeros años. No había vacunas que protegiesen contra las enfermedades que atacaban el precario sistema inmunitario de la infancia. La esperanza de vida era de cuarenta y dos años por entonces, pero todos los que escribían del paso del tiempo lo hacían mucho después de los cuarenta y cuatro. «Lo que no he podido dejar de sentir es que me note de viejo y de manco, como si hubiera sido en mi mano haber detenido el tiempo, que no pasase por mí, o si mi manquedad hubiera nacido en alguna taberna, sino en la más alta ocasión que vieron los siglos pasados, los presentes, ni esperan ver los venideros», se quejaba Miguel de Cervantes, en el prólogo de la segunda parte del *Quijote*, de los insultos del que se había atrevido a hacer un apócrifo sobre las aventuras de su Caballero de la Triste Figura. Él tenía sesenta y siete años y, aunque muriese al año siguiente, ya pudo sentirse con más suerte que muchos. Solo si alguna vez se encontrara la tumba exacta de Juan de Mesa se podría investigar la causa de su muerte. Ahí se podría intuir si la sintió venir y si en esa amenaza constante, desde que era joven, está una parte de la angustia y la expresión de su obra.

El uno de septiembre de 1626 el nombre de Juan de Mesa reaparece en la historia para seguir con su obra y no es el moribundo al que le faltan menos de quince meses para descansar bajo el suelo de San Martín, sino un artista maduro que derrocha magisterio y que ha resuelto los defectos para que el acabado de sus esculturas esté a la altura titánica de la expresión. Lo sabemos ahora que estamos cerca de esa fecha que tantos cofrades y devotos suyos, porque esto somos, celebramos como si venerásemos a un santo, pero si la muerte lo buscaba, iba detrás de un escultor en su plenitud. Ese uno de septiembre, dos años después del último documento, Juan de Mesa se comprometió a hacer una imagen de San Ramón Nonnato, una de las personalidades fundamentales de la orden de la Merced, para el convento de San José en el que ya estaba el Cristo de la Misericordia.

Hoy la escultura que le encargó fray Juan de San Ramón pertenece al Arzobispado y se exhibe con toda justicia en el Museo de Bellas Artes de Sevilla. Pagó novecientos reales por una obra de siete cuartas y media que ahora son ciento setenta y ocho centímetros que parecen desbordar la sala y dejan la sensación de que en algún momento los labios van a romper el candado para hablar. A sus cuarenta y tres años cumplidos, y no sabemos si enfermo o recuperándose, Juan de Mesa hizo una obra que no figura en los devocionarios pero que derrocha la expresión de sus mejores Cristos y la plena seguridad de un maestro. Es todo lo que se puede reconocer del escultor, pero en un plano nuevo de perfección formal y de movimiento. Hay que empezar por la cabeza en que están los ojos expresivos, la nariz grande, el pelo con un mechón elevado sobre la frente y rodeando a las orejas grandes. Lleva en la boca el candado que lo identifica en la iconografía, ya que san Ramón Nonnato (1204-1240) había viajado al norte de África a liberar cautivos y tuvo que cambiarse por uno de ellos. Allí sus carceleros le abrieron dos agujeros en los labios con hierro candente y le pusieron el candado para impedirle que predicase el Evangelio.

Quizá le represente como el hombre maduro que nunca llegó a ser por su corta vida, pero Juan de Mesa ha conseguido la determinación del misionero que tiene que hacer frente a tantos peligros. Es una imagen llena de movimiento más por los brazos que por las piernas. En la mano izquierda lleva un libro y en los músculos, huesos y tendones de los dedos el escultor, sin los alardes de anatomía que lo hubieran hecho irreal, ha impreso vida. En la derecha, hoy sin nada, llevaría una custodia con el Santísimo. El barroco ya es mucho más que una brisa que llega o que una expresión de dolor: es el movimiento.

El Museo de Bellas Artes fue hasta 1835 la casa grande de la Merced en Sevilla y para ella pudo hacer Juan de Mesa otra escultura de San Ramón Nonnato que se le atribuye. Está en la capilla de la hermandad del Santísimo Cristo de la Expiración y María Santísima de las Aguas, conocida como del Museo por su proximidad a la pinacoteca sevillana, y de ella sólo se conserva la cabeza, que hoy corona una imagen en la que el santo va vestido de cardenal. Las manos son recientes y el candelero, apuntan Álvaro Dávila-Armero y José Carlos Pérez Morales, quizá no le ayude por la frontalidad. Pertenece a una etapa distinta de Juan de Mesa con una expresividad muy acentuada, los rasgos más fuertes y algo más jóvenes y otra vez el candado que lo identifica.

La cabeza, que sabe demasiado, va engañando al relato. El último, la última. El final. Antes de ser tan categórico habría que preguntarse si sabía Juan de Mesa que hacía sus dos últimos crucificados, que no habría de tallar otra dolorosa como la que ya tenía entre manos, que no habría otro veintinueve de diciembre de su vida, o tendría la esperanza de batallar algún tiempo más. Como el cristiano de gran espiritualidad que parecía ser, tal vez algunas frases del Evangelio sonaran como una esperanza, aunque parezcan terribles: «No sabéis el día ni la hora».

Ese antepenúltimo día de 1626, Juan de Mesa contrató otro Cristo crucificado con el capitán Fernando de Santa Cruz y Padilla, cargador de Indias. Tendría que estar clavado en «una cruz grande y tosca imitada a un tronco descortezado», y se envió en blanco para policromarse ya en América, como era habitual. Terminó en Lima, en el convento de monjas dominicas de Santa Catalina de Siena, donde sólo se le ha podido identificar hace pocas décadas, porque durante años tuvo un sudario de tela bordada que despistaba.

Ahora lleva uno tallado, pero en absoluto a la altura de los que hizo Juan de Mesa. Como los suyos, es un Cristo vencido por la muerte y con brazos de anatomía poderosa que sostienen el cuerpo ante la fuerza de la gravedad. Todavía se le nota el dolor en el rostro a este Cristo, que adelanta algo la rodilla derecha en la composición, y que conserva la corona de espinas que el maestro talló. Fue su décimo y último crucificado conocido, pero todavía firmó otro.

Es el único contrato que se conoce del año 1627 y lo firmó el dieciocho de mayo, con un plazo de ocho meses, cuyo final no llegó a ver, y por un precio de mil trescientos reales. Se lo encargó Antonio Pérez, pintor de imaginería que quién sabe si policromó algunas de las imágenes que habían salido de su taller en aquel tiempo. Debía tener el modelo del que había hecho para la Casa Profesa de la Compañía de Jesús. Del contrato llama la atención una frase: «Y si no lo hiciere y acabare tal y tan bueno como he dicho...». Para entonces no era nuevo que el Cristo de la Buena Muerte había sido la obra que más había asombrado a sus contemporáneos. Si en el testamento no dice que estuviera trabajando en él quizá es que se rescindió el compromiso por su mala salud, o que ya estaba hecho y cualquier día aparecerá noticia de la imagen en España o América. Los ocho meses de eran un plazo largo para lo que había firmado antes.

Pienso en las obras que pudieron ser de Juan de Mesa en este tiempo y no puedo escribir que 1627 sea el último año de su vida, aunque lo sea. Más bien fue el año en que la muerte le sorprendió, porque, aunque en su tiempo morir fuera más sencillo, también era un hombre maduro de cuarenta y cuatro años que aprendía y mejoraba y que buscaba caminos nuevos. Tal vez de aquella época sea una imagen soberbia de San Juan Bautista que apareció en una gran subasta europea. La composición del pie izquierdo sobre una roca y la perfección de la cabeza lo hacen más cercano a la imagen de San Ramón que expone el Museo de Bellas Artes que a las otras representaciones del último profeta. El cordero no está a sus pies, sino sobre un libro que sostiene en la mano izquierda, plena de vigor y de una fuerza extraordinaria para sostener tanto peso. El rostro es realista y a la vez idealizado, las ropas llenas de movimiento, y, como apuntó José Carlos Pérez Morales, quizá fuera testigo de una nueva etapa de hondura y perfección que la muerte no le dejó seguir.

En estas búsquedas quizá estén tres obras que pueden pasar por menores, pero un detalle de la conversación con Alberto Villar me hace mirarlas de otra forma. Representan a los que hoy se llaman San Diego Kisai, San Juan de Goto y san Pablo Miki, tres jesuitas japoneses cuyas familias habían llegado al cristianismo gracias a la labor de San Francisco Javier y que murieron crucificados en febrero de 1597. «Estoy convencido de que los modelos para hacerlos los tomó de gente de la calle. Con esas caras es posible», me dice. No tiene más pruebas, pero me atrae la idea de que sean retratos de gente normal a los que la posteridad verá como santos. Su beatificación fue en 1627, así que es seguro que son de este año.

Las imágenes pudieron ser para la Casa Profesa, San Hermenegildo o algunas de las muchas sedes que tenían en Sevilla, pero terminaron en una colección privada cuyos dueños las entregaron al Museo de Bellas Artes. Hoy no se exponen, pero poseen interés para llegar a conocer a Juan de Mesa. Están hechos con la forma de maniquíes y no tienen candelero, sino un cuerpo sin ningún detalle. Es probable que Juan de Mesa no supiera que aquellos santos tenían los rasgos propios de Japón, si es que supo cómo eran los hombres de un país que en aquel momento le parecería tan lejano como otro planeta. La escultura de San Diego Kisai es la que más recuerda a la práctica de Montañés por el estilo, y es un hombre de aspecto cansado, algo de barba y ojos semicerrados. San Juan de Goto y San Pablo Miki son algo más jóvenes y este último presenta la barba incipiente de quien no se ha afeitado en algunos días. La escultura religiosa tenía que seguir elevada a los altares, pero Juan de Mesa empezaba a mirar hacia cierto naturalismo y buscaba a lo que tenía alrededor, como hicieron no mucho después en la pintura Velázquez y Murillo.

Cierro los ojos y si no sentía a la muerte acechante veo a Juan de Mesa satisfecho de estos trabajos últimos, quizá conservando el dibujo de casi todos para seguir por los caminos que iba empezando en los encargos que le tenían que llegar después. Tenía cuarenta y cuatro años y ya no era el hombre joven que había llegado al taller de Montañés, ni el maestro impetuoso y fascinante que había entrado en los caminos del dolor y que en unos cuantos años se había dejado la vida en la madera para asombrar a la gente más culta y al pueblo más sencillo.

Los cuarenta y cuatro míos son el doble de los que tenía cuando a los veintidós terminé la carrera y empecé a trabajar y a conocer de verdad el oficio al que quería dedicarme. Como otros compañeros, me entregué con entusiasmo a cambio sobre todo de experiencia y aprendizaje, aunque unos meses después encontraría también a ABC y allí moldearía mis pobres materiales durante estos años para sacar algo que no habría podido conseguir yo solo, y con él también hallaría la ciudad y las personas que me equilibraron del todo. Por el camino dejé pronto las quimeras de viajar por el mundo y de escribir como lo hacía la gente a la que admiraba. Hice lo que pude. Al encontrar a gente de ese tiempo hay ratos en que se me caen los relojes encima, como si no hubiera conseguido desde entonces al menos lo que quería, y me doy cuenta de que hasta este libro lo escribo por encargo y sugerencia más que por la fuerza interior de comunicar lo que llevo dentro. Como un mercenario que quisiera ser creativo y tropezase a cada paso dado, zancadilleado por su misma torpeza. Los buenos escritores coleccionan cartas de rechazo de las editoriales hasta que alguna se lanza a publicar sus obras y yo me he creído escritor sólo cuando han venido a buscarme. La cabeza todavía, de vez en cuando, me engaña con mejores días como si estos fueran malos y como si fuera a tener otros.

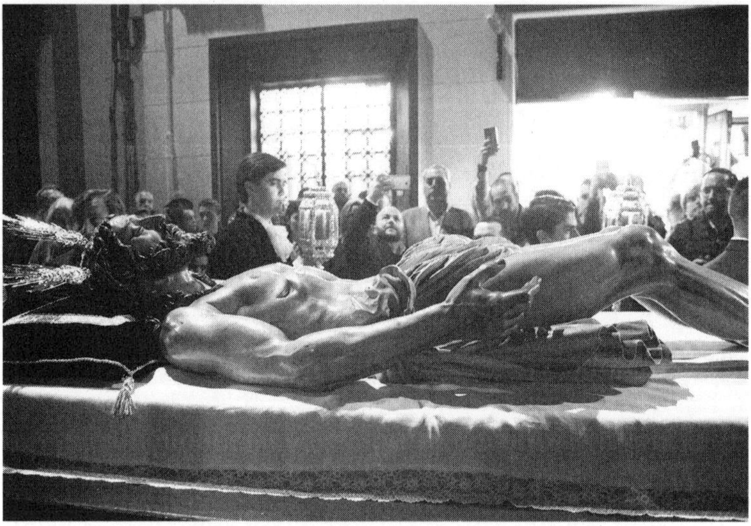

Dormido a la espera de la Resurrección, el Señor Yacente. Foto: Manuel Jesús Rodríguez Rechi

Expresivo y maduro como sus mejores obras. San Ramón Nonnato para la Merced, hoy en el Museo de Bellas Artes de Sevilla

24

ENFERMO DE CUERPO Y SANO DE VOLUNTAD

> *«En el nombre de Dios, amén. Sepan quantos esta carta de testamento vieren como yo, Juan de Mesa, maestro escultor vecino de esta ciudad de Sevilla en la collación de San Martín, estando enfermo de cuerpo y sano de voluntad y en todo mi acuerdo, juicio y entendimiento...»*

He recorrido varias veces en dos días distintos los pocos metros que hay entre la pequeña plaza de Europa y la Alameda de Hércules. La calle Pasaderas de la Europa comunicaba una y otra, y por allí, dice Alberto Villar, disponían tablas cuando el meandro del Guadalquivir inundaba esa parte de Sevilla. Como si fuera una brújula humana me he detenido y por la simple y superficial fuerza de la sugestión miro al sur hacia la calle Amor de Dios, el único recuerdo que queda del hospital vecino que tuvo que conocer. ¿En qué me baso, diletante ridículo, para pensar que a la altura de cualquiera de los lugares en que me detengo tuvo su casa y su taller el hombre al que he dedicado este libro, precisamente en los once años en que de allí salieron obras asombrosas que explicaron a Dios y al ser humano para los hombres y mujeres de cinco siglos distintos? Como si hubiera mirado en los archivos, como si hubiera analizado el cambio en el urbanismo de Sevilla, como si no hubiera sabido hace tres días que la Alameda de Hércules era una zona inundable, aunque ya estuviesen allí las columnas romanas. Venían de la calle Mármoles, de un solar en el que todavía quedan tres, y yo viví dos años en la casa de al lado. Al asomarme a la ventana de mi habitación de estudiante no sabía que Juan de Mesa veía algo muy parecido desde el lugar en que vivía.

Y, sin embargo, allí estoy, fijo con la fuerza del convencimiento propio o de la atracción inexplicable, mirando las casas que conservan algo de la estampa tradicional y que por dentro tendrán el aire aséptico de la arquitectura de estos días. De espaldas a los grafitis y a la degradación que no se ha querido frenar. Abundan allí los letreros de apartamentos turísticos que tanto he visto en los paseos de la Sevilla vacía de sevillanos, que esta vez Antonio Machado no hubiese celebrado tanto. A ciertas horas los veladores de la Alameda están repletos de un público que se irá con sus sonrisas para dejar a la ciudad sin un alma al cabo de no muchas horas, y si voy hacia el norte ya noto el vacío de la ciudad a la hora que sea.

> *«Primeramente encomiendo mi ánima a Dios Nuestro Señor, que la hizo, crio y redimió por el precio infinito de su sangre, y el cuerpo a la tierra de donde se formó, y cuando acaeciere mi muerte mando que mi cuerpo sea sepultado en la iglesia de San Martín, en la sepultura que allí me fuere dada»*

Seguía en aquella casa de las Pasaderas de la Europa, aunque había querido mudarse el veintitrés de junio de 1627. Sus cuñados, Antonio de Santa Cruz y Ana de Flores, le traspasaron unas casas en la calle del Puerco, en la collación de la parroquia de San Miguel, quizá no lejos de lo que hoy es la plaza del Duque. El Guadalquivir que pasa junto a Sevilla todavía es un río vivo que la inunda y que la llena de la riqueza de las Indias y del desastre de las aguas que se meten en las casas, y aunque la Alameda de Hércules que se hizo cincuenta años antes quiera evitarlo, de vez en cuando hasta se podía navegar otra vez por allí. Es probable que se le inundara el taller alguna vez.

Para un enfermo de tuberculosis, si es que Juan de Mesa tirita de fiebre y tos cuando ha hecho llamar al escribano, el mejor clima es el frío y seco, como el de las ciudades castellanas. Por eso pudo querer escapar del agua en un año del que dicen que fue muy húmedo. Si la idea de la tisis es cierta, a mediados de aquel otoño que pudo ser lluvioso como lo son tantos en Sevilla, a Juan de Mesa la vida se le escapa por los pulmones heridos. Hace meses que cumplió los cuarenta y cuatro años, ha tomado algunos encargos más y en el testamento late todavía un condicional que no sé si es esperanza o abandono a la voluntad divina: «Si Dios fuese servido». Intuyo que la enfermedad tuvo que esforzarse mucho para alejarlo de las gubias y de la madera en que seguía trabajando con el entusiasmo de todo lo nuevo. Que lo había.

> *«Creyendo como creo en el misterio de la Santísima Trinidad, Padre e Hijo y Spiritu Sancto, tres personas distintas y un solo Dios verdadero, y en todo lo que demás que siente y cree y confiesa la Santa Madre Iglesia Católica, como fiel y católico cristiano, deseando salvar mi ánima y poner en ella en carrera de salvación»*

Las campanas de su parroquia de San Martín, el templo que ahora tantos asociamos a su memoria, tenían que sonarle como una cuenta atrás, si es que la escuchaba. No quiero ni pensar en que ese día hubiera algún entierro y el bronce se le colara en los oídos con la cadencia fúnebre. Es un hombre lúcido y sabe que estaba en trance de muerte o que podría no salir de aquella caída. Antes o después de dictar testamento tuvo que haber pasado por allí algún sacerdote. Quizá avisasen a alguno de los jesuitas que tanto habían apreciado su trabajo. De ellos podía venir esa «carrera de salvación» de su ánima, aunque estaba presente en otros documentos de últimas voluntades.

Los testamentos de este tiempo están llenos de fórmulas, porque no siempre quien está en trance de muerte tiene la claridad ni las fuerzas para razonar la fe. Si recordó algo de sus imágenes no tuvo que ser la madera en blanco que él terminó y entregó a su dueño o al pintor, sino las fuentes que lo inspiraron, el lugar del que sacó los gestos del dolor, las miradas de confianza en el cielo, la unción de los rostros muertos. Buscaría entonces lo mismo que había encontrado en vida, cuando habían pasado de su genio a la madera y de la madera al corazón de los que tenían que recibirlas.

> *«Y pagado y cumplido este mi testamento y las mandas y cláusulas en él contenidas, del sobrante de todos mis bienes, deudas, derecho y acciones y otras cosas nombro por mi universal heredera a Doña María Flores, mi mujer, por el mucho amor y voluntad que le tengo y buena compañía con que me asistió, y porque no tengo herederos forzosos de mis bienes»*

Al lado del lecho, quizá de pie y presta a cualquier cosa que el enfermo tenga que pedirle, está la esposa de Juan de Mesa, que escuchará las frases del testamento aferrándose a una oración para no pensar que pronto habrá que volver a leerlo y ejecutarlo tal y como lo dejó su marido. Tal vez haga frente al dolor y a la ausencia presentida con más entereza que lágrimas, como esas imágenes que había visto hacer a su esposo y que no se dejaban desfigurar por el sufrimiento.

Rezará por el cuerpo de Juan de Mesa y para no tener que rezar solo por su alma tan pronto. Junto a ella estará su familia. Sus padres viven con ellos, y Antonio de Santa Cruz, el marido de su hermana Ana, ha colaborado con el escultor en el ensamblaje de los retablos. Los aprendices y oficiales del taller se moverán discretamente por los alrededores temiendo lo peor en cada golpe de las campanas de San Martín.

> *«Yten declaro que estoy obligado a hacer una imagen de Nuestra Señora de la Soledad o Angustias*

de la ciudad de Córdoba, para el padre maestro fray Pedro de Góngora, conventual en el convento de San Agustín, de la dicha ciudad, la cual no le faltan tres días de trabajo, y está hecho el concierto a tasación y he recibido quinientos reales por quenta»

Un hombre a quien se le escapan las fuerzas se siente obligado. El trabajo le compromete hasta en el lecho de muerte, aunque lo poco que le falta a esta obra no serán más que unos retoques, tal vez un ensamble y una corrección mínima. No nombra al Cristo que lleva en los brazos, tal vez porque ya lo había terminado un tiempo antes y le faltaba la madre. Le habría gustado acabarla del todo y hasta saber si aquellos cofrades de su ciudad que le iban a pagar las imágenes habían quedado satisfechos, aunque a esas alturas intuiría otro acierto.

Es un escultor acostumbrado a crecerse en cada cosa que le suponga un desafío nuevo, y al querer componer a la Virgen con Cristo en los brazos bajado de la cruz tuvo que emplearse con la ilusión del aprendiz y la maestría del escultor consumado que hacía tiempo que era. Si su esposa bajó a verla en algún momento, si la encontró cuando la casa había quedado vacía después del entierro y tuvo fuerzas para mirar lo que tanto le recordaría a su marido, tal vez encontrase más un espejo de su dolor, aunque fuera distinto, que un paño de lágrimas.

«Yten declaro que estoy haciendo una hechura de Santo Cristo Resucitado para la señora Marquesa de Ayamonte, y está a medio hacer, y está concertado en novecientos noventa reales. Yten declaro que estoy haciendo unas figuras de un retablo para el altar mayor del convento de Santa Inés de esta ciudad, y ha recibido mil quinientos reales»

En este viaje las imágenes de Juan de Mesa se han revelado compañeras en la vida y en la muerte, en el tránsito de cerrar para siempre los ojos como el Cristo de la Vera-Cruz de las Cabezas, en el sueño de los que encargaron el Cristo de la Misericordia de Osuna y en las lápidas de Nuestro Padre Jesús en sus cofrades y devotos de La Rambla. En el recuerdo de Rafael Candau, que sabía cercana la hora de estar ante la carne, esta vez viva de su Cristo del Amor y no quería presentarse con las manos vacías.

A Juan de Mesa no sé qué imagen le consolaría, porque es posible que tuviera un crucifijo encima de la cama, o si le bastarían las palabras del sacerdote que le tuvo que asistir y que le daría los sacramentos. Tuvo que pensar en la vida y en la enfermedad con aquel resucitado que se dejó a medias, y que presentaba aquello que él, a diferencia del dolor físico y de la muerte, que si había visto con solo abrir los ojos, no podía imaginar más que como algo tan cierto como remoto. Los que lo veían apagarse como un cirio que ha derramado ya en el velón toda la cera quizá advirtiesen el gesto de alguna de sus imágenes, porque la gente como él tenía que plasmar en el teatro de la madera lo que tenía dentro de sí.

> *«Yten mando que el día de mi entierro se diga por mi ánima una misa de réquiem cantada y se pague la limosna. Yten mando que se digan por mi ánima quinientas misas rezadas las cincuenta dellas en la iglesia de San Martín por su cuarta parte, y las demás se digan en el convento de descalzos trinitarios y de los descalzos della por mitad se pague la limosna»*

Giro sobre mí mismo y pienso que en el suelo que está oculto detrás de las fachadas pasó Juan de Mesa los más grandes de sus días. No imagino el lugar en que agoniza y muere un hombre, sino un taller lleno de luz y de vida. Allí fueron naciendo en otro tiempo, no muy anterior, el Cristo de la Conversión y el Gran Poder, el Cristo de la Buena Muerte y el de la Agonía. Si estas imágenes eran sagradas ya antes de bendecirse por su unción y por la fuerza que comunicarían, este lugar ya es santo.

Veo salir de la madera el entrecejo fruncido del Cristo

del Amor y me imagino el momento en que todas las partes de la anatomía se ensamblan hasta que queda una escultura con vida y con personalidad. En alguna parte de este espacio que ahora veo demasiado tranquilo, Juan de Mesa ideó las zancadas de los nazarenos, pensó en el aire que debía de caber en el pecho de un moribundo crucificado y buscó congelar el aliento que salía de las bocas entreabiertas.

> *«Revoco y anulo y derogo y doy por ninguno otros cualquieres testamentos que antes deste haya hecho y otorgado por scriptura o de palabra, que quiero que no valgan ni hagan fe en juicio ni fuera del salvo este que al presente otorgo por mi última voluntad, en la forma que haya lugar de derecho y lo firmo en Sevilla a veinte y seis días del mes de noviembre de mil y seis cientos veinte y siete años»*

Juan de Mesa ha tenido genio para sacar su firma de artista, aunque ya le tiemble la mano, y así queda en el testamento que ha dictado al escribano público Luis Álvarez. Si hubo tiempo después, quizá pudo hablar con su esposa y con sus íntimos durante el tiempo en que las fuerzas le durasen. O quizá sólo se miraron y recordaron por separado los más de dieciséis años vividos juntos y los hijos que no llegaron, aunque tanto quisieran. En algún momento tuvo que cerrar los ojos mientras la respiración se iba espaciando.

A quien había puesto el aliento de un cuerpo a punto de caer bajo el peso de la cruz y a quien lo había hecho brotar de la boca de quien prometía la salvación a un pecador arrepentido le faltaba ya el aliento que tenía que quedarse para siempre en sus imágenes y debía de llegar a los suyos. Juan de Mesa respiró por última vez cuando acababan de sonar en las campanas de San Martín las once de la noche de aquel viernes. Había estado vivo algo más de cuarenta y cuatro años y medio, pero lo que dejó hecho tiene aliento propio cuando han pasado casi cuatro siglos desde que murió.

«Dies iræ, dies illa, Solvet sæclum in favilla, Teste David cum Sibylla! Quantus tremor est futurus, quando iudex est venturus, cuncta stricte discussurus! Tuba mirum spargens sonum per sepulcra regionum, coget omnes ante thronum»

Pasarían aquella noche velando su cuerpo y tal vez avisando a las personas que lo apreciaran de que había muerto, para que por la mañana ya pudieran despedirse de él o acudir al entierro, que fue aquel mismo sábado veintisiete de noviembre en la iglesia de San Martín. Pudo pasar por una calle estrecha y recoleta que hoy se llama Divina Enfermera y se dedica a la Virgen de la Esperanza que estuvo en el cercano hospital de la Virgen de la O, y que entonces ya se veneraba en San Martín. Juan y María le habrían rezado con la fe de tener que acudir a Ella, porque era la protectora de las mujeres en el complicado trance del parto.

Cierro los ojos y por las fachadas casi juntas que desembocan ante una de las paredes de San Martín veo el sencillo ataúd con el cuerpo del escultor a hombros de los suyos, las caras abatidas de quienes le habían querido y un cortejo que no creo que fuera pequeño a pesar del carácter de hombre discreto y entregado al trabajo que los hechos parecen atribuirle. No veo por qué no iría su maestro, Juan Martínez Montañés, que habría alabado del discípulo cordobés la valentía de haber tomado otros caminos sin copiarle y celebraría con orgullo que aquel joven al que había acogido hubiera hecho obras que primero habría visto interesantes y luego admirables, aunque él siguiese dictando magisterio en un estilo celestial de tan idealista.

«Mors stupebit et Natura, cum resurget creatura, iudicanti responsura. Liber scriptus proferetur, in quo totum continetur, unde Mundus iudicetur. Iudex ergo cum sedebit, quidquid latet apparebit, nihil inultum remanebit»

¿Quedó su mujer en casa, como pasó muchas veces cuando se daba sepultura al cuerpo de alguien de la familia? Quizá fue hasta la iglesia para despedirse del hombre que le había acompañado durante dieciséis años. Si no hubiera sido por la presencia de la Virgen de las Angustias, la casa habría quedado como un sagrario vacío del que repente han quitado el Santísimo y apagado las velas. Antonio Burgos compara la capilla vacía de la que acaba de salir la hermandad de la Carretería con la casa de la que se han llevado a la persona que ha muerto: «Hace la eternidad de un instante estaba la cofradía aquí, entera, llena de vida y ahora... Suena fuera, lejos, la marcha de palio, con un aire funeral por Toneleros, por la Esquina del Negro, cerradas las puertas de la capilla vacía. Alguien muy querido se le ha ido al barrio: la cofradía. Nunca para siempre. Metáfora de la fe, a la noche vendrá la resurrección, cuando todo en esta capilla ahora vacía vuelva a la vida tras la Pasión y Muerte, con la cofradía que entra, saetas que se nos clavan, yayayai que sangra en la luminosa herida del tiempo. Hasta el año que viene si Tú quieres».

Para Juan de Mesa la vuelta no fue a las seis o siete horas en que el Cristo de la Salud busca la Catedral y cruza las naves del Viernes Santo hasta que vuelve a su barrio y el palio romántico de la cofradía entra por fin en la calle angosta. Se quedó en la cripta de San Martín y allí fueron otra vez a rezar los suyos el lunes veintinueve de noviembre, a esa y a las demás misas que se dijeran por él, según lo que había dispuesto en el testamento y según lo que había dejado a la cofradía del Santísimo Sacramento y Ánimas del Purgatorio de la parroquia. La resurrección tarda más, aunque él parecía tener fe parar esperarla cuanto hiciera falta, y le llegará, si el mundo no cambia mucho, todavía en el suelo sagrado de esa iglesia gótica que en los años en que vivió y murió se iba llenando de retablos manieristas y barrocos. En esos años en que el *Dies Irae* recordaba la severidad del juicio de Dios, sabía que había que rezar por su alma.

Su nombre se apagó de los documentos muy poco después, quizá cuando su viuda consiguió el pago del dinero que se le debía por el retablo del convento de las Vírgenes, que había hecho en 1624 y que no ha llegado hasta este tiempo. En las décadas siguientes moriría ella y todos los que lo habían conocido, y el nombre y la firma con trazos de genio se quedaron en los archivos y en documentos que nadie quería mirar. Sus imágenes admiraban a los cristianos, aunque nadie pronunciase el nombre de quien las había tallado y en parte sustentaron la pervivencia de aquella fiesta de la pasión, la muerte y el perdón que no paraba de crecer. Su memoria y su personalidad no tuvieron que haber muerto, pero sí que resucitaron del olvido y del polvo de los archivos, y por eso su historia no termina en una sepultura de hace cuatro siglos. Sus esculturas hicieron el trabajo mientras su nombre se olvidaba y reunieron oraciones y admiración a la espera de que se descubriera que las había hecho alguien prodigioso llamado Juan de Mesa.

> *«Quid sum miser tunc dicturus? Quem patronum rogaturus, cum vix iustus sit securus? Rex tremendæ maiestatis, qui salvandos salvas gratis, salva me, fons pietatis. Recordare, Iesu pie, quod sum causa tuæ viæ; ne me perdas illa die»*

«Y cuando acaeciere mi muerte mando mi cuerpo sea sepultado en la iglesia de San Martín». Camino al templo por la calle Divina Enfermera. Foto del autor.

•Luminosos
•Impresión Digital
•Vinilos
•Artículos Publicitarios
•Regalos Personalizados
rotudima

PLAZA
EUROPA

Si de aquí salieron tantas imágenes sagradas, este lugar es santo. Calles donde pudieron estar la casa y el taller de Juan de Mesa. Fotos del autor

25

EL IMAGINERO DEL DOLOR

Sigo el juego de conceptos de la exposición del Gran Poder y creo que la Virgen de las Angustias se esculpe en Sevilla y se hace en Córdoba, y aunque no puedan presumir de la fama universal y del prestigio, sí que los suyos fueron capaces de conservarla casi intacta y protegerla de las tempestades del tiempo y de la historia. Este libro también recogió en Sevilla una gran parte de las palabras que ahora tiene y tomó forma en la ciudad en la que vivo, aquella en la que nació Juan de Mesa y a la que debe volver. Llegué a Sevilla por primera vez una mañana luminosa de invierno a través de las huertas y la planicie del Valle del Guadalquivir y la dejo en una infinita tarde de verano en la que por muchas horas que dé el reloj no parece que la noche quiera llegar.

Los hermanos de Montserrat me han enseñado la casa que abre sus habitaciones en torno a la capilla en que están sus imágenes y terminamos en la azotea en la que conviven cuando el cielo deja, que en Sevilla es bastante. Allí estoy ahora, con Antonio Vera y Rocío Sáez, mirando a la espadaña monumental de la parroquia de la Magdalena con la decoración de los perros de Santo Domingo y de las cruces de la Orden de Predicadores, que fue quien levantó el templo monumental que se llamaba de San Pablo.

El sol se marcha lentamente por la cercana Triana y deja un firmamento por ratos malva y azul claro que le ha cambiado la piel a la ciudad. Aquella que tengo delante de mí ya no es la fachada de otoño dulce de la que he visto nacer menos años de los que quisiera a la Virgen del Amparo, y por allí no escucharé las inconfundibles cornetas de la marcha con que el palio de Nuestra Señora de Montserrat se pone en la calle. Antes de llegar he descansado un poco en una terraza de la calle Adriano, porque ese lugar con pasadizos a la plaza de toros y su barrio del Arenal siempre estuvieron entre los lugares que mejor me explicaban la ciudad.

Luego me he echado a pasear y lo que en días de mal fario fueron puertas cerradas hoy son umbrales que invitan a entrar. En la recoleta capilla de su calle estrecha que se llama Real de la Carretería, tras el cartel de Archicofradía de las Tres Necesidades, están el Cristo de la Salud y la Virgen del Mayor Dolor en su Soledad. El aire del río me obliga a buscar Triana, entro por primera vez en San Jacinto y me paro ante la Virgen de la Estrella sin mirar el reloj, como si pudiera desentrañar el misterio de los ojos que parecen mirar adentro. Haría más de veinte años que no podía intuir de Ella más que los azulejos y la puerta de la capilla cerrada.

A la vuelta, ya con la calle Reyes Católicos como guía, me paro también en la Esperanza de Triana y antes de Montserrat paso por la Magdalena y me entretengo en todos los lugares queridos de sus cofradías vivas y también en los recuerdos de las que ya no existen. En el Cristo del Calvario está la escultura anterior a Juan de Mesa, en realidad casi simultánea, que debe a Montañés, pero que empieza a cambiar y a moverse con una personalidad distinta. En el misterio de la Quinta Angustia ya ha explotado el barroco lleno de movimiento que él había anunciado en las zancadas de los nazarenos. No puedo olvidarme de la Virgen del Amparo, y vuelvo a darle las gracias, como otras muchas veces en mi vida, por el feliz final de este viaje.

He podido refrescar un poco los recuerdos como para pensar que lo que añoro no son fotografías o vídeos. Salgo y recuerdo a la Virgen de la Estrella llegando con *Amarguras* por aquel mismo lugar en aquellos años en que su palio nuevo estaba recién estrenado y no llevaba cera rizada.

Ya ha pasado el tiempo en que Sevilla era cotidiana y ahora me marcho como si la hubiera conocido mejor, porque en verdad la he paseado no con la mirada quimérica del casi adolescente que quiere que lo que tiene delante de los ojos se parezca a los libros y a las fotografías que le han embotado la percepción. He hecho en estos pocos días lo mismo que hice con Córdoba y me he sentado a preguntar a la gente para que me borrara, sin siquiera nombrarlos, los mismos tópicos que yo me había hecho. Llegué a creerme cuando le dije adiós que en verdad era una ciudad llena de bullas y de vallas rojas por cualquier motivo, y me pensaba cansado de aquello. Si volví fue de paso, como a cualquier otro lugar, y sin querer nunca detenerme demasiado, o más bien sin poder, y ahora creo haber visto una pequeña parte de la verdad allí donde nunca hay demasiada gente.

He visto a Sevilla más como un viajero y, sobre todo, como un periodista, que como el turista que va de vez en cuando para procesiones y para disfrutar del paseo que en otoño es un caramelo y en Cuaresma es el aperitivo de un gran menú del que no podrá tener ni siquiera el olor. Antes de que las siguientes veces vuelvan a ser así admito que en unas pocas horas repartidas en cuatro días fugitivos he podido aprender más, o al menos más hondo, que en aquellos cuatro años. No ha tenido el empacho del adolescente que no sabe medir la bebida, sino el fino equilibrio del plato que deja algo de hambre, pero también un exquisito sabor de boca que resistirá a la digestión y perdurará en la memoria más que en los sentidos.

Así es como, a los cuarenta y cuatro años y después de veintidós en Córdoba, le digo adiós a Sevilla, que esta vez me parece más como uno de esos lugares de la costa en que el tiempo se detiene y hasta los días fluyen suspendidos, como si los que allí estaban pudiesen pasear con el ritmo quedo y el aire abstraído de quienes no tienen que pensar en los trabajos y en los afanes de cada día. Es lo que miro desde la calle Adriano cuando vuelvo a subirme al coche y salgo hacia el oeste mientras sobre el Guadalquivir y la calle Betis hay una paleta de indistinguibles colores pálidos.

Me marcho de Sevilla como también lo hizo la Virgen de las Angustias cuando sus oficiales y sus herederos cumpliesen con el encargo que había dejado el maestro. Las imágenes se fueron a Córdoba, pero la memoria de Juan de Mesa se marchó de la ciudad en la que había trabajado y dejado obras asombrosas y su figura se diluyó como si nunca hubiera existido. Su taller se vendió, sus familiares se apagaron en el siglo XVII, los jesuitas murieron y más de un siglo después la Compañía atravesó un largo desierto. Los cofrades que hubieran tratado con él tampoco dejaron memoria. Sus imágenes trabajaron mucho en este tiempo y obraron lo que querían quienes las encargaron. La devoción creció a sus pies, a veces de forma universal y extraordinaria, pero ni a los que las encargaron ni a quienes les sucedieron, mucho menos a quienes les rezaban, les interesaba el nombre del que las había hecho, que no era más que un artesano. No importaba la forma artística, sino aquello que inspiraba.

En la parroquia de San Pedro de Córdoba, hoy basílica menor, terminó de recomponerse la figura de Juan de Mesa, que se había roto en los mil pedazos de su obra, en los documentos que dormían en los archivos y en el olvido que hoy parece injusto, pero que en la época era lógico para una manifestación artística que no merecía para sus contemporáneos la fama de la pintura. Cuando el escultor tuvo una biografía, aunque fuera parca y llena de huecos, ya llevaba tres siglos muerto. Alberto Villar me dirá un poco más adelante que la escultura era un arte menestral y no liberal, como la pintura, y que por lo tanto quienes la ejercían pagaban impuestos y estaban en un peldaño inferior de la escala social.

Por eso el pintor y también escritor Francisco Pacheco, que había sido vecino suyo en la feligresía de San Martín, no incluyó a Juan de Mesa en la relación de grandes artistas de la Sevilla del siglo XVII. La figura y la fuerte personalidad de Montañés, que sobrevivió veintidós años a su gran discípulo, sí se mantuvo en la memoria y desde el siglo XVIII todos los que escribieron sobre la escultura sevillana de aquellos años casi no tenían otra opción que atribuirle las que había hecho Juan de Mesa. No por el estilo, que a veces era muy distinto, sino por la calidad que percibían y por no tener noticia de que su autor había existido. Supongo que su percepción será distinta a la nuestra por tener datos distintos, pero, aunque también el Cristo del Amor y el de la Buena Muerte presenten diferencias, nunca he podido comprender cómo se podía pensar que Jesús de la Pasión y Jesús del Gran Poder, dos polos antitéticos y, sin embargo, sublimes cada uno en su lenguaje, podían haber salido de las mismas manos.

Juan de Mesa vuelve a la luz en 1882 en el libro *Glorias religiosas de Sevilla*. José Bermejo reconstruye allí la historia de las cofradías, algunas de ellas extinguidas del todo y otras con muchas dificultades, y él mismo había ayudado a sacarlas del olvido y del peligro. Las imágenes del escultor cordobés y algunas más se adjudican sin piedad a Montañés, pero antes de llegar a ellas, Bermejo se detiene en un crucificado que no sale ni saldrá en Semana Santa: el Cristo de la Misericordia de Santa Isabel. El párrafo está en el capítulo dedicado a esta imagen y aunque no dice de dónde saca los datos, acierta en todo excepto en la iconografía: «El bellísimo Jesús, en el acto de pronunciar desde la cruz sus siete últimas palabras, construido, según se cree, por Juan de Mesa, discípulo insigne de Montañés, colocado hoy en la iglesia de Santa Isabel, y que pertenecía al convento de San José de Mercedarios descalzos». Ninguno de los que leyeron el libro entonces imaginaría todo lo que llegó después.

La historia deja a Bermejo el honor de haber escrito el nombre de Juan de Mesa y la pena de no haber podido incorporar a aquella imagen soberbia a su cofradía y a la Semana Santa, porque todo hace pensar que pretendía que fuera el titular de su hermandad de las Siete Palabras. José Carlos Pérez Morales ha encontrado una crónica mercedaria en la que se dice que Juan de Mesa es el autor del Cristo de la Misericordia, y quién sabe si el escritor sacó aquel dato de ese escrito.

El edificio de su obra y de su vida se reconstruye con la tarea de muchos, aunque hay quienes pusieron las piedras fundamentales. Adolfo Rodríguez Jurado conocía por su maestro, el profesor José Gestoso, que Montañés había tenido un discípulo notable que se había llamado Juan de Mesa, y cuyas obras habían pasado a la fama del gran tótem de la escultura andaluza. En 1919 encuentra el contrato por el que la cofradía de Montserrat le encargó el Cristo de la Conversión del Buen Ladrón y un año después, en una conferencia, habla de esta imagen y le atribuye también el Cristo de la Misericordia y el Gran Poder, aunque todavía no lo puede probar. Los historiadores del arte ya habían puesto los ojos en otras esculturas.

Justo cuando lleva tres siglos muerto, Juan de Mesa vuelve a nacer en unos cuantos meses entre 1927 y 1928. El jesuita Carlos Gálvez muestra un papel que se había encontrado en la restauración de una imagen de San Francisco Javier que estaba en el colegio San Luis Gonzaga, que la Compañía tiene en el Puerto de Santa María, y que se había hecho para San Hermenegildo. Allí se hablaba de los comitentes y también del autor: «Juan de Mesa, discípulo de Juan Martínez Montañés y natural de la ciudad de Córdoba». Lo primero era un aval de calidad como hoy lo llevan quienes han estudiado en las mejores universidades; lo segundo, una reivindicación de su origen. Con la aparición de aquel papel alguien hace que los cordobeses despierten y busquen datos del que parece uno de sus mejores hijos.

En julio de 1928 aparece el contrato por el que Juan Martínez Montañés lo admitía como aprendiz en su taller y ahí se decía que era de Córdoba y también que era «un mancebo mayor de diez y ocho años y menor de veinte y cinco». También se nombraba a sus padres, que ya habían fallecido. Con apenas veintidós años, José Hernández Díaz ya busca en el suelo del olvido los restos de la vida de Juan de Mesa y escribe a la Real Academia de Ciencias, Bellas Letras y Nobles Artes de Córdoba para que sus miembros y los eruditos encuentren la partida de bautismo de alguien llamado Juan de Mesa que tenía que haber nacido, por los datos del contrato, entre 1583 y 1587. María del Rosario Castro Castillo buceó en la prensa cordobesa de aquellos años y lo contó en el congreso sobre Juan de Mesa de 2002.

A Juan de Mesa lo encuentra en Córdoba Enrique Romero de Torres, que no tuvo como pintor la fama y la gloria de su hermano Julio, pero que sí brilló como investigador y como director del Museo de Bellas Artes, que había levantado el padre de los dos, Rafael Romero Barros. Si esto fuera una novela o una serie habría que imaginarlo primero entusiasta entre los libros de bautismo de las viejas parroquias, y más tarde algo fatigado ante la sucesión de datos y de nombres que nunca eran el que buscaba, mientras iba de un templo a otro con las manos vacías hasta que apareciera precisamente en la última. El orden no lo contó, pero creo que no me equivoco mucho si pienso que primero buscó en su parroquia, la de San Francisco y San Eulogio, que sucedía a la de San Nicolás y San Eulogio de la Ajerquía, que se había cerrado hacía poco, y luego continuaría por las más cercanas a su casa. San Pedro estaba a cinco minutos andando y allí dormía lo que buscaba, en el primer libro de bautismos. El 26 de junio de 1583 se bautizó allí a Juan de Mesa, hijo del matrimonio formado por Juan de Mesa y Catalina de Velasco. Los padrinos fueron Diego de Guzmán y María Gutiérrez. La profesora María Teresa Dabrio explica que el primer apellido es de origen judío y viene de Toledo, mientras que Velasco sí llega con los conquistadores de Córdoba, pero también hay testimonio de enlaces con familias conversas. Los datos coincidían con los del contrato de aprendizaje.

Es el escultor que está renaciendo en aquellos años. El hallazgo aparece en noviembre de 1928 en el histórico *Diario de Córdoba*, que celebraba que se hubiera descubierto a «un gran escultor cordobés del siglo XVII desconocido hasta ahora». Ese mismo mes Antonio Muro Orejón encuentra el encargo del padre Pedro de Urteaga para el Cristo de la Buena Muerte, que desde hace muy poco es titular de una nueva cofradía de penitencia en Sevilla. La noticia pasa entonces un poco desapercibida, como si aquella ciudad que había estado, como todo el mundo, tan ajena al destino del escultor no le diese importancia.

Su resurrección tiene que seguir llegando de Sevilla. El Archivo de Protocolos Notariales se ha abierto en el año 1927 y allí van los estudiosos sevillanos para bucear en un mar de letras antiguas no siempre fáciles de leer en busca de noticias sobre las grandes obras de arte que les habían llegado del pasado. Entre las dos ciudades de la vida de Juan de Mesa terminan de levantar la biografía en 1930, cuando por fin se unen el nacimiento y la muerte, la formación y las obras que le van a devolver a su lugar.

El siete de febrero de 1930 es viernes. No puede ser otro día. En la página diecinueve de ABC de Sevilla, todavía tan nuevo que ha nacido el año anterior, hay una fotografía de un manuscrito antiguo y otra más pequeña de un hombre joven y enjuto, con gafas y pelo muy corto. Heliodoro Sancho Corbacho no es profesor, sino un alumno de Filosofía y Letras que acaba de encontrar la carta de pago que Juan de Mesa otorgó a la cofradía del Traspaso por la hechura de una imagen de Jesús con la cruz a cuestas y otra de San Juan Evangelista. Tenía fecha de uno de octubre de 1620 y el escultor había cobrado dos mil reales. La imagen de Cristo más venerada en la Sevilla contemporánea ya tiene autor y no es Juan Martínez Montañés. «Sepan quantos esta carta vieren, como yo, Juan de Mesa, escultor vecino de esta ciudad en la collación de San Martín...».

Dicen que Sevilla recibió la noticia de aquel Viernes del Señor con tristeza, como si el Gran Poder perdiese valor artístico por no ser obra de Montañés. La calle que Sevilla le había dedicado al maestro alcalaíno terminaba precisamente en la plaza de San Lorenzo, mirando a la capilla de la parroquia en que entonces estaba el Señor, y hoy casi se da de bruces con el monumento a Juan de Mesa. Para entonces ya se ha encontrado que era el autor del Cristo de la Misericordia de Osuna y del de la Agonía de Vergara. Hablando con Alberto Villar le cuento una vieja leyenda que había leído: un sacerdote vasco tocado con chapela había irrumpido en el Departamento de Historia del Arte de la Universidad de Sevilla. Era el párroco de la iglesia de San Pedro de Vergara y pedía explicaciones a quien dijera que su Cristo no era de Montañés, sino de un simple carpintero.

El catedrático, que fue discípulo de Hernández Díaz, no me confirma aquella historia de aires carlistas tal cual, pero es una leyenda que parte de algo real: «El párroco escribió una carta solicitando que se destruyese el documento en que decía el Cristo era de Juan de Mesa». Él sabría del valor de su Cristo y no pensaba, como no pensaban muchos, que pudiese ser obra más que del escultor cuya fama había atravesado los siglos.

El sábado día quince la noticia del hallazgo llega a Córdoba y el corresponsal de ABC, Francisco Quesada Chacón, habla de aquel escultor cordobés que había hecho el Gran Poder, de la noticia de que se ha encontrado su partida de bautismo en San Pedro. También decía que es el autor de la Virgen de las Angustias, que los cordobeses conocían y veneraban sin interrupción desde que había llegado tres siglos antes. El testamento hablaba por sí mismo. El edificio del escultor cordobés que en Sevilla había cambiado la forma de concebir a las imágenes de la pasión termina de levantarse el once de marzo, cuando José Hernández Díaz llega invitado por el Real Academia de Córdoba para una conferencia sobre Juan de Mesa.

Para entonces ya no es un nombre desconocido que aparecía en los documentos como el autor de esculturas portentosas, sino un artista del que puede reconstruir etapas y atribuir imágenes nuevas, como el Yacente del Santo Entierro de Sevilla y hasta la Virgen de la Victoria. Aquel portentoso año de 1930 no termina sin que aquella figura, que ya tiene rasgos y biografía, crezca. En noviembre Celestino López Martín encuentra el contrato del Cristo del Amor y de una Dolorosa, y en diciembre publica el encargo y la carta de pago del Cristo de la Misericordia que había hecho para el convento mercedario de San José.

En los años siguientes aparecen más papeles y más atribuciones, pero Juan de Mesa no volvió a ser más el discípulo insigne al que había que presentar pegado a la memoria de su maestro. Hernández Díaz ya había dibujado su personalidad en Córdoba, había señalado su cúspide en el Cristo de la Agonía, había visitado a la Virgen de las Angustias y le había propuesto incluso un tercer apellido con el que consagró su personalidad y su perfil único. Era Juan de Mesa, el imaginero del dolor.

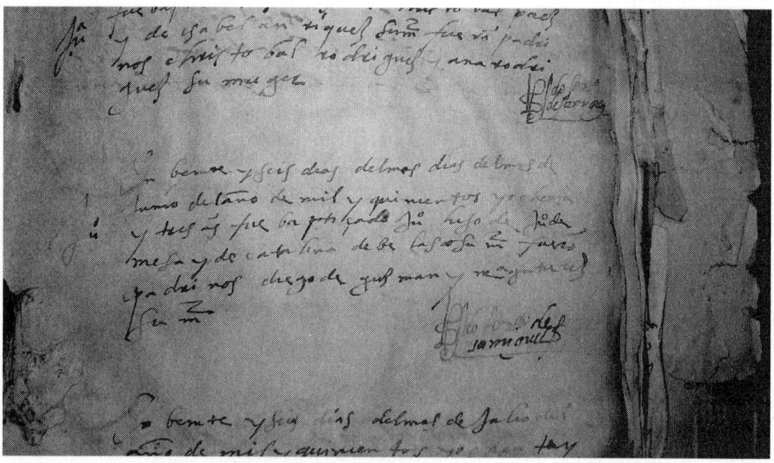

Anotación del bautismo de Juan de Mesa, el 26 de junio de 1583. Foto Antonio Varo

Velado por las campanas de San Martín. Placa dispuesta por la Academia Sevillana de las Buenas Letras. Foto del autor

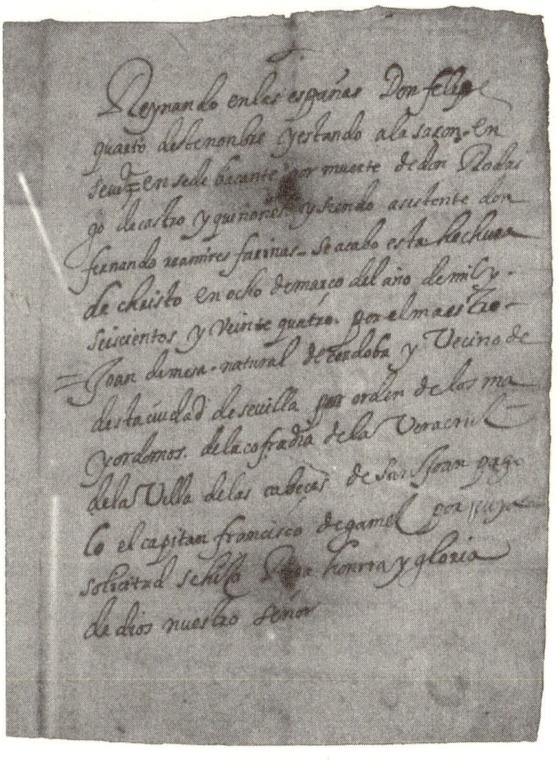
Reynando en las españas Don felipe
quarto deste nombre y estando a la sazon en
Seuª en sede bacante por muerte de don Pedro
de castro y quiñones y siendo asistente don
fernando ramires farinas - se acabo esta hechura
de christo en ocho de marzo del año de mil y
seiscientos y veinte quatro. por el maestro
Joan de mesa - natural de cordoba y vecino de
esta ciudad de sevilla por orden de los ma
yordomos de la cofradia de la veracruz
de la villa de las cabezas de san Joan pago
lo el capitan francisco de gamez por su
solicitud se hizo para honra y gloria
de dios nuestro señor

Para honor y gloria de Dios nuestro Señor. Documento en el interior del Cristo de la Vera Cruz. Foto: María Dolores Marchena

A B C. VIERNES 7 DE FEBRERO DE 1930. EDICION DE ANDALUCIA. PAG. 19.

JUAN DE MESA, AUTOR DE LA IMAGEN DE JESUS DEL GRAN PODER

Ayer insertamos la noticia de haber sido hallada, gracias a las inteligentes investigaciones que realiza en el Archivo de Protocolos el distinguido alumno de Filosofía y Letras D. Heliodoro Sancho Corbacho, la prueba irrefutable de que la maravillosa escultura de Nuestro Padre Jesús del Gran Poder es obra de Juan de Mesa, confirmándose con ello las bien orientadas suposiciones de críticos e investigadores, de las que es testimonio un artículo publicado por A B C en el número dedicado a la Semana Santa de 1929.

Hoy publicamos, a continuación, la carta de pago, extendida por aquel insigne discípulo de Martínez Montañés, referente al cobro de la cantidad estipulada por la realización de su inspiradísima obra, llamada a ser, en el transcurso de los siglos, símbolo sublime de los más puros fervores sevillanos.

El interesantísimo documento, cuya fotografía inserta en esta misma plana, revela los estragos del tiempo, dice así, copiado textualmente:

Sepan quantos esta carta vieren como yo Juan de Mesa escultor vesino desta ciudad de Sevilla en la collación de San Martino torgo y conosco que E Recebido E recebí de la coffradía de nuestra señora del trespaso questa sita en el monasterio y convento de nuestra señora del balle y de Pedro de Solsedo mayordomo de la dicha cofradía por mano de Alonso de Castro alcalde de la dicha cofradía dos mil reales de a treinta y cuatro marabedis cada uno que yo ube de aber por la hechura de un Cristo con la Crus a cuestas y de un san Guan ebangelista que hize de madera de sedro y pino de figura destatura el dicho Cristo po de dies quartas y media poco mas de alto y el san Juan dos baras y sesma para la dicha cofradía del traspaso este presente año de mil y seyscientos y veynte los cuales dichos dos mil reales e resebido del susodicho Alonso de Castro que de la dicha cofradía y de su mayordomo en diferentes veses y partidas de que me doy por contento y pagado a toda mi beluntad sobre que Renuncio la pecunia y prueba de la paga e de Ella le doy Esta carta de pago ques fecha En sevilla a primero días del mes de otubre de mil y seycientos y veynte y que lo firmo de mi nombre... Juan de Mesa (rubricado) Bernabe de Baeza (signado y rubricado.)

Cúmplenos ahora consignar nuestra efusiva felicitación al Sr. Sancho Corbacho, quien, por este resultado feliz de sus estudiosos desvelos, se ha hecho merecedor del parabién de cuantos de nuestra ciudad dedican algo o mucho de sus preocupaciones espirituales a la admiración fervorosa de la obra legada a la posteridad por los inmortales imagineros que, iluminados por la inspiración y la fe, hicieron posible el portento incomparable de la Semana Santa de Sevilla. En los Archivos, abiertos a los modernos investigadores, duermen aún interesantes documentos que, al salir a luz nuevamente, revelarán interesantes detalles.

EN EL ARCHIVO DE PROTOCOLOS. UN HALLAZGO IMPORTANTE

LA CARTA DE PAGO DE LA IMAGEN DEL SEÑOR DEL GRAN PODER, QUE FIRMA EL ESCULTOR JUAN DE MESA.—EL JOVEN INVESTIGADOR DON HELIODORO SANCHO CORBACHO, A QUIEN SE DEBE EL HALLAZGO DEL INTERESANTE DOCUMENTO. (FOTOS DUBOIS.)

Tenía que ser viernes. ABC de Sevilla cuenta cómo Heliodoro Sancho Corbacho encuentra la carta de pago de Juan de Mesa tras la hechura del Gran Poder y San Juan

A B C. SABADO 15 DE FEBRERO DE 1930. EDICION DE ANDALUCIA. PAG. 5

ministerio de Estado, elogios no menores habría que tributarle de confirmarse los rumores de confiar dicha cartera al ministro actual de Instrucción pública, ilustre aristócrata, académico y Mecenas, señor duque de Alba. Gran señor, de vasta cultura, viajero infatigable, poliglota inteligente, compendia en los apellidos y títulos que ostenta toda la historia nacional y simboliza la política exterior que procede seguir, a saber: armonía y cordialidad pacífica con todos los países, fraternal concordancia con Portugal y con los pueblos hispanoamericanos, intimidad particular con Francia e Inglaterra, nuestras dos especiales amigas; servir de lazo de unión entre todos los pueblos para llegar a soluciones amistosas en los conflictos que puedan ocurrir, con miras desinteresadas al fortalecimiento y universalidad de la Sociedad de Naciones, y, sobre todo, al equilibrio del Mediterráneo. Un descendiente del famoso duque de Alba sabría armonizar en Marruecos el desarrollo de intereses materiales y de la riqueza privada y pública con la debida energía que se impone en los pueblos todavía atrasados y en los que se rinde culto a la fuerza.

Nadie con más prestigio y resonancia que el duque de Alba para evidenciar ante las potencias el error con que se juzga a nuestro país de retardatario y poco progresivo, siendo su ilustre persona demostración viviente de cómo se asocian en nuestra España las más rancias y gloriosas tradiciones con los mayores progresos y sentimientos de liberal democracia. Después de una Dictadura reaccionaria de cerca de siete años, el ejemplo sería de admirable oportunidad en bien de los principios monárquicos constitucionales y parlamentarios.

El señor duque de Alba, que ha visto prácticamente funcionando en múltiples países la doble acción diplomática y consular, podría ser el alto e imparcial definidor entre ambas carreras, fusionadas por disposiciones extralegales, pero cuya hermandad debe mantenerse, ya que las dos tienen como campo de acción común el extranjero; la diplomática, recogiendo y defendiendo ante los Gobiernos centrales las reclamaciones formuladas por la consular ante las autoridades locales, y apoyando conjuntamente los derechos de los españoles y sosteniendo sus intereses de todo orden.

El duque de Alba, con su exquisito gusto y práctica de gran señor, tendría más autoridad y aptitud que ningún otro ministro para decidir la nueva instalación que convendría al ministerio de Estado, fijar su emplazamiento, aprobar los planos, encargar el mobiliario, solicitar de la Corona y de los Museos cuanto juzgase oportuno y preparar la demanda de créditos que habrían de solicitarse de las Cortes del Reino.

El ministerio de Estado hay que restablecerlo, y para encauzar su nuevo impulso político y material la figura del duque de Alba se presenta, en los actuales difíciles momentos, como la más adecuada y la que puede prestar más eficaces y patrióticos servicios. Sería el caso de repetir la conocida expresión inglesa: *The right man in the right place.*

J. PEREZ-CABALLERO

San Sebastián, febrero 1930.

A B C EN CORDOBA

La imagen de Jesús del Gran Poder y el escultor cordobés Juan de Mesa

Aunque hace mucho tiempo venían practicándose investigaciones sobre la vida del escultor cordobés Juan de Mesa, discípulo del inmortal Martínez Montañés, y de mérito tan extraordinario, que algunas de sus obras atribuíanse a su maestro, investigaciones que fueron llevadas a cabo por el notable escritor D. José Hernández Díaz y por el comisario regio de Bellas Artes, en Córdoba, D. Enrique Romero de Torres, ahora, con el descubrimiento hecho por el joven investigador D. Heliodoro Sancho Corbacho, se ha demostrado que Juan de Mesa es el autor de la imagen venerable de Jesús del Gran Poder.

La noticia ha producido en Córdoba inmensa satisfacción, al confirmarse que uno de sus hijos, en una exaltación divina, realizó tan imponderable obra.

En el año 1928, el Sr. Hernández Díaz publicó, en un periódico de Sevilla, un interesante artículo. Entre otras cosas, decía:

"De las declaraciones de Juan de Mesa, según documentos, deducíase, no sólo su patria, Córdoba, cosa para nosotros conocida, sino la delimitación de los años en que tuviera lugar su nacimiento, que fijábamos entre 1583-87. En ese mismo artículo, fecha 22 de julio, invitábamos a la Academia de Bellas Letras y Nobles Artes Cordobesa,

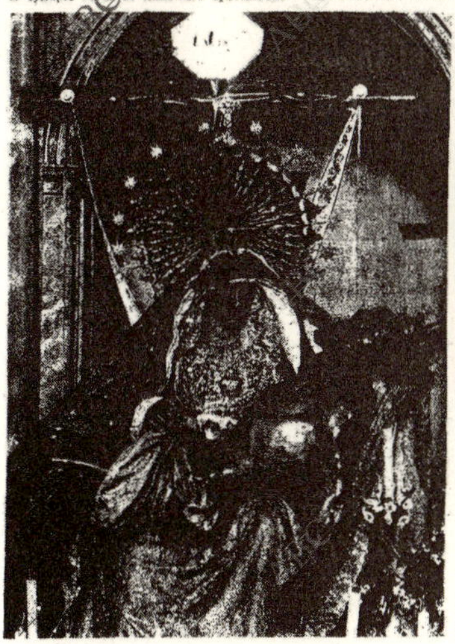

IMAGEN DE NUESTRA SEÑORA DE LAS ANGUSTIAS, OBRA DE JUAN DE MESA, QUE SE VENERA EN EL CONVENTO DE SAN AGUSTIN, DE CORDOBA

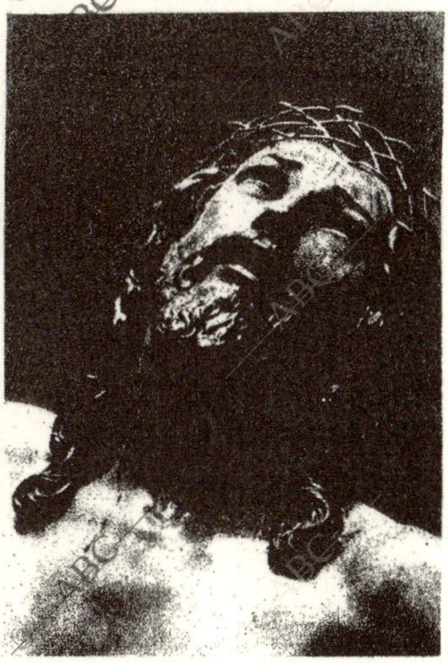

BUSTO DE LA FIGURA DE JESUCRISTO QUE FORMA PARTE DEL GRUPO ESCULTORICO DE LA VIRGEN DE LAS ANGUSTIAS, OBRA DE JUAN DE MESA

Córdoba empieza a conocer a su hijo Juan de Mesa. Reportaje en ABC

Mirando a la puerta de la basílica, Juan de Mesa en el monumento que le hizo Sebastián Santos Calero. Foto del autor

26

ESCULTOR DE ACTORES

La obra para reconstruir a Juan de Mesa fue coral y tuvo muchos nombres, aunque fuera José Hernández Díaz quien con su trabajo incansable y con sus publicaciones reuniera todo el conocimiento. Un día de julio voy por Córdoba camino de encontrar a un discípulo suyo. Al mirar un poco su biografía me llegan a sorprender datos que ya más o menos conozco: nació en Sevilla, se doctoró en Historia del Arte y allí ejerció como profesor hasta 1978. Logró en la Universidad de Córdoba plaza que desde 1986 es de catedrático, ahora emérito. Ha escrito de muchos aspectos de la creación y no se ha encasillado en nada, y ahora hablo con él de Juan de Mesa como otras veces ha sido de la arquitectura o de la pintura del siglo XX.

Siempre le he encontrado rastros del acento de su ciudad, pero también me parece que con los años ha asumido una parte del carácter propio de Córdoba, como la socarronería y el hábito de encontrarlo en los rincones donde el agua de la historia de la ciudad es más pura. No podíamos entonces quedar en otro lugar que no fuese la iglesia del Juramento, el sitio en el que está no una imagen del Arcángel a la que haya que poner topónimo o apellido. Allí está San Rafael, sin más, el mismo que se apareció en aquel lugar al sacerdote Andrés de las Roelas para jurarle por Jesucristo Crucificado que era el Custodio de Córdoba y que las reliquias que habían aparecido en San Pedro eran las de los Santos Mártires. La imagen colosal brilla en el templete neoclásico que raras veces abandona y al término de la misa saludo al profesor y buscamos una sala para charlar. Empiezo por una idea de la que hablamos en una entrevista que le hice para la revista *Pasión en Córdoba* en 2016. Los cofrades veneramos a Juan de Mesa. Lancé la palabra y entonces le gustó y la confirmó.

—Siempre se le ha venerado, incluso cuando no se le conocía se veneraba a Martínez Montañés.

—Ahora basta —continúo— que nos digan que una imagen es o puede ser de Juan de Mesa para que la busquemos, la interpretemos, la miremos. Nos ha fascinado. Da con lo que queríamos las cofradías.

—Al final, más bien. No siempre fue así.

—¿Por qué?

—Cuando empieza a trabajar Mesa lo que se cotiza es la estética manierista de Martínez Montañés. Hay un concepto de idealización que venía del Renacimiento, y que culturalmente era mucho más valorado que el realismo que introduce Juan de Mesa, que luego triunfará en el pleno barroco. Lo que sucede es que, efectivamente, el Concilio de Trento había pensado mucho en la enseñanza del pueblo, en la expansión, en sacar la teología de los cenáculos de los clérigos y llevarla al pueblo, mediante los sermones, claro está. Porque el rito se seguía haciendo en latín, aunque la gente cada vez menos hablara latín. Pero los sermones, incluso toda la arquitectura barroca, está planteada para una recepción de la voz extraordinaria, y todo eso es para llegar al pueblo. El secreto de Juan de Mesa es que llega al pueblo mucho más que los intelectuales, y de ahí es de donde viene su éxito, enmascarado, curiosamente, bajo el nombre de Martínez Montañés, que es el que sirve a los intelectuales, jeje.

Al hablar de la idealización recuerdo una conferencia que ha ofrecido poco antes en la hermandad de Montserrat, dentro de los actos programados para la conmemoración del IV centenario del Cristo. Las imágenes de Montañés tenían los rasgos perfectos y celestiales; los Cristos de Juan de Mesa podían presentar alguna pequeña asimetría, quizá un ojo más grande que otro. No son modelos impecables, son personas. «Y las personas somos así», resumió entonces. Vuelvo al camino del dolor.

—¿Y cómo llega a eso, por intuición o porque se lo indican?

—No creo… Creo que un artista siempre trabaja por intuición —concede—, porque yo creo que Juan de Mesa aspiraría a ser como Martínez Montañés, porque sigue su modelo. Lo que pasa es que su temperamento tenía que ser otro, y como artista es incapaz de copiar. Si vemos a Francisco de Ocampo, por ejemplo, está mucho más próximo al maestro. Le falta la chispa del maestro, pero copia la forma muy bien. En cambio, Juan de Mesa tiene algo dentro que le lleva más allá, tiene una fuerza interior que no tienen otros.

—¿Fuerza interior, tormento personal, alguna turbulencia? —entramos en el terreno que me gusta.

—Pues quizá, quizá. Cada uno lleva su cruz. Lo intuimos, pero no hay documentación. Parece que sufrió una enfermedad crónica, que algunos han interpretado como tuberculosis, por las recaídas. Eso se puede intuir, pero debía de tener una fuerza muy especial, y eso se reconoce muy bien en su firma. La firma es muy potente, potentísima. No le temblaba el pulso. Hay que contrastarla con la última firma, la del testamento, en que le tiembla la mano, pero la mantiene. Es emocionante para mí la última firma de Mesa.

Cuando José Hernández Díaz escribió a Córdoba para buscar la huella de Juan de Mesa, pidió la partida de bautismo en unos años concretos y también lo que pudo haber pasado en ese vacío inmenso en que aparece en el taller de Montañés. Consiguió lo primero enseguida, pero casi un siglo después persiste el hueco tremendo. El profesor lo ha querido llenar algunas veces.

—Hablamos de una persona con un vacío de veintitrés años. Resulta difícil pensar que estuviese sin hacer nada. Y Montañés tampoco lo habría admitido tan fácilmente.

—Claro, jaja. Entre otras cosas.

—Y a los veintitrés años en aquella época uno ya era un tío hecho y derecho.

—Una persona mayor, completamente.

—Usted ha dicho que pudo ir a Granada, aunque no esté probado.

—Tengo, no la demostración, pero sí la intuición y un cierto convencimiento de que pasa por Granada, que es un viaje que habían hecho otros, porque hay modismos en las cabezas de Juan de Mesa, que, si no se ha visto Granada, es difícil. Sobre todo, el círculo de los hermanos García. Sin eso es difícil entender que Mesa lo incorpore en Sevilla. Pero no, no hay nada documentado.

—Andrés de Ocampo trabaja aquí, en Córdoba, en el convento de Santa Marta, cuando Juan de Mesa es joven —digo para hablar de más hipótesis.

—Sí, puede tener contacto, pero las actuaciones en Córdoba son puntuales. Andrés de Ocampo trabaja en Santa Marta y se tiene que ir. Es un momento tremendo en la historia de Córdoba, porque ha tenido unos años gloriosísimos y muy fértiles a mediados del siglo XVI, es extraordinario el tercio central. Pero en Córdoba no se supo aprovechar ese movimiento económico, y acabaron comiéndose la propia riqueza los cordobeses. A final de siglo empezaron a venir hambrunas y catástrofes, y Córdoba era un lugar de emigración. Si Juan de Mesa se queda en Córdoba probablemente no estaríamos hablando de él, y creo que estamos hablando de él por su propia inquietud. Vería que aquí no había mucho que hacer, y ¿dónde se iban a ir los artistas? A Granada, que estaba muy pujante por la cristianización de la ciudad, o a Sevilla, que era puerto y puerta de las Indias.

Todo queda en Montañés. He escrito este libro como un periodista y no como el historiador del arte que jamás seré, pero he llegado a Juan de Mesa como cofrade fascinado por sus obras y por el misterio del largo silencio de su nombre. No han faltado las historias de conspiraciones en que el gran escultor de la Andalucía de su tiempo sería capaz de borrar el nombre de su mejor discípulo. Hace mucho tiempo que no me lo creo y después de tanto leer y preguntar quiero intercambiar esta impresión.

—Yo he pensado que tuvo que admirarlo. Cuando mete papeles en sus obras se define como natural de Córdoba y discípulo de Juan Martínez Montañés. Es su carta de presentación, y no era poco decir que había aprendido con el mejor.

—Claro. Naturalmente. Y ya le costaría entrar el taller, y a qué precio entraría en el taller ese hombre —revela—. No hay más que verlo como aprendiz, que seguro que estaba hecho y derecho ya como artista. Un aprendiz hay que ver lo que significa, ¿eh? Es un criado de la casa. Lo mismo está para hacer la compra, que para limpiar el taller. Lo que haga falta.

—Como el becario que lleva cafés —concluyo.

—Exactamente, es eso —me confirma—. Un becario, un contratado de aquella manera, a sabiendas del maestro, que tenía una mano extraordinaria, y le venía muy bien a Montañés. Encaja muy bien la personalidad de Montañés con esa figura.

—Y el mismo Montañés —sigo con las conclusiones de cosecha propia—, aparte de la propia conciencia de su genialidad, de ser alguien muy pagado de sí mismo, como dicen, tampoco debía de ver mal que sus discípulos prosperasen.

—Claro, es que no tenía a cualquiera, evidentemente. Cuando Montañés organiza un retablo hay muchas manos que saben de su forma y le trabajan. Montañés le puede dar el punto final, pero el trabajo duro se lo harán en el taller.

—Como en retablo del convento de las Teresas, por ejemplo, en que tocan casi todos —recuerdo.

—Sí, eran obras colectivas bajo la firma del maestro.

Por ahí quiero llegar a lo que pudo pasar en los más de doscientos cincuenta años en que nadie pronuncia el nombre de Juan de Mesa. Se lo pregunto y me remite a algo que ya escribió: «Lo explico en el trabajo aquel». Supongo que como profesor experimentado sabe que no tiene que decir cuál es el trabajo, en qué momento se hizo y cómo se publicó. No a alguien que lo ha llamado por estar escribiendo un libro sobre Juan de Mesa, que debería sabérselo de memoria. Y sí, al menos esos deberes los he hecho. Fue una conferencia que pronunció en noviembre de 2002, en el congreso que celebraba los trescientos setenta y cinco años de la muerte de Juan de Mesa. Yo la escuché en la Facultad de Letras, esa y otras muchas, muy en especial la de Carlos Colón, que tuvo su guindilla de polémica.

Compré y conservo las actas de aquel congreso, que me han guiado por muchos capítulos de este libro, y he releído varias veces aquel capítulo titulado a la barroca manera de las antítesis y los juegos de palabras*: Fortuna crítica de Juan de Mesa: razones de un infortunio.* En un texto magistral que precisa de una lectura reposada, habla de la influencia de Francisco Pacheco, que en aquel tiempo buscaba consolidar a la pintura como un arte liberal y había establecido todo un canon intelectual al que las representaciones divinas tenían que ceñirse.

Por eso se detenía en la forma del título de la cruz y en los clavos de los pies. Para él tenían que ser cuatro, que fueron los que hizo Montañés en el Cristo de la Clemencia y los que pintó su yerno, Diego Velázquez. Juan de Mesa, quizá para despreciar aquella guerra y para hacer notar también la dignidad del trabajo de los escultores, aunque se considerase artesano, había trabajado al margen de sus criterios. De todas formas, nada hace pensar que Pacheco hubiera escrito sobre él si les hubiera hecho caso a pies juntillas. Las imágenes eran importantes entonces por la devoción y por la antigüedad, y todavía no tenían el carácter de obras de arte.

—Los pintores, y si encima son escritores, son dogmas. Pacheco se ha utilizado y se sigue utilizando como un dogma, porque tiene una potencia tremenda. Los que retrata Pacheco, los que cita Pacheco, se han conocido siempre en la historia del arte. Y los que no cita, porque no le parecía bien o por lo que fuera. Por mil cosas. Creo que es la guerra entre las artes liberales y los menestrales, que tienen que pagar impuestos, y eso no se resuelve hasta el siglo XVIII, prácticamente, con la Academia. Para entonces se había perdido la memoria de Mesa escondido en Montañés, que sí había permanecido, obviamente. Ese es el secreto, no hay que buscarle ni cuestión de gustos, porque las imágenes sí que seguían diciendo. A mediados del siglo XVII, el Abad Gordillo cita imágenes que ni dice autores. El autor no significaba nada, no es como ahora. Pero la imagen sí significa, que es lo importante. Se reconoce que tiene un éxito social, religioso, lo que pasa es que no está respaldada por un nombre, que hoy nos parece muy importante. Pero nos lo parece hoy.

—Ni las cofradías conservaban los documentos de los contratos —recuerdo.

—Están en los archivos, porque no le dan una importancia. Hoy valoramos mucho la capacidad del artista y lo tenemos como un creador, desde el siglo XVIII y XIX, sobre todo. Pero hay que ponerse en la época —y la comparación que sigue es atrevida, pero me temo que también bastante precisa—. Es como si nosotros, con todos los respetos, sabemos el fontanero que había instalado las cañerías. No tiene la consideración social de artista. Así hay que entender la labor de los escultores en este momento. No hay que darle más vueltas. Se hace, qué bonito, se le bendice y que traiga devotos. Pero luego el que lo ha hecho sólo ha hecho un trabajo.

—¿Y cómo, si él era un artesano y se tendría como tal, hablamos hoy de él como un gran artista? —la distinción me parece clave.

—Una cosa es la consideración social del oficio y otra cosa es la personalidad del artista. Eso pasa en todas las profesiones, hay gente magnífica y gente que no lo es tanto.

Habría pintores que no llegaban y artistas considerados menestrales, como los escultores, que tocaban muy alto.

—Y, sin embargo, sí reivindica la autoría en las imágenes en los papeles que va introduciendo en ellos. Como si supiera que la posteridad se lo podía arrebatar, para decir que era suyo. Sobre todo, cuando destaca, a partir de 1620.

—Sí, eso sí —admite—. Pero a sabiendas de que eso no se va a tocar mucho. Es una forma evidentemente de darse importancia, y además casi en secreto. Nadie tenía por qué saberlo, porque yo creo que si llega a pedir permiso no se lo dan, jajaja. Eso deja ver que la persona sabe de sus propias capacidades. Eso es.

Recordaré esta frase al leer sobre el Cristo de la Misericordia y saber que el documento de su autoría lo introdujo en 1622, con la primera terminación que no fue la definitiva, y seguramente antes de que le pidieran que estuviera vivo y dialogante, y no muerto. Sigo la conversación por todos esos rasgos que han hecho que las imágenes de Juan de Mesa sean inconfundibles.

—Carlos Colón —cuento— me dice que con el Gran Poder rompe voluntariamente la proporcionalidad. Yo pregunto si no es impericia, y él me dice que no. Yo, sin embargo, veo que Juan de Mesa modera esa tendencia.

—En general es un hombre al que le gustan los tamaños grandes, sobre todo en los crucificados, que son de dos metros. Son auténticos dioses, atletas. Ese gusto por la proporción, sí. Que hay otros elementos que a veces llevan a la desproporción, es cierto. No todo Mesa es impecable. Eso que vemos en Montañés de la casi perfección, en Mesa, no. Probablemente por su carácter, por sus altibajos incluso de salud, hay de todo.

Recordamos la historia de la espina, porque la hipótesis del símbolo de los hijos que no llegó a tener es suya. «Esa era probablemente una de las angustias de Juan de Mesa. La espina viene de Granada, se ve en Granada antes que en Sevilla. Es una de las cosas que me lleva a sospechar que Mesa tuvo que pasar por Granada», comenta el profesor. Ahora quiero hablar de la policromía, que condiciona la forma en que se ve la escultura. Tengo una suposición que ahora sí que se va por tierra.

—¿Cree que los escultores podían dirigir o condicionar la policromía de su obra?

—No creo que los pintores se dejaran dirigir.

—¿Quizá podía haber alguna directriz?

—Ellos, me imagino, que confiarían en pintores asiduos, lo que hace Montañés con Pacheco, pero no me imagino a Pacheco dejándose decir por Montañés: «que aquí me tienes que poner más colorete» —cuenta, y ríe con fuerza. Ni soñarlo, desde luego—. De ninguna manera. El gremio de los pintores creía que su trabajo estaba muy por encima del de los escultores. Los imagineros además tenían ese esfuerzo físico. Cuando trabajaban la piedra no digamos, pero incluso cuando tallaban la madera sudaban. El pintor no tenía por qué sudar, jejeje. Era casi un arte liberal, y lo defendían como un arte liberal. Y además era tan importante que lo que el ojo iba a ver era lo que hacía el pintor. Un pintor ya sabemos que puede desgraciar la mejor escultura, y había garantía de que no se desgraciaba, ¿eh? Los propios escultores sabían que si su obra llevaba defectos la podía corregir perfectamente un pintor.

—Sí, eran muy buenos, también —concedo, y lo que he visto hasta ahora lo confirma.

—Claro que sí, y sin embargo los tenemos olvidados muchas veces y no les damos importancia. Después de la Academia, en el siglo XVIII, la escultura se elevó a gran arte, lo mismo que la pintura y la arquitectura. ¿Y por qué? Porque a partir de entonces ya valoramos mucho al que hace la escultura, mientras que hasta entonces el que hacía la imagen era un tallista, un entallador, un artesano que pagaba impuestos.

—Siempre me ha gustado mucho el detalle de la sangre del costado del Cristo de la Buena Muerte, que cae por la cadera derecha, que ha quedado desnuda. Es un detalle muy de Juan de Mesa, muy barroco. Por eso pensaba que lo sugirió.

—Yo creo que más bien tendrían que estar de acuerdo y no perdería de vista el beneplácito de quien encarga la obra, y en este caso con mucha mayor razón. Y estos, los jesuitas, sí que sabían cómo transmitir al pueblo la palabra a través de la imagen, sí estaban interesados en ello. Por eso le di mucha importancia a la relación de Mesa con los jesuitas.

—Es su mayor éxito en vida. Le encargan obras así.

—De hecho, es el modelo que entusiasmó a Castillo Lastrucci, y que se ha repetido de mil maneras.

—¿Qué representa el Cristo de la Agonía de Vergara en la historia del arte?

—Es una pieza fundamental de la escultura española y universal, creo yo —afirma—. La expresión del dolor. Don José Hernández Díaz nos lo recordaba muchas veces y decía que era como el *Laocoonte* español, y es cierto. Hay un poso del clasicismo de última época, manierista, diríamos, en versión moderna, y, sin embargo, un impacto del realismo excepcional. De los conocimientos de anatomía, del movimiento del cuerpo, del gigantismo, también. Es una imagen que impacta, forzosamente, es su obra culminante.

—Todo perfecto, ¿no?

—Es una obra que te puede gustar o no, pero es increíble, tiene una potencia soberbia. A su modo, debió de interesar a otros —revela—. Yo siempre lo he relacionado con el Cristo de la Expiración de La Rambla, que es de un autor todavía desconocido, pero que tiene que estar muy próximo a Juan de Mesa, hasta el punto de que Hernández Díaz y otros lo relacionaron con Mesa, como obra de taller. Para mí, aunque la cabeza cambia, y las formas y la tensión, es una obra que debe mucho al conocimiento del Cristo de la Agonía de Vergara.

Por ahí quiero llegar a su imagen de mayor impacto icónico y popular, la que se ha hecho más universal y se ha reproducido más. Alberto Villar lo conoce bien, porque estuvo en la comisión de la restauración del Gran Poder de 2006. Y luego en la de la Virgen de las Angustias.

—El Gran Poder es su imagen de mayor impacto.

—Sin duda, aunque sea irregular. Pero desde el punto de vista de la teatralidad del barroco es una imagen de mucho impacto, porque es una imagen que camina. Y vestido sin los oros que suelen acompañar a sus mejores túnicas. Pero cuando lleva la túnica lisa, entre la luz mortecina de la Madrugada, y los amaneceres, todo eso impacta como un personaje teatral, pero como un personaje próximo, que casi podemos tocar, que se mueve entre nosotros. Ese el gran impacto del Gran Poder, el caminar del Señor.

—Porque sabe que es para eso, lo intuye. Ha conocido la Semana Santa —me aventuro.

—Probablemente de unas imágenes de horror, de cartón, de papelón —dice para hacer un relato tan profundo como natural—. Eso se ha perfeccionado mucho a fines del XVI y comienzos del XVII. Sabe que la imagen es como un actor, semejante al teatro de los misterios. En la misma Sevilla sospechamos que hace la imagen del Yacente, que viene a sustituir a un crucificado, que se montaba en la cruz, se bajaba en descendimiento, se llevaba yacente y al final salía de San Laureano resucitado. En la misma imagen se recordaba la pasión. Es un actor que está llevando un mensaje. Al final lo que hacen las cofradías es convertir ese mensaje en un icono y rendirle culto, y entonces se pasa de la docencia, diríamos, del puro sermón, a la imagen cultual.

—Quizá Juan de Mesa inaugura al escultor para cofradías —vuelvo a atreverme.

—Bueno, no inaugura.

—Pero que trabaja preferentemente para ellas, sí.

—Eso es: creó un número de imágenes extraordinario para las cofradías. Es comparable a Gregorio Fernández, que tampoco es el que inicia, pero que sí magnifica esa tradición que venía del bajo Renacimiento.

—Dicen, y lo parece, que Montañés frena el barroco en la escuela sevillana. Gregorio Fernández nació cinco años después que él, y sí es barroco, y es poco probable que Juan de Mesa y él se hubieran conocido, o que Juan de Mesa hubiera visto de alguna manera una obra suya.

—No creo que se llegara. Aunque en Sevilla se movía mucha gente en ese momento, no hay una relación directa ni una influencia mutua. No lo veo.

—¿Más bien una intuición, estar atento?

—Sí, eso sí.

Suenan las campanas de San Rafael, o de San Agustín, o de San Lorenzo, porque es la Córdoba recogida y clásica. Hablamos de imágenes de Cristo, porque con las dolorosas hay más dudas. Hemos llegado a la Virgen de Montserrat y de las sospechas de que sea suya.

—Montserrat creo que tiene un rictus en la línea de Mesa, sobre todo en la boca. Como estas imágenes se han toqueteado es muy difícil, y luego hay otra cosa que es cierta: como le toquen la pintura, es que no vemos la forma. La pintura hace muchísimo, en eso tenían toda la razón los pintores: en la imagen policromada, el cincuenta por ciento o más es pintura.

—¿Y las otras dos atribuciones más tradicionales, el Valle y la Victoria? —sigo.

—Valle tiene toda la pinta; la Victoria tiene una forma más carnosa. A Hernández Díaz sí le parecía que podía ser; yo no acabo de verla, pero está en el círculo, está por ahí, por los seguidores de Mesa, pudo ser.

—¿Con qué se queda de las imágenes de gloria, de las que no son de pasión?

—Con la Inmaculada del Carmen y, sobre todo, la de Antezana de Alcalá de Henares es de una gran belleza. Allí no es que la descubriera, porque lo había dicho ya Luis Luna. Lo había intuido. Pero recuerdo cómo me llevó mi amiga Carmen Heredia, al fondo de aquella capilla, que yo desconocía, en Alcalá de Henares. Me sentó y me explicó, y yo miraba desde el fondo. Y me dijo Carmen: «¿No ves algo que te llame la atención?». Y vi aquella Virgen y me fui derecho, y dije «esto es Juan de

Mesa». A partir de ahí lo publicamos. Tampoco hay documentación, sólo que llega de Sevilla. A lo mejor a saber si se contrata con Montañés. Pero esa mano no es Montañés, es Mesa.

—Sin embargo, la misma información que ofrece el hospital —y aquí recuerdo aquel artículo que encontré en el libro de Hernández Díaz sobre Juan de Mesa— sigue insistiendo en Montañés, no en Juan de Mesa. Ahora mismo, en internet. No se ha asumido que Juan de Mesa es un gran escultor.

—Fuera del ámbito andaluz todavía es un discípulo de Montañés. El que pincha es Montañés, lo mismo que en Valladolid es Gregorio Fernández, aunque haya otros. Son los nombres, las marcas. La marca Montañés tuvo mucho éxito, y mucha suerte. Era magnífico, y entonces hay muchos que crecen a su sombra y alrededor —y lo que sigue después también me parece revelador—. Porque no nos engañemos: a Mesa le llegarían los encargos porque no podían tener a Montañés, pero sí tenían uno que se le parecía. Dirían que era el taller de Montañés, y en la cofradía se mantuvo la idea de que tenían un *montañés.* Hay que entender que trabajamos así. En la falsificación, en los mercadillos, lo que vende es la marca, y habrá muchos que piensen que la llevan. Creo que ha existido siempre.

Sus palabras me sorprenden porque no habla de detalles ni de los pliegues del sudario, sino de la filosofía que está detrás del que encarga la escultura, del que la saca de la madera y del que la policroma. Supongo que esa es la diferencia entre el que acumula datos y el que más bien busca las razones de lo que sucede, entre el erudito provinciano y el que sabe reconstruir, en torno a la obra de arte, el mundo que la hizo posible. Más de una vez sus observaciones me han hecho cambiar la mirada, como aquellas sobre las distintas proporciones entre Córdoba y Sevilla que deberían serlo también entre sus pasos. Las puertas de los templos deberían haber marcado los tamaños, suele repetir.

A la salida vemos al Cristo de la Universidad, la imagen sobrecogedora que hizo Juan Manuel Miñarro con todo lo que conocía de la Sábana Santa. Si las imágenes de Juan de Mesa eran la vanguardia del siglo XVII, esta obra científica, y a la vez devota, es el crucificado de los comienzos del siglo XXI. Él es el hermano mayor de la cofradía y estuvo presente en aquel proceso que asombró tanto en 2010. Nos despedimos ante las dos torres de la iglesia del Juramento de San Rafael, en el corazón de la Ajerquía, y ahora tengo que buscar a Juan de Mesa en su misma ciudad. Una parte de ella lo negó; otra parte no dejó de quererlo y, como si notara esta admiración, su obra y su huella no han dejado de aparecer.

Una fuerza interior que no tienen otros. Cristo del Amor. Foto: Manuel Jesús Rodríguez Rechi

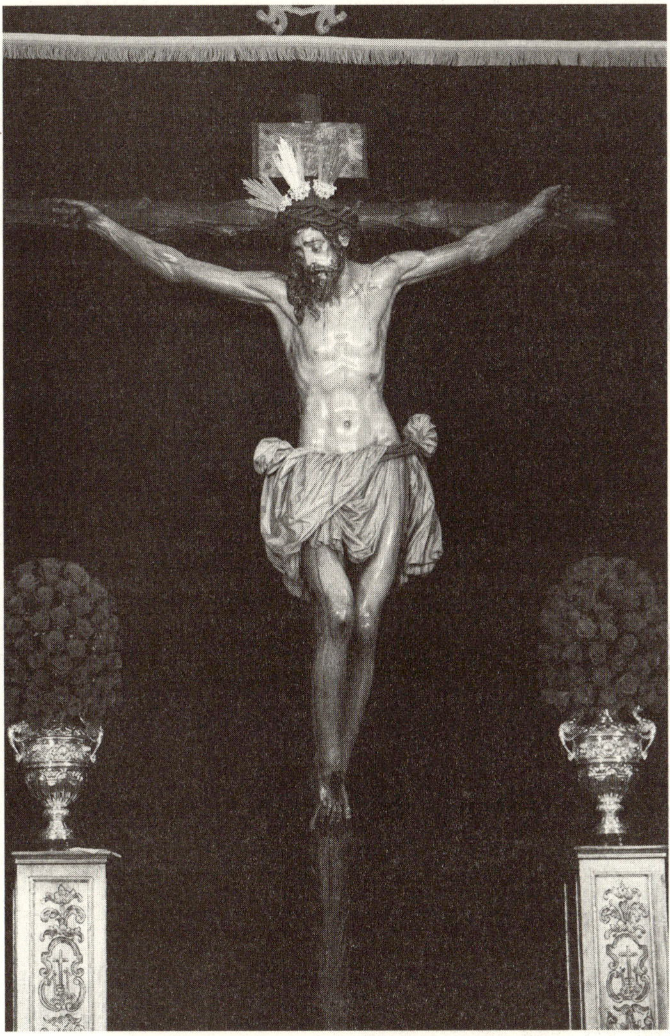

La imagen es como un actor. El Cristo de la Conversión del Buen Ladrón. Foto: Javier Comas

Una imagen que camina, el Señor del Gran Poder. Foto: Javier Comas

27

MADRE Y MADRASTRA

Juan de Mesa nunca olvidó a Córdoba y siempre la mencionó en los papeles guardados en sus imágenes con los que protegía su firma frente al vendaval del olvido que tal vez intuía. Cuando se recuperó su nombre y se le confirmó como hijo de la ciudad, Córdoba y los suyos le correspondieron con honra y con más olvido, con la veneración del que hace algo grande y también con el desprecio que muchos reservaban para obras religiosas como las suyas. La historia la cuenta en una parte su barrio. Se llama de San Pedro, pero la plaza que lleva este nombre no es más que la auxiliar. La auténtica plaza de esta collación histórica y de toda la ciudad es la Corredera, el enorme salón al que la vieja feligresía y todas las cercanas acudían para las compras diarias y para el intercambio de mercancías, y en los años jóvenes del escultor para los grandes acontecimientos festivos, como las corridas de toros, y otros menos gratos, pero igual de espectaculares. Los autos de fe, por ejemplo. Juan de Mesa no conoció su estructura cerrada, que empezó a construirse cien años después de su nacimiento, pero sí sabría su nombre y habría conocido el bullicio en el mismo lugar.

El corazón humano del barrio era la Corredera, pero el espiritual tenía que ser la parroquia, y allí llevaron al recién nacido para bautizarlo el veintiséis de junio de 1583, según aquel documento que encontró Enrique Romero de Torres. La actual basílica emerge como un barco dorado y desborda una pequeña plaza que no se abre ante sus puertas, sino que la rodea. La construcción es gótica, porque es de las llamadas iglesias fernandinas levantadas tras la Reconquista, la fachada es renacentista y el interior se fue recubriendo de barroco. La capilla bautismal de entonces estaba a la derecha del cancel, al pie de la nave de la epístola, donde ahora hay un pozo que no tiene más que caer seis metros para encontrar el agua. Allí están las capas freáticas y aguas subterráneas que aparecen con facilidad bajo las casas de toda esa zona, y que han creado en el templo problemas crónicos de humedad. Por eso es también San Pedro un barco. De aquel pozo de las entrañas de Córdoba tuvieron que salir las aguas que hicieron cristiano al niño que, andados los años, representó la pasión con un dramatismo único.

La capilla bautismal está ahora justo frente a ella, a los pies de la nave del evangelio, así que del lugar al que llevaron a Juan de Mesa apenas puede conservarse la pila como tal, aunque ni siquiera eso se sepa con certeza. En el exterior dispuso la hermandad de las Angustias una placa para recordar el nacimiento de Juan de Mesa cuando se cumplían cuatro siglos, en 1983. Allí sigue. El escultor debió conocer de niño, en aquel espacio, la capilla del Santísimo y también encontraría, en algún otro lugar, las reliquias de los Santos Mártires, que habían aparecido poco antes de su nacimiento, en noviembre de 1575. Aún faltaba un siglo y medio para que tanto el sagrario como los huesos, ya en una urna de plata barroca, se fueran a la nueva y suntuosa capilla del Santísimo.

San Pedro encarna la mirada al pasado de Juan de Mesa y también una parte de la que le dedica la posteridad. La ciudad en la que nació el escultor empezaba justo entonces una lenta decadencia económica y demográfica. Ya no era el asombro del mundo que había sido con los omeyas, pero todavía conservaba algo de aquella perla patrimonial y estratégica que Fernando III el Santo incorporó a Castilla el veintinueve de junio de 1236. Como explicó el profesor Juan Aranda Doncel, entre 1530 y 1580 tuvo una fase de prosperidad con más de cuarenta mil habitantes, una cifra alta para la época, y a ella llegaban personas del norte de España y también moriscos de la cercana Granada.

El barrio de San Pedro era uno de los más importantes de Córdoba y allí vivían artesanos, mercaderes y médicos, entre otros muchos profesionales. La Corredera era ya el pulmón económico de una de las dos collaciones más pobladas de Córdoba: cuatro mil personas, las mismas que el barrio de la Catedral. La vida del escultor en Córdoba estuvo cercada por las epidemias. Entre 1582 y 1583, justo cuando estaba a punto de nacer, hubo una de peste, que volvió entre los años 1601 y 1602. Para entonces casi iba a cumplir veinte años, si es que había permanecido hasta entonces en Córdoba y no se había formado en Granada antes de establecerse para siempre en Sevilla. La decadencia ya se notaba, pero la industria del cuero y del paño seguía moviendo algo la economía.

Lugares donde pudiera formarse no parecía tener. Sin la autoridad casi arbitraria de Pacheco, también en Córdoba había un pintor, escritor y humanista de prestigio, y se llamaba Pablo de Céspedes. El autor sevillano lo había citado en sus escritos, fascinado en una buena parte por aquel viaje a Roma que Pacheco tuvo clavado como una espina y nunca hizo. Céspedes era la gran personalidad de las artes plásticas en el siglo XVI, la época en la que con mucho trabajo se levantaban el crucero y el coro de la Catedral que se había erigido en el corazón de la antigua Mezquita Aljama.

Los testimonios de escultores apenas abundan y muchas veces llegaban desde fuera de Córdoba. Andrés de Ocampo había viajado a la ciudad para hacer el retablo del monasterio de las jerónimas de Santa Marta en 1602, cuando Juan de Mesa tenía diecinueve años, pero nada prueba que aprendiera de aquel gran maestro ni que él le recomendara acompañarle en su marcha a Sevilla. Pedro Freila de Guevara había viajado desde Granada a principios del siglo XVII y la gran escultura de esos años tenía que llegar desde allí o desde Sevilla. El Cabildo Catedral confió varias décadas después sus imágenes a Pedro de Mena y José de Mora, y su fastuoso coro a Pedro Duque Cornejo, que dejó alguna joya más en la ciudad. Recuerdo aquí a Alberto Villar: «Si Juan de Mesa no se hubiera marchado de Córdoba no estaríamos hablando de él». Y también al diseñador Rafael de Rueda, que tanto ha trabajado para las cofradías de Sevilla: «Sí, era de Córdoba, pero nunca volvió». Y no era un reproche a que se hubiera quedado allí.

Enrique Romero de Torres tuvo que salir de San Pedro nervioso y flotando en la nube del descubrimiento. Con su paciencia para mirar los libros de bautismo había conseguido que Córdoba recuperase el vínculo con uno de sus hijos más grandes y acaso imaginara que se multiplicarían los homenajes a su memoria y la ciudad lo pusiera en su lugar. El entorno de San Pedro cuenta que muchos lo intentaron como pudieron, pero no consiguieron que el nombre de Juan de Mesa estuviese en las alturas de aquello que se venera sin preguntar. Su ciudad fue a veces madre y otras veces madrastra que acogió al hijo con algo de fastidio.

En 1940 el Ayuntamiento de Córdoba puso su nombre a una calle. Quien salga de San Pedro la encuentra mirando, como la puerta, al noroeste, y es una vía corta, angosta y serpenteante, ideal como pocas para ver cómo una cofradía la llena. Quienes veneran al artista creen que el rótulo que todavía lleva, *Escultor Juan de Mesa*, tiene un prólogo innecesario, porque los grandes seres de la historia cuentan con el nombre y el apellido lo más importante de una biografía y no necesitan que se les explique así. Ni siquiera haría falta conocer sus imágenes porque aunque una gran mayoría de los cordobeses no haya leído a Luis de Góngora no pondrá «poeta» delante de la calle o el instituto que llevan su nombre. Por si fuera poco, casi todos los vecinos del barrio y de la Ajerquía dirán que la calle que va desde la Almagra hasta San Pedro se sigue llamando del Poyo, aunque en los letreros ponga otra cosa. Sevilla la tuvo en 1935 y fue una vía recién abierta y corta, junto a la iglesia de Santa Catalina, camuflada junto al trasiego de coches entre San Pedro y la Puerta Osario. La Academia Sevillana de las Buenas Letras colocó dos años después una placa en el exterior de San Martín para recordar que allí quedó enterrado el cuerpo de Juan de Mesa.

No se podía contar entonces con que el escultor tuviera la veneración del orgullo popular, que en cualquier caso no deja de ser superficial y algo ignorante. De Góngora al menos se conoce el soneto a Córdoba grabado en mármol junto al Guadalquivir, pero de Séneca y de los filósofos que se citan como orgullos de la ciudad ni siquiera se sabe el título de una obra. Su memoria tenía que confiarse a los amantes de la Semana Santa y a los escultores que siguieron su camino y sin copiarlo reconocieron su magisterio. Por esa misma calle de Juan de Mesa llego a la Almagra y de ahí a la plaza del Socorro, a un paso de la Corredera. En la ermita está la Virgen del Socorro, que en los últimos años han querido acercar a Juan de Mesa. Nunca se ha estudiado con calma y hasta se pensó que era del siglo XVIII, pero tiene mucho en común con la Virgen de la Encarnación de los Terceros. Este septiembre de mis cuarenta y cuatro años me he acercado en el acto de veneración que sustituye a su besamanos y le he encontrado las cejas tan finas y el pliegue del cuello, pero supongo que es la sugestión de estos días y prefiero que hablen los que saben.

Frente a la ermita está el taller de Miguel Ángel González Jurado, uno de los escultores que lideró el renacimiento de la imaginería cordobesa desde la década de 1990. He hablado con él muchas veces de Juan de Mesa y sus palabras ayudan a entenderlo, pero también tienen sorpresas. Por ejemplo, las imperfecciones de las que me habló siempre.

—¿Cómo imperfecciones?

—Y gordas. En su primera época —aclara—. Luego es muy perfecto, muy Montañés.

—¿Y qué tienen sus obras, después de tanto tiempo? Pronto se cumplirán cuatro siglos de su muerte y sus esculturas siguen admirando a mucha gente.

—Tiene el misterio de la historia, que eso pesa. El caché que te da la historia, el misterio de su figura, la de un cordobés que se va a Sevilla y aprende con otro grande. Y también eso que se tiene y no sabes qué es —y aquí se refiere al don inefable del que hemos hablado muchas veces: de la unción—. El Gran Poder es capaz de expresar por encima de la técnica. Es algo mágico. Si haces una obra llena de imperfecciones, ¿cómo puedes sobreponerte a eso y llegar como obra de arte? Pues así es.

—¿Y cómo lo hace?

—Porque es capaz de expresar su sentimiento y fuerza de artista por encima de la técnica. No la necesitaba. Es tan artista, lo lleva tan dentro, es tan bueno y es capaz de expresar tanto que, aunque no sepa hacerlo, es capaz de conectar. Es algo que se tiene, que no sabes lo que es. Con la Buena Muerte lo hace desde una perspectiva de perfección técnica. Lo tiene con el *Laocoonte* de Vergara, que he ido tres veces a verlo y fotografiarlo. Desde la perfección técnica te llega igual que desde la imperfección. Es algo que conecta, algo que lleva dentro, que es capaz de conectar. Creo que es mucho de verdad de lo que hace. Es muy importante que sea verdad lo que haces, que lo hagas para ti, que no lo hagas para gustar o para ganar dinero. Que no haya condicionantes espurios, que sea una cosa muy auténtica tuya con la obra. Como vemos a un cantante, o un actor. Ves que lo hace con mucha verdad y a otros los ves como impostados. En Juan de Mesa hay mucha verdad, y cuando hay tanta verdad, sale.

Miguel Ángel González me habla luego de soluciones técnicas que ha visto en sus imágenes y que le han sorprendido, y piensa en cómo sería su diálogo con el maestro si le pudiese preguntar y él le contestara por qué había hecho lo que había hecho precisamente así, y le confirmase la hipótesis. «Hay un momento en que está ya muy seguro de lo que hace. ¿No ves el Cristo de las Angustias? Hace la curva, es valiente, ya lo domina», cuenta.

Juan de Mesa estaba entonces en el altar de los imagineros, que si eran buenos aprenderían de él sin copiarlo, y también en el de las cofradías. Para Córdoba además fue como la gloria que no siempre tuvo su Semana Santa, que mantiene devociones antiguas y hondas, cofradías que sobrevivieron a los tiempos, pero que no llegó a ser la fiesta extendida por todas las capas de la ciudad que los cofrades que tomaron el mando desde la década de 1970 habían conocido Guadalquivir abajo. Se enfadan si escuchan que Juan de Mesa era sevillano, y más de una vez han tenido que leerlo, y aunque naciera cordobés fue un escultor sobre todo de la escuela sevillana, porque allí se hizo como artista. Cuando yo estudiaba la carrera había dos cosas que me emocionaban en aquel lugar en que la ciudad y sus gentes sí sabían lo que era su Semana Santa: el que recordaran dónde había nacido Juan de Mesa y escuchar todas las noches *Saeta Cordobesa* en *El Llamador*, en unos años en que casi nadie se atrevía a interpretarla en la ciudad en que se escribió.

En la década de 1980 un grupo de cofrades de buena preparación y recto criterio fundaron una tertulia cofrade que se llamó Juan de Mesa. Allí estaban quienes emprendieron caminos de innovación y de reforma que fueron la base del crecimiento estético de las hermandades, empezando por las suyas. Son quienes entregan todos los años al pregonero de la Semana Santa de Córdoba unas pastas de cuero repujado con la firma de Juan de Mesa.

De vuelta a la iglesia de San Pedro me parece inevitable pensar en qué calle o qué solar pudo vivir y crecer el escultor. Junto a la plaza, por el lado sur, está el monumento que Córdoba le dedicó, y que por sí mismo cuenta la historia de que su memoria tenía que pasar por pruebas tan crueles como el olvido. Llegó casi por sorpresa y con la urgencia con que la dejadez quiere enmendarse. En el año 2002 Sevilla había proyectado el suyo, obra de Sebastián Santos Calero, con la mirada en la puerta de la basílica del Gran Poder. Hubo voces que se quejaron de que este homenaje se hiciera allí antes que en la ciudad natal del escultor, cuando hacía años que se pedía. En la Cuaresma de 2003, cuando las elecciones municipales estaban a la vista, la entonces alcaldesa, Rosa Aguilar, y el presidente de la Agrupación de Cofradías, Francisco Alcalde, presentaron la maqueta de un monumento a Juan de Mesa que se iba a colocar al año siguiente. Al final se adelantó, porque el de Sevilla no se inauguró hasta 2005.

Su autor era José Manuel Belmonte, un escultor de Córdoba que siempre se dedicó a lo figurativo y a investigar sobre el alma y la condición humana a través de la representación del cuerpo y de la expresión. Ahora sus obras son más conocidas y las que ha dedicado a los Patios en varios rincones se han hecho populares y la gente se hace fotos junto a ellas.

—La actitud —explica— en que lo puse fue en el momento de la creación, cuando está pensando en su próxima obra y le viene un poco la inspiración divina, con la mano que toca en el hombro. Es el símbolo de la luz para crear su próxima obra. Todo eso remarcado por un cuadrado. Quería destacar un poco ese momento en que Dios lo toca y le da esa inspiración. Él está en una actitud reflexiva y de cansancio, con un mandil antiguo, y como no hay iconografía de él, lo imaginé como un tío fuerte y robusto, como en realidad pensamos que son los escultores.

—Es un hombre musculoso, en su época se hablaba de que era un trabajo físico —y aquí recuerdo la consideración social de la escultura como un trabajo menestral en el que incluso se sudaba—. Necesitaba fuerza.

—A los escultores nos han tratado un poco de brutos, porque hace falta una fortaleza mental y física también a la hora de sacar la obra de la madera. Pero un poco también era una forma de idealización del personaje: guapo, robusto, fuerte, que también hace falta para crear en la escultura.

José Manuel Belmonte revela con algo de orgullo que comparte con Juan de Mesa que a él también lo bautizaron en la iglesia de San Pedro, y que vivió en la plaza de la Paja. Precisamente en la plaza de San Pedro, dando a la espalda a la parroquia, se iba a colocar el monumento, pero los técnicos encontraron con que apenas se podían tocar ni los árboles, ni la fuente, ni los bancos, ni ningún elemento. Así que el Ayuntamiento optó por la plaza de las Doblas, junto a Capuchinos y a pocos metros del Cristo de los Faroles. «Yo fui el primer sorprendido, porque esa plaza estaba acabada», dice.

El monumento siempre me pareció como inspirado en un paso de misterio por la teatralidad de la mano del Cristo que toca al escultor adormecido para inspirarlo. No era, como casi todas las obras de Belmonte, para elevarse en un pedestal, sino para estar al pie de la calle, y se inauguró el Viernes de Dolores de 2004. Unas semanas después una supuesta plataforma social y vecinal donde no era difícil encontrar la mano de cierta izquierda protestó contra el monumento a Juan de Mesa, bajo la apariencia de que la plaza de las Doblas no era el mejor lugar, y preparó un escarnio al escultor que lo había hecho y al escultor al que se dedicaba.

No lo atacaron con brochazos o martillazos, sino con un minuto de risa de buena organización y mejor publicidad para burlarse de aquella obra y de forma indirecta de la idea de hacer un monumento a Juan de Mesa y a lo que significaba. «El imaginero cofrade», leí aquellos días en una carta al director en que se pedía al Ayuntamiento de

Izquierda Unida que sólo contentara a sus votantes. Aquel escultor que había sido como un primo famoso del que se podía presumir era otra vez un pariente postizo y pesado al que había que soportar en ciertas ocasiones, aunque para él y para su trabajo se tuvieran palabras de desprecio grosero. Madre y madrastra a la vez, porque si una ciudad tiene un alma se la puede mirar desde varios sitios.

—La decisión política —sigue el escultor— acarreó todos esos problemas políticos también, porque en realidad no dejaron de ser problemas políticos. A los dos años se colocó en San Pedro, no donde iba, que era a la espalda. Yo quería que se integrara perfectamente en el espacio, jugando con la arcada. Y lo dejaron en la esquina.

Recuerdo una fotografía que publicamos en ABC en la Cuaresma de 2005 cuando el monumento se llevó a donde está ahora. José Manuel Belmonte estaba cubierto por una capucha para protegerse de la lluvia mientras miraba cómo trasladaban su obra. Tenía que escribir sobre aquello y hablé con Andrés Ocaña, entonces concejal de Urbanismo y luego alcalde. Al terminar me preguntó en un extraño momento de confianza. «Y tú como parte del mundo cofrade, ¿crees que sí estará bien ahí?» Creo que le insinué que el problema no era el lugar, sino el mismo monumento. El caso es que allí quedó esta vigorosa pieza en bronce y por allí han pasado ya bastantes veces la Virgen de las Angustias y otras cofradías que nunca se olvidan de lo que tienen delante. De vez en cuando lo pintan y dañan la placa con su nombre.

—Lo cierto es que tampoco aquí han faltado los problemas ni el vandalismo —le digo al escultor.

—Deberían restaurarlo, está pintado. Un monumento es público, es un elemento vivo, no se compra y se olvida. Es un elemento vivo, igual que existe la señalética y el mobiliario urbano, existe un equipo de control y seguimiento del patrimonio. Ya tengo comprobado que vivimos en una ciudad muy izquierdosa a la que parece que le repele lo que huela a catolicismo. Además, está al lado del colegio de Las Francesas, los niños se suben al monumento y las madres dejan hacer.

—¿Cómo ve un escultor figurativo del siglo XXI a Juan de Mesa? —le pregunto.

—Tenía un gran control de la anatomía, del equilibrio, un poco simbolista, con esas caras, un expresionista en la imaginería. Como personaje me ha atraído mucho, sobre todo ver cómo fue el *negro* de Montañés, y muchas de las obras que la historia atribuyó a Martínez Montañés, en realidad las hizo Juan de Mesa. Como escultor me ha pasado lo mismo, estuve siete años así, me sentí identificado. Córdoba es una ciudad que ha dejado muy buenos escultores, y está también Mateo Inurria. Lo que siempre me ha sorprendido es el dominio de la anatomía, los cuerpos de los Cristos, con un gran realismo. El imaginero, y es una cosa que hoy día no se hace mucho, pienso que primero tiene que ser un gran escultor. Antiguamente, el imaginero hacía la escultura y un pintor lo policromaba. Hoy día quizá muchas veces lo de menos es la talla y se consiguen muchas calidades con la policromía. Y mucho engaño. Hay esculturas actuales a las que si les quitas la policromía se quedan en nada como escultura. Para mí es más escultor que imaginero.

Sin moverse muchos cientos de metros del monumento queda latiendo el aliento de Juan de Mesa en las obras con las que quiso hablar. Decían los primeros textos sobre el descubrimiento de su nacimiento cordobés que era el autor de la Virgen de las Angustias y seguramente de otras muchas obras de la ciudad. En aquel momento no era más que una frase enfática o un deseo, pero conforme pasó el tiempo se hizo realidad por el hallazgo o por la voluntad. También en Córdoba hay una pequeña ruta de Juan de Mesa, que se hace creciendo en la emoción.

Los que lo busquen lo encontrarán primero cerca de la casa de los Romero de Torres, en el Museo de Bellas Artes. Es un centro limitado por la falta de espacio y con una estupenda colección de dibujos y obras en papel. En la sala barroca está la exuberante *Virgen de los Plateros* de Valdés Leal y el *Calvario de la Inquisición* del pintor cordobés Antonio del Castillo, en que la luz de las imágenes contrasta con el fondo de tinieblas que se hicieron después de la muerte de Cristo.

Entre los dos cuadros, en una urna, hay un Niño Jesús bendiciendo que se atribuye a Juan de Mesa, y que la Junta de Andalucía compró en 1989 en una subasta para que estuviera precisamente allí, en la ciudad donde había nacido. Es una escultura de sesenta y tres centímetros que se pudo vestir en algún momento de su historia, pero que ahora está del todo desnuda, y allí el maestro mostró toda la sutileza de su técnica. El escultor cordobés debía de pensar en la obra de su maestro para el Sagrario de la Catedral de Sevilla, y aquí no tiene más remedio que seguirlo, aunque con algunos rasgos personales. Su expresión es menos dulce y más recogida, y muestra en la frente el mechón central de pelo.

Es una imagen con movimiento, que inclina la cadera y el peso hacia el lazo izquierdo, mientras que con la derecha hace el gesto de bendecir y garantiza el equilibrio. Las cejas y los ojos recuerdan la delicadeza de sus figuras femeninas y en la mano izquierda pudo llevar alguna cruz o atributo. Se atribuye por los rasgos inconfundibles, porque es una escultura sin documentar, igual que tampoco tienen papeles las otras obras de la misma iconografía que se creen suyas. Por ahora son tres más.

De todos ellos, el que más miradas tuvo siempre es el que está en el Decanato de la Facultad de Bellas Artes de la Universidad de Sevilla, y que se puede fechar, como los demás, entre 1620 y 1625. El movimiento es todavía más atrevido, como si diera un paso adelante, y la anatomía está más marcada que en la escultura que la del Museo de Bellas Artes de Córdoba, aunque con una extrema finura en las rodillas, brazos y, en general, todas las articulaciones. El pelo es minucioso y la mirada está perdida en el horizonte. Llegó en 1948 a la institución después de la donación de un profesor.

Los historiadores del arte le han atribuido uno que está en una colección particular de Marchena, y que presenta una postura muy parecida al de Córdoba, aunque con el pie izquierdo más adelantado y el contraposto más acentuado. Lo que sí se nota menos es el mechón central del pelo, que es un poco más uniforme, pero los ojos almendrados y las cejas remiten de nuevo a la delicadeza de sus niños y figuras femeninas.

Por los rasgos se aparta algo más otra escultura que está en una colección particular sevillana, y donde el Niño Jesús vuelve a estar sobre una roca. El gesto es el mismo, aunque la policromía toma tonos más sonrosados y menos pálidos, con el color del pelo menos oscuro. Sí tiene un modelado de la anatomía muy detallista, sobre todo por detrás, que parece la firma de un escultor que debía de estar en todo el dominio de las gubias y de la madera. La serie podría seguir por el museo del convento sevillano del Santo Ángel, donde fray Juan Dobado me mostró algunas imágenes en plomo que pensaba obra de Juan de Mesa.

En diciembre de 2016, la sala Caylus subastó una imagen de San Juan Bautista Niño que también se atribuía al maestro cordobés, y que parece muy próxima a todas las que se han relacionado con su nombre, aunque estas sean de Jesús. Para ellos era una imagen primeriza, quizá anterior a la gran eclosión de 1620. Tiene el inconfundible mechón en la cabeza y una descripción de la anatomía que resulta abrumadora por lo magistral. Se muestra desnudo, aunque se tuvo que vestir, y con la mano izquierda en ademán de haber tenido algo entre las manos. La postura de la mano derecha, que está baja y que no bendice, era para la casa de subastas la señal de que no era Jesús. Quién sabe si no pudo ser la compañera de alguna de las anteriores, porque era un conjunto corriente en la pintura y en la escultura.

La breve, intensa, emergente, Córdoba de Juan de Mesa tiene el corazón en San Agustín. No es sólo que allí esté la Virgen de las Angustias que dejó terminada al morir, sino que es el templo en que él hubiera reconocido el arte de su tiempo, el joyero en que su obra tenía que lucir hermosa y en su contexto natural. El retablo mayor de la iglesia de Santa Isabel de Sevilla, si es obra suya, es un pariente muy cercano de la portada manierista de san Agustín. Era una iglesia gótica que en el interludio entre los últimos años del siglo XVI y los primeros del XVII conservó el esqueleto y se enriqueció con decoración manierista en yeserías, dorados y retablos, por la inspiración de un personaje fundamental que trató con Juan de Mesa. Era fray Pedro de Góngora y Angulo, un destacado fraile agustino, de verbo fácil y profunda formación, que dirigió la decoración y el programa iconográfico de la iglesia y luego contrató con él a las imágenes de la cofradía. En el interior de la iglesia, sobre la puerta, hay unas iniciales y un año: FPDG 1633. Era el momento en que se terminó.

Antes que hablar de las Angustias hace falta reparar en otras dos esculturas que no tienen documentos, pero en las que la firma de Juan de Mesa parece clara y la de fray Pedro de Góngora sería lógica. La primera es una cabeza que encontró el profesor José Hernández Díaz allí, y que entregó a la cofradía de Jesús de la Pasión de Sevilla. Le hicieron un cuerpo y entre 1950 y 1969 fue el Cirineo que ayuda a la imagen de Montañés a cargar con la cruz, en un singular diálogo entre el maestro y su discípulo.

Hernández Díaz la atribuyó de inmediato a Juan de Mesa y pensó que sería una imagen de San Agustín de Hipona, el titular de la iglesia. En sus populares *Paseos por Córdoba*, publicados a partir de 1873, Teodomiro Ramírez de Arellano reparó en una imagen de San Agustín «con una cabeza de mérito», pero lo cierto es que la cofradía de Pasión insiste en que aquella testa llegó a ellos sin policromar. Fue Juan Miguel Sánchez quien la pintó.

Lo que ahora se exhibe en la iglesia del Salvador en una urna es otra vez sólo la cabeza, que así quedó cuando Sebastián Santos hizo el nuevo cirineo. Es la imagen de un hombre de edad ya madura, con los ojos muy expresivos que miran hacia arriba y expresión de intensa espiritualidad. También con arrugas, algo de calva y barba, y quizá la forma de la cabeza indicase que debía de tener encima la mitra que le correspondía como obispo. Volvió unas semanas a su iglesia original para la exposición que organizó allí la cofradía de las Angustias, pero en aquel momento ya había otra imagen de Juan de Mesa que representaba al titular.

Hoy está donde estuvo siempre, en una alta hornacina del retablo principal, pero pocos repararon en su valor hasta la primera década del siglo XXI, cuando empezó por fin la restauración que permitió que los cordobeses pudiesen entrar y admirar el templo tras más de treinta años. Las obras estaban a punto de terminar en agosto de 2009 cuando me invitaron a conocerlo en una de las salas del convento. Los ojos prominentes y almendrados, los rasgos muy vivos, las orejas pequeñas y, sin embargo, muy a la vista y el fino trabajo del pelo no dieron mucho margen a las dudas de los restauradores: parecía una obra de Juan de Mesa. Su expresión era menos dramática que la de la cabeza que ahora está en Sevilla y el gesto algo más íntimo, pero lo parecía. Al menos la cabeza, porque las manos eran bastas y muy toscas, sin rasgos ni anatomía, como si se hubieran cambiado o hubieran sufrido el calor de algún incendio.

Era una imagen para vestir del tamaño de un hombre de ciento setenta centímetros y ya estaba preparado para subir a las alturas de la hornacina, aunque esta vez con el hábito negro de los agustinos, el corazón transverberado en una mano y un pergamino en la otra. Las fotografías antiguas lo muestran en el mismo sitio, en simetría con una imagen de Santa Mónica, su madre, y vestido de obispo con los atributos del báculo y alguno de sus libros. De pie, bajo el crucero y su deslumbrante yesería, el ojo izquierdo pide acercarse a la madre que sostiene a su hijo muerto, pero hay que mirar a esta imagen, que a seis metros de altura proclama el nombre de su autor.

No hay ningún documento que lo relacione con fray Pedro de Góngora y, sin embargo, sí se puede hacer una historia coherente con este religioso que vivió a caballo entre Córdoba y Sevilla. Fue prior de San Agustín entre 1609 y 1612, entre 1617 y 1620 y luego a partir de 1630 hasta su muerte, pero también provincial de los agustinos de la Bética entre 1620 y 1623. Eran los años fundamentales de Juan de Mesa y ahí este sacerdote inquieto por la predicación y por el arte, como está de manifiesto en los símbolos y en la iconografía de su iglesia, tuvo que conocer las obras del escultor y mediar para que llegasen a Córdoba. Al menos está claro en las Angustias y pudo ser con las demás.

Recuerdo aquí también otra imagen para un convento agustino, esta vez en la cercana y monumental ciudad de Montilla. Representa a San Juan de Sahagún, es de tamaño algo inferior al natural y tiene los rasgos de ojos grandes y honda expresión que permitieron a José Carlos Pérez Morales relacionarla con Juan de Mesa. Si es de 1624, fray Pedro de Góngora pudo encargarla en los años de su etapa como provincial. Las atribuciones darían casi para una serie entre el escultor y la Orden de San Agustín y la saga terminaría en Valladolid, en el Museo Nacional de Escultura, aunque aquí las suposiciones sean ya demasiado arriesgadas.

Creo que ha sido la única vez que una escultura de Juan de Mesa me ha pasado desapercibida, o por lo menos no me ha llamado la atención al entrar, pero es que en aquella sala mandaba como una autoridad sensual y magnética la *Magdalena Penitente* de Pedro de Mena, y allí me fui atraído por la figura como de junco, el largo pelo sobre el esparto y la cara tan afilada y mística. Toda una venus espiritual, porque no deja de ser su equivalente para el arte cristiano. De la nube me bajó Julia, que señaló a la imagen que estaba al lado. «Mira. Es de Juan de Mesa». Junto a la Magdalena había una escultura de San Nicolás de Tolentino. Era un fraile imberbe que se mostraba arrodillado y azotándose en penitencia, algo que casa muy bien con la biografía del que en el siglo XV había sido el primer agustino canonizado.

El museo lo compró en 2003 como un Santo Domingo Penitente atribuido a Martínez Montañés, quizá por el parecido con la obra de la misma iconografía que había hecho el maestro alcalaíno y que hoy está en el Museo de Bellas Artes de Sevilla. Una mirada más reposada lo identificó más bien con el santo agustino y lo encontró más propio de Juan de Mesa. San Nicolás de Tolentino muestra el torso desnudo con una anatomía llena de sutileza que alcanza vigor de músculos y tendones en los brazos y sobre todo en las manos. La derecha sostiene el látigo y la izquierda una cruz. Las orejas y los ojos recuerdan mucho a todas sus obras y también tiene la expresión inquieta.

La información del Museo Nacional de Escultura dice que en España se solía representar a San Nicolás de Tolentino erguido y con hábito, y que esa versión penitente era más bien propia de Hispanoamérica, así que piensan que se pudo enviar allí y después venderse. El que ahora está en el museo lo compró el Estado en una subasta cuando estaba en Francia. Si quiero seguir tirando del hilo de fray Pedro de Góngora tengo que recordar que en San Agustín hubo dos cofradías de penitencia, una con una larga vida que hoy sigue, las Angustias, y otra que apenas está documentada en la primera mitad del siglo XVII. Era la de las Ánimas del Purgatorio y San Nicolás de Tolentino, que resultó de la fusión de dos corporaciones distintas. Hacía una procesión de disciplinantes el Viernes Santo.

Así cristalizó la devoción que se tenía al religioso agustino en la ciudad, ya que se le consideró intercesor para que terminara la epidemia de peste de entre 1601 y 1602, gracias al llamado milagro de Córdoba. En San Agustín quedan un cuadro en que aparece San Nicolás de Tolentino sacando a las almas del purgatorio y una de las pinturas murales. También tuvo el santo altar o retablo que, como cuenta Teodomiro Ramírez de Arellano, destruyeron las tropas de Napoleón, que en febrero de 1810 convirtieron San Agustín en un establo.

Una reconstrucción demasiado atrevida contaría la historia de que algún oficial francés con algo de sensibilidad artística habría reparado en esta escultura y se la llevó a su país, como pasó no pocas veces, y casi dos siglos después apareció en una subasta y volvió a España. Si fray Pedro de Góngora había mediado para que llegasen las imágenes de las Angustias bien pudo hacer lo mismo para otra cofradía de la casa, sobre todo porque la finura de la talla hace pensar en que Juan de Mesa ya es el escultor consumado y dominador de sus últimos años, cuando tuvo que conocer a su paisano. Pero esto no es más que una historia coherente para una novela, bien encajada en una biografía heterodoxa e imposible de relacionar para un libro de historia.

En eso pienso cuando estoy frente al altar mayor de San Agustín y puedo por fin, después de mencionarla tanto y dejarla siempre para el final, girarme al norte y buscar a la Virgen de las Angustias. La vigencia de Juan de Mesa me ha obligado a hablar en presente de su trabajo y sus mejores obras no han dejado de comunicarse con quienes las encuentran. El relato de su vida no puede terminar con el último hálito en su casa de la collación de San Martín de Sevilla, sino con el aliento mucho más perdurable que hizo en sus últimas imágenes, y que él afrontaría con el entusiasmo de acoger un desafío único para entregarlo a su ciudad.

Concebido como un paso de misterio. El monumento a Juan de Mesa en Córdoba, obra de José Manuel Belmonte. Foto del autor

Con la medida exacta para una cofradía, la calle
que Córdoba le dedicó. Foto del autor

La Virgen del Socorro de Córdoba está por estudiar, pero algunos la ven
próxima a la Encarnación de los Terceros en Sevilla. Foto del autor

Con una anatomía muy sutil y gesto de delicadeza, el Niño Jesús del Museo de Bellas Artes de Córdoba. Foto del autor

Al bajarlo de la hornacina se vieron los rasgos y no hubo dudas. San Agustín en la iglesia del mismo nombre de Córdoba. Foto Roldán Serrano / Archivo ABC

28

EL MAGNÍFICAT DE LA TRIBULACIÓN

Aquí no estoy de viaje ni puedo contar historias de encuentros ni reencuentros, ni de un descubrimiento que congela la admiración en un momento que no se acaba. Aquí mi historia es habitual y casi cotidiana, sedimentada con la experiencia de muchos días. A veces tuvo el hábito regular de la liturgia y otras veces dejo pasar demasiado tiempo entre una visita y otra. Podría entonces hablar por mí y contar la historia del músico apenas adolescente que al fin está ante las imágenes de las que tanto ha oído hablar. Antes de llegar su primer Jueves Santo ha ensayado bastantes veces la marcha que le escribió Enrique Báez, y ya en su primera intuición, todavía sin entender lo prodigioso de aquella música, le parece como una narración perfecta para las Angustias.

De la impresión de verla en el interior entonces de San Pablo ya hablé otra vez en público y el resto es una historia que no merece escribirse porque ya está muy contada. Puede que empezase en unos días inciertos tras haber dejado atrás los años de la carrera. Estaba en Córdoba, pero veía el futuro lleno de incógnitas y me encontré haciéndole preguntas una tarde cualquiera ante la reja de su capilla. Luego a sus plantas se fue refrescando la práctica religiosa y volvió la oración, y siguieron la boda ante las imágenes, la túnica de nazareno, los ratos de oración, las misas de los domingos y el servicio en su junta de gobierno.

Cuando voy al encuentro de las dos voces que hablarán de estas imágenes sí que tengo en la cabeza el recuerdo de un día de cielo plomizo, calles vacías y puertas atrancadas que apenas merecía el nombre de Jueves Santo. Rafael González, el sacristán de San Agustín, ha accedido a dejarnos entrar a la iglesia para unas fotografías de las imágenes en sus templos en este 2020 bisiesto y aciago, y no me he resistido a entrar. La Virgen mira hacia el sur y a esa misma hora lo normal es que el sol se cuele por las ventanas y le dé la mejor luz de todo el día, pero eso no pasa en este año oscuro y asustado. La iglesia parece una cueva oscura en que la única iluminación es artificial y está en el camarín.

Allí me siento, y mientras hago de bulto algo animado para las fotografías que se publicarán al día siguiente en el periódico, rezo y escucho y tengo consuelo. Nunca me gustaron los lucernarios modernos, que me recuerdan en el hechizo de las lamparillas eléctricas a las máquinas tragaperras y que hipnotizan a tantos malos visitantes que van echando dinero sin ver las iglesias, pero esta vez he dejado algunas monedas como una oración por mí y por los míos, y así están para siempre en las fotografías de esta mañana que parece noche.

Es lo que recuerdo cuando estoy sentado con Francisco Javier Cañete Calero y Manuel Jiménez. Ahora no he tenido que presentarme para contar mi historia ni vencer los rescoldos que quedan de aquella vieja timidez. Los dos tienen mi número guardado en la memoria del teléfono y los he elegido a ellos después de muchas conversaciones y muchos ratos pasados ante las imágenes o reunidos en su nombre.

Francisco Javier Cañete la conoce con la cercanía entrañable de lo propio. «Recuerdo la cofradía desde chico. Llegaba mi padre el Jueves Santo de trabajar, comía algo, se vestía de nazareno y se iba. Y con cinco años, la imagen no se me ha borrado, la vi en la esquina de Carbonell y Morand con Alfonso XIII. Recuerdo a la Virgen bajando y me preguntaron si quería salir. Les dije que sí, y me dijeron que era hermano desde que nací. A partir de ahí empecé a ir a San Pablo, íbamos a la misa de doce». Su relato no es distinto al de tantos y continúa con los años en que vistió la túnica y conoció a sus cofrades.

Pero en un momento cambia: al final de la adolescencia entró en el seminario y consiguió ordenarse sacerdote. «Veníamos con el cofrade Rafael González Sanz, porque mi padre se llevaba muy bien con él. A la Virgen la veía desnuda desde chico. Era una cosa especial, era algo mío, que no podía ver la mayoría. Aunque he estado muchos años sin poder salir, he venido a verla de forma discreta. El día de la coronación canónica estaba yo en el hospital de Los Morales haciendo la pastoral y terminamos la vigilia en el hospital. Bajamos disparados otro compañero y yo; llegamos justo cuando estaba empezando la misa. Hay una foto en que salgo justamente en la esquina de San Pablo con Capitulares. Cuando estaba de vicario en San Pedro subía y me sentaba en los cultos sin que nadie me viera», recuerda. En 2009 el Obispado lo nombró consiliario de la cofradía, el cargo que en Sevilla y el sur de Andalucía se llama director espiritual. No era la primera vez que lo hacía, pero esta vez era su hermandad, la que conocía y la que daba culto a su Virgen.

Manuel Jiménez también la conocía desde niño, como cualquier cofrade de Córdoba. «Cuando llegabas a San Pablo te agarrabas a la reja y nunca te cansabas de verla, porque es tal el aura que tiene que te encandila», rememora. Llegó en 2011 para estar muy cerca. «Fue tres meses antes de que vinieran de Sevilla, de la restauración en el Instituto Andaluz de Patrimonio Histórico. El hermano mayor, Antonio López de Letona, me propuso vestir a la Virgen. Como cofrade y vestidor no es de las que hubiera tenido ambición de vestirla, como un galardón», confiesa. La primera vez fue cuando las imágenes se repusieron al culto, tras casi un año en el IAPH: «Me avisaron el día en que la Virgen venía, cuando estaba ya en el camión en Sevilla. Yo era un flan, porque era una coyuntura tremenda en que todos los ojos estaban en la Virgen», dice. Quedaban diez días para la Semana Santa. Se había hecho largo y había gente esperando a que las puertas de San Pablo se abrieran aquella tarde. Manuel debutaba vistiéndola.

«Mi primera experiencia con ella fue en la capilla de San José. Estaba allí Mari Carmen Hidalgo, que era camarera. Yo estaba como cuando tienes un ataque de histeria, que roza la locura, nervioso, y al estar al lado de Ella me dio una paz espiritual tremenda. Todos los miedos de la responsabilidad se fueron. La primera experiencia fue la de la paz. Cuando lo cuento es como si la viviera en aquel momento, rodeado por gente a la que no conocía de nada. La palabra idolatría es imposible en mi boca, porque como buen salesiano me enseñaron a querer a la Virgen de una manera no fetichista. Lo devocional superó a lo artístico y pienso que Ella es lo que lo hace todo. Lo mío no tiene mérito, como creo que lo de nadie que pueda estar alrededor de Ella, porque lo hace todo posible», afirma.

De aquel martes en que regresó recuerdo que Luis López de Letona me preguntó que qué me parecía la forma en que estaba vestida. Yo le dije que no me podía fijar, que llevaba casi un año sin verla allí, y que era secundario. Ahora en el fondo de pantalla del ordenador del trabajo tengo una fotografía de ese día, un primer plano espléndido de Valerio Merino en que las lágrimas parecen salirse del monitor. Y sí que acertó. «Cada vez que la hermandad me llama para poner fecha y hasta que la visto me crea un periodo de ansiedad. Muchos artistas confiesan que, a pesar de tener larga trayectoria, sobre todo los grandes, es como si fuera la primera vez. Podría caer en una rutina, pero no. Siempre me ocasiona ansiedad la responsabilidad de poner mis manos sobre Ella en el sentido de que en un momento dado pueda rebajar esa belleza que de por sí ya tiene desnuda», me dirá luego.

En la biografía artística de Juan de Mesa ha aparecido de vez en cuando la palabra versión. Se dedicó a la escultura de imágenes y muchas veces tuvo que volver sobre temas que ya había hecho. Que fueran versiones no quería decir en su caso que hiciera series o que se repitiera, porque su genio creador no se lo habría permitido, y todavía son el termómetro en que se observan sus cambios y su evolución. No le llegó la petición de un San Jerónimo en que pudo haber demostrado el dominio de la anatomía y de la expresión, como su maestro, pero sí que al final de sus días, aunque nadie pensara en que tuviera que morir tan pronto, afrontó el desafío de una gran composición con dos imágenes.

La época de los grandes misterios todavía no había empezado y la iconografía de la Virgen con Cristo muerto en los brazos no tenía muchos antecedentes en Sevilla. Siempre he pensado que tuvo que conocer a la cofradía de las Angustias de niño, en sus procesiones de disciplinantes del Viernes Santo, con la primera imagen titular de la que hablan los documentos. Cuando se fundó, en 1558, era la segunda cofradía penitencial de la ciudad; hoy es la más antigua y la única del siglo XVI que nunca se ha desorganizado ni disuelto. Fray Pedro de Góngora, que ya pudo haberle pedido la imagen de San Agustín, hizo de intermediario con la cofradía y le encargó a los nuevos titulares. En los últimos meses de su vida, en aquel 1627 que para él terminó el 26 de noviembre, se enfrentó a un desafío nuevo que superó con la fuerza que siempre tuvieron sus imágenes y con la destreza del genio consumado que era para aquel entonces.

Aquellos tres días de trabajo de los que habla el testamento los harían los oficiales de su taller. Luego las imágenes se policromaron y llegaron a Córdoba el dieciocho de marzo de 1628. Aquel Viernes Santo ya salieron en Semana Santa y aunque las cuentas de la hermandad reflejen el pago y no el autor, el impacto tuvo que ser inmediato. Y duradero. Su cofradía pasó por muchas dificultades, igual que tantas, pero nunca desapareció y nunca dejó de cuidar a sus titulares. La Virgen estuvo casi siempre en el mismo lugar, en aquella capilla llamada de la Magdalena que cedieron los agustinos en 1558 a la cofradía, y que solamente ha cambiado en el retablo perdido con los franceses y sustituido por uno neoclásico. En 1961 se marchó a la iglesia de San Pablo, donde muchos la conocimos, pero las raíces y el recuerdo de su casa seguían tan presentes que la cofradía terminó por volver en marzo de 2014 a aquel camarín a cuyo pie hay un frontal de altar con su escudo labrado en mármol rojo: el corazón con las siete espadas y la cruz con el sudario.

Cuando hablamos están presentes la Virgen de las Angustias y el Cristo. Puedo describirlos, pero prefiero dejarlo en unas pocas palabras: la madre sostiene con la mano izquierda la cabeza del Señor y lo mira con un dolor profundo y sin aspavientos. Aquí está la pieza maestra de las dolorosas de Juan de Mesa. La única documentada y la que tiene que medir a las demás que se le atribuyan. Si puede dejar de mirarla, el espectador ve caer el brazo izquierdo del Cristo en una curva de ballesta en que el escultor no ha regateado ni un gramo de perfección. No es la primera vez que Manuel habla de Ella como enamorado. Por eso he querido que apareciera.

—De lo que sí he tenido ocasión es de estudiar a la Virgen desde el punto de vista digamos que de imaginero frustrado. He querido analizar el momento de la Piedad, de su maternidad a la hora de acoger el cuerpo del Señor. De ese dolor tan íntimo en que hasta la llaga del costado, al contrario de todas las demás, que sí la muestran, se la guarda para Ella. Está mirándole las llagas del costado al Señor, es un momento entre Ella y su hijo, una vez que lo tiene en su regazo. En este momento, ese dolor lo tiene asumido para Ella sola, para que los demás no sufran con su dolor. Es algo tan bonito, tan de la madre con respecto a su propio hijo y a los que nos consideramos sus hijos. Hasta en ese momento tan fuerte de tener el cuerpo de su hijo recién muerto en sus brazos, con todo el dolor del mundo, Ella se quiere quedar con ese dolor dándole la vuelta a la imagen y acogiéndolo como si fuera su niño, como lo acogió recién nacido. ¿Habrá cosa más bonita, que tú te pongas delante de la Virgen, a la que consideramos nuestra madre, y ahora resulta que también nos protege en ese momento? Es una imagen tan especial que no valen las modas. No es un misterio, es un momento de Ella, es uno de sus dolores. Ni el Señor tiene su advocación, como la mayoría, y es titular de la hermandad. Ella no, es un conjunto, el momento del dolor de la Virgen, es un momento muy femenino.

—Es muy particular —digo—, porque no es un paso de palio, pero tampoco es un misterio, entonces…

—Claro, es como la Soledad de la Virgen. Hay momentos en los que más que Ella, como María, representa su momento, su dolor, su soledad, su angustia. La veo más como el momento de ese dolor.

—Recuerdo ahora las de Gregorio Fernández mirando al cielo, más desgarradas, o las de Salzillo —tercio—. En Ella todo es más suave.

—Sus manos, fijaos con qué dulzura coge la cabeza del Señor —explica el vestidor—. No es una mano desgarrada, donde la tensión te engarrota los dedos de la cabeza del cadáver, es la mano que coge la cabeza del niño, es la dulzura.

—Y el abandono —añade el sacerdote—. Como si estuviera pensando en lo que ha pasado desde el momento de la Anunciación, dándole vueltas a todo: «Era para esto, y esperamos el final». Todo ha sido una sorpresa, porque lo ha hecho Dios a su manera, con cosas imposibles. Y queda lo último. Es el momento humano de las angustias, hasta que llegue la resurrección. La mirada así, fija, como recordando todas las cosas de la vida de Jesús, y ahí está la serenidad, ese estar meditando todo lo que ha ido pasando.

—Me fijo en el contraste entre la policromía y en la postura del Señor —relata Manuel—. Ella es casi manierista, el Señor no tiene la imagen de los crucificados más barrocos. El Cristo de la Buena Muerte es como el Señor nuestro, dulce, de cuerpo sinuoso, un atleta. No es el *Laocoonte*, como el Amor, que es barroco total. Al modo de Velázquez, casi con connotaciones femeninas. Y ese Señor dulce es el que le ponemos a la Virgen, pero fijaos en el rigor mortis, el color mortecino verdoso, la boca amoratada, casi negra, los ojos casi vueltos. El contraste entre la muerte muy acelerada y, sin embargo, la Virgen con su rubor, a pesar del llanto. Para no asustarnos, para que sea más nuestro consuelo. No es el concepto castellano del drama. Dulzura, vida, rubor y belleza en contraste con la muerte, el rigor mortis, la descomposición. No se supone que un cuerpo recién bajado de la cruz esté ya con ese color. El artista lo hace para que lo veas, dentro de la línea de Trento.

—La boca —propongo entonces— siempre ha llamado mucho la atención.

—Sí, parece que tiembla. El color aframbuesado de sus labios es un color bello, pero no es el color fresco de la niña, el carmín, el rubor rosáceo. Es más un color lila, hay muchos matices. No hay boca más bonita, hay profesores que, por ese poquito, como Miñarro, atribuyen la Macarena a Juan de Mesa —prosigue Manuel Jiménez, y lo que llega después tiene mucho de revelación incluso para los que la hemos visto tantas veces—. Es algo sublime, el concepto de ese cuello tan grande, para que no quede totalmente hundida por tener el cuerpo delante. Ese cuello se estiliza, se alarga, domina las perspectivas. Él piensa que delante de un cuerpo la perspectiva lo reduce, porque está en primer plano y siempre se va a ver más grande. Luego la Virgen está detrás, y la hace más grande con respecto al Señor, le alarga el cuello. Las manos son muchísimo más grandes que las del Señor.

—Sí, se ve mucho más grande la Virgen que el Señor —continúa Francisco Javier Cañete.

—No es un concepto de proporciones, sino de dominio de la perspectiva, de pensar que a la Virgen la vas a ver siempre como en un segundo plano donde no se puede quedar aplastada —explica el vestidor—. Siempre hay que verla esbelta. A nivel de estudio, no es maravillosa, es lo siguiente. La Virgen estaba terminada cuando Juan de Mesa murió, no creo que la terminaran sus discípulos. Además, cuando hace testamento y dice que le quedaban tres días, es porque para el artista existe el *non finito*. ¿Conoces algún artista que vea su obra terminada? El verdadero dice que le puede cambiar, que tal vez, que si no crees...

Nunca me había fijado en ese juego de perspectivas, pero no hablaría de Juan de Mesa si no dominara todas las técnicas para que al pie de su camarín yo lo vea todo perfecto y sublime. Ahora la actriz, porque es actriz, hace su papel como una Antígona cristiana. La Virgen está hecha para vestirse, pero no es de candelero. Tiene tallado sin detallar el pecho, el torso y las piernas en que se apoya el Cristo, con un austero vestido negro. Solo los brazos son articulables.

Entre los años 2010 y 2011, Maite Real y Cinta Rubio restauraron a las imágenes en el IAPH y allí recuperaron la que debe de ser la policromía original. La del Cristo, algo verdosa, como de recién muerto. La de la Virgen, como una paleta infinita de colores sutiles. En el siglo XVIII estaban documentadas nuevas lágrimas, ocho y de gran tamaño, que conservaba entonces. En aquel momento la cofradía optó por retirarlas y poner unas más proporcionadas. Tres en la mejilla derecha y dos en la izquierda. La visité allí en el verano de 2010 y recuerdo que, aunque no tuviera brazos y las manos estuvieran en una bandeja, la atmósfera sagrada estaba intacta.

—En la hermandad decimos la Virgen cuando nos referimos a las dos imágenes —recuerdo—. En la composición manda Ella, aunque también esté el Cristo.

—Sí, siendo el principal protagonista el Cristo, sin embargo, en la hermandad y en Córdoba, es la Virgen de las Angustias. Y se refiere a la composición completa —concede el sacerdote.

—No es una titular mariana, es un momento de un dolor de la Virgen —insiste Manuel—. Por eso es la Virgen, y dentro de ese momento doloroso está el Señor.

—Por eso no es ni palio ni misterio.

—Exacto. Totalmente. Es especial.

—Si le quitas el Cristo, la Virgen no es nada, y si le quitas la Virgen tampoco lo es el Cristo.

—La *Pietá* es el momento de Ella. No te dicen el grupo escultórico. Es el momento de la Piedad o de las Angustias.

He manejado en estos días muchos libros y parece que muchos de sus autores, al llegar a la última obra de Juan de Mesa, ya habían agotado los elogios y les apetecía otra cosa, como preguntarse por la disposición de las imágenes y hasta deslizar teorías que la cofradía tendría que aceptar sin rechistar. La postura de las piernas del Cristo no parece natural y el brazo derecho está totalmente extendido, como abrazando a la Virgen. Desde mediados del siglo XX hubo intentos para encontrar la que tendría que haber sido la colocación natural que pensó Juan de Mesa. Varios años espaciados en el tiempo las imágenes salieron en Semana Santa con la cabeza del Cristo reposando sobre el regazo de la Virgen y el cuerpo extendido. Hubo besapiés, pero no terminaba tampoco de encajar. Lo más próximo parecía una propuesta en que el Señor caía en diagonal, de derecha a izquierda del espectador. La cofradía volvió a la postura de siempre, la que está en los cuadros de los siglos XVII y XVIII y la que se deduce de sus cuentas: «Por una imagen de Nuestra Señora de las Angustias y un Cristo grande en los brazos, que se hizo de bulto en la ciudad de Sevilla, 4.003 reales».

Alberto Villar lanzó en 2009 una nueva teoría que unía a las imágenes con una tradición iconográfica centroeuropea. Era la *Vesperbild*, la Virgen de las Vísperas, una composición alemana que optaba por la misma postura que tienen las dos esculturas. O parecida. La más próxima es la de la iglesia de San Juan de Pluwig, una obra de 1550 en piedra caliza policromada en que también pasa el brazo por detrás. Eso sí, como en todas, la cabeza del Cristo está a la izquierda del espectador y con eso también la llaga del costado está a la vista.

Para él no era descabellado pensar que Juan de Mesa había buscado la expresividad del gótico y no es imposible que conociera las obras centroeuropeas a través de la importante colonia alemana que trabajaba en aquella próspera Sevilla. «Juan de Mesa ha realizado con formas barrocas una imagen que bebe en las fuentes de la Piedad gótica. De ahí su aparente contradicción, que es sin embargo consecuente con muchas de las actitudes formales del artista. La necesidad de llegar al sentimiento del fiel le hace buscar un realismo que figurativamente deriva del manierismo, pero que expresivamente recurre al origen gótico del icono. Ciertamente Nuestra Señora de las Angustias es una soberbia representación de la *Vesperbild* alemana», dijo el catedrático.

La otra teoría sería que hubiera más figuras en el conjunto, y también hay grabados de representaciones del traslado al Sepulcro en que el brazo caído es muy parecido al del Señor mientras otra figura sostiene el brazo extendido. Datos no faltan: en 1752 la cofradía encargó a Juan Xavier Cano, el autor de la magnífica peana en que están las imágenes, un San Juan y una Magdalena de los que no hay más rastro. El periodista Álvaro Rodríguez del Moral ha sugerido que podrían tener que ver la cabeza que luego fue Cirineo de Pasión y el San Agustín del altar mayor, como si en su origen hubieran sido los santos José de Arimatea y Nicodemo. Quién sabe. Pregunto a mis interlocutores.

—No tengo dudas —afirma Manuel—. No tengo la carrera de Historia del Arte, pero cuando veo a la Virgen percibo claramente el concepto en que se basó la hermandad desde su fundación: el concepto maternal de la Virgen. La Virgen acoge a su niño como cuando pare y se lo dan. Lo ampara apoyada en su regazo, poniendo una mano en la cabeza, y la otra mano es la que va debajo de la corva de las piernas, porque ahí iría el sudario y va como una madre coge a su hijo. Hay fotos en que está la mano por debajo. Es la única que podría mover. No es una postura cerrada, es abierta y puede coger el sudario. Lo que tiene la Virgen es la Sábana Santa, al Señor lo depositan en ella y se lo dan. Es un momento femenino de salvaguardar a la madre del Señor. El momento de la Sábana Santa está ya ahí. En la mano derecha no tiene los dedos cerrados. Qué cosa más delicada. La postura corresponde a la no igualdad entre una pierna con la otra. Tiene más adelantada la derecha, que es la que hace fuerte.

—¿Y qué pasa con el brazo derecho? —pregunto entonces, para ver por qué está extendido rodeando la espalda.

—Lo veo justificado —interviene Francisco Javier Cañete—. Se le queda por encima. No se cae.

—Yo te cojo en brazos y la mano se queda así. Es una mano relajada —insiste Manuel Jiménez—. No es una mano abierta, y es muy lógico porque se está apoyando sobre el hombro de la Virgen. La Virgen hace una cuna. Ella lo sostiene y lo aguanta, y la que hace fuerza es la derecha.

Recuerdo en lo que me dicen el poema sobrecogedor que le escribió Pablo García Baena, y que hace un resumen asombroso de la vida de la Virgen desde la anunciación hasta ahí: «Glorían a tu sirva que te acuna en la muerte / más que el batir de alas y azucenas del ángel / estas llagas que asperjan con tu sangre la sábana. / Ahora sí soy reina y bendita entre todas. / Ahora lloro el Magníficat de la tribulación». Todo lo que se le puede cantar está en ese texto muchas veces reproducido y pocas bien comprendido.

Siempre pensé que se multiplicaba cuando avanzaba en silencio por la iglesia, pero yo envidio a quienes le pueden ver la cara cuando hay música. Con la eterna *Virgen de las Angustias*, con *El último abrazo de la Madre,* con *Madre de las Angustias* o con alguna marcha cordobesa o de siempre, porque yo llegué hasta allí por la música y ya no la puedo separar. Antonio Moreno Pozo le escribió

Angustiarum Plena, tan de vanguardia, lírica y profunda en el siglo XXI como ella misma cuatro siglos antes. En este 2020, mientras yo escribo este libro, él ha compuesto obras para el Gran Poder, el Cristo de la Conversión y el Amor, fascinado con Juan de Mesa y con el enigma de unas obras que interpelan hoy como el primer día.

Miro entonces la mano izquierda del Señor y me detengo de nuevo en la postura asombrosa de los dedos, contraídos quizá como si el clavo los hubiera dejado así para siempre. La curva de ballesta del brazo está en los seis cuadros que se hicieron de las imágenes muy pronto. Para Alberto Villar son el testimonio de un «éxito iconográfico» casi inmediato. En el mismo siglo XVII ya se pintó mi favorito, el del convento de las Capuchinas, en que la Virgen viste de forma sencilla y hermosa, con un manto de estrellas, y del XVIII, con mucho más detalle, es el del monasterio de Santa Marta. Por esos dos conventos, y por otros que hoy ya no existen, pasaba la Virgen en las décadas de esplendor barroco.

Les pregunto por el Cristo y Francisco Javier Cañete habla de cuando en 2011 fue con el hermano mayor a Sevilla para acompañar a las imágenes tras la restauración. «Nos metieron a Antonio López de Letona y a mí dentro, donde estaban las imágenes, mientras se hacía el documento para firmarlo y recogerla. Estuvimos más de media hora, solos, dándole vueltas, cada uno, por un lado. El Cristo impresiona. Me impresionan esos ojos, que no llegan a estar vueltos, pero casi», y ahí lo une con su vivencia personal, la de un sacerdote acostumbrado a visitar enfermos y a decir funerales.

—Por desgracia veo muchos muertos —cuenta—, y hay unos muertos a los que se les quedan los ojos un poco velados. Los que han padecido hasta la muerte. Cuando estuve de capellán en el hospital Reina Sofía, en la UCI veía muchos, y son ojos que imponen. A los que lo pasan muy mal hasta morir se les pone el ojo medio vuelto y velado. Está muy bien reflejado, y también el sudario empapado en sangre, que nunca se le había visto, y las manos. Choca mucho el rigor mortis que tiene, pero viéndolo después te llama mucho al contemplarlo y al pensar un poco en lo que ha sido ese momento.

—Con la boca entreabierta, parece que todavía sufre.

—Sí —continúa el consiliario— y además que acaba de morir y que se ha quedado en el último suspiro que no ha llegado a terminar, que todavía no ha llegado. Sí, impresiona y llama mucho a pensar en lo que tuvo que pasar, en lo que tuvo que ser hasta morir. No murió como mueren los crucificados, que suele ser rápido. La resistencia física que tuvo para aguantar las tres horas. La muerte es por no poder aguantar más el apoyarte en los pies y las manos para respirar. Se dice que fue en la noche del jueves al viernes, cuando estuvo preso, pero parece que fueron dos o tres días padeciendo.

—El papa Benedicto XVI —recuerdo entonces— deja caer en su libro *Jesús de Nazaret* que debió de ser más tiempo, varios días. Pasaron muchas cosas.

—Claro, y no da tiempo a llevarlo de un sitio a otro, para flagelarlo y para todo.

—En la trayectoria de la pasión pasó por muchas manos y todas para destrozarlo —afirma Manuel Jiménez—. La propia flagelación era casi motivo de haber provocado la muerte: era tremenda.

—Tengo el estudio médico y te pone que la cruz se ponía muy baja, te lo explica todo. Y era imposible que pudiera soportar tanto dolor. El Cristo lo refleja.

—A nivel de imaginería no se manifestaba todo el suplicio de una manera tan dramática. Nos sorprende la película de Mel Gibson, que es más real que lo que tenemos en la imaginería, porque siempre se localizan los sufrimientos de forma espiritual, más sublimado. El peor momento que puedo pasar —revela el vestidor— siempre es coger al Señor, y lo tengo que hacer cuando no hay bastante gente. No es el miedo a poder partirle un dedo, eso es humano. He tenido que meter a un difunto en una caja y cada vez que toco al Señor me viene ese momento, porque es un cadáver. Si hay alguna manera de representar, además de que vemos al Señor, es que cogemos un muerto. Inevitablemente no te fijas en qué bonitos tiene los pies, ni el torso, ni la caballera, es que ves la boca abierta muerta por asfixia. La lengua está morada, negra, porque hay falta de sangre. Son ojos velados. Ruiz Gijón lo pone en el Cristo de la Expiración, en esa veladura de la falta de vida. La verdadera joya que es nuestras Angustias.

En los primeros tiempos, las imágenes no tenían consideración de obras de arte ni tampoco merecían que se recordarse el nombre de su autor. No está en los pagos de la cofradía ni en otro lugar que no sea el testamento de Juan de Mesa, pero sí que hay constancia de la devoción de las imágenes en aquellos cuadros que se multiplicaban y en la vitalidad de su cofradía. Casi un siglo después de que llegasen parece que había quien había descubierto que aquellas esculturas de madera eran valiosas. Los frailes agustinos comenzaron a decir que la Virgen y el Cristo les pertenecían y querían probarlo con el encargo que había hecho uno de los suyos, fray Pedro de Góngora, a Juan de Mesa.

El pleito duró cinco años, en tres instancias distintas y la cofradía siempre ganó: en 1722 le dio la razón el Obispado de Córdoba; en 1724 la Real Chancillería de Granada y en 1726 el Arzobispado de Toledo, primado de España. Allí demostraron que, aunque el agustino actuara de intermediario, los recibos decían que la cofradía había pagado la hechura y el traslado desde Sevilla. Los suyos aprendieron entonces que tenían que proteger a sus imágenes y lo hicieron varias veces más.

Entre los años 1810 y 1815 los franceses ocuparon San Agustín y la cofradía se marchó a San Nicolás. En 1936 el entonces hermano mayor, Manuel Revuelto, se llevó las imágenes a su casa para protegerlas de las amenazas que habían empezado cuando ese Viernes Santo las Angustias fue la única cofradía que salió en Semana Santa. No eran infundadas, porque quemaron el retablo mayor. Durante años el Cristo llevó sudario bordado, pero jamás perdió el que talló Juan de Mesa, que es el que ahora está a la vista con toda la amplitud de sus volúmenes y con el hilo de sangre del costado que cae. «Con la de manos que han pasado por aquí y lo bien que se han conservado», afirma Manuel. La conversación sigue por la unción y por todo lo que comunican las imágenes, y toma la palabra el sacerdote.

—Claro, es que no es quedarte mirando arte, es que te hace entrar y meditar en lo que ha hecho por ti. Ves el sufrimiento humano en la parte humana de Dios como el que tú puedes tener. Y, sin embargo, acepta ese sufrimiento para sublimarlo y de lo que es muerte sacar vida, para que tú después puedas también vivir cuando llegue el momento de la muerte. Lo que pasa es que es más espiritual. Al mirarlo produce ya no la admiración de la obra, sino que me invita a recogerme, a meditar en mi vida y en lo que ha hecho y en lo que espero desde la fe. Eso me hace mirarlo de una forma distinta a contemplar cualquier obra de arte: es una expresión de mi fe, que es lo que creo y lo que espero. Morir para no quedar en la muerte, morir para después tener vida. El dolor de la Virgen con esperanza de decir: «Dios, desde el primer momento, me ha pedido una cosa que es imposible, he confiado y lo ha sacado. Le preguntan si quiere ser la madre de Dios, y dice cómo será posible, pero no porque dude». Con la idea de consagrarse a Dios. Te lo dice cualquiera y te ríes, y, sin embargo, lo cree de verdad y ve cómo se va realizando. Me recuerda el momento de las Angustias la profecía de Simeón y la de Ana: «Guardaba todas las cosas en su corazón». Eso es que las meditaba, y es el momento último en que está meditando toda la vida de su hijo, todo lo que se ha dicho sobre él y lo que se ha anunciado. Ha puesto las cosas oscuras, pero lo ha sacado. Ahora falta el culmen, que es la resurrección. Cómo sería, Ella no lo sabía. Es el momento de meditarlo todo, de saber que se había cumplido todo a falta de lo último. El abandono a pesar de su dolor. Como cualquier madre que le matan al hijo de esa forma, tiene que ser un momento de locura, pero confía en lo que Dios le ha dicho y espera.

—Desde el punto de vista artístico —continúa el vestidor—, yo sí puedo decir que a mí me da mucho coraje que, cuando se hace una obra que va a representar a la Virgen o al Señor, se le desposea de lo que es indefinible para humanizarlo en exceso. Se hacen imágenes donde se rebaja la categoría de Dios al estatus tan cercano nuestro de estar de igual a igual. No puedes hacer una Virgen tan extremadamente bella, tan humana, que esté por encima de la espiritualidad. Siempre tiene que desprender la espiritualidad. A partir del Concilio de Trento está claro que hubo un canon en que se dijo cómo había que hacerlo. No era mostrar a la Virgen cercana, igual a mi madre, porque sería una madre más. Fue la escogida de Dios, puede ser sencilla, pero era la escogida, la que se hace esclava. ¿Cómo vas a mostrar eso? Murillo pone una luz en los ojos, unas luces, un aura, la unción. El pintor muestra no a la niña bonita de Sevilla, sino ese haz de luz, que representa la virginidad, la espiritualidad, la dulzura. Más cuando es una dolorosa, no puede rozar la fealdad. Siempre se representa joven para mostrarnos que ni la fealdad ni la vejez llegaron a ella.

—Una más, pero no una más —puntualiza el consiliario—. Me estaba recordando lo que decían las mujeres mayores: «Esa niña es que tiene una cosita…».

—Hay ciertos predicadores que decían que era una más. Primero, es una niña con quince años a la que se manifiesta un ángel, que dice que quiere ser la esclava del Señor.

—Lo primero tenía que ser una fe profunda, para creerse esa aparición.

—Y dentro del mundo judío, con lo que significaba quedarse embarazada del Espíritu Santo.

—No se puede representar de cualquier manera, no

se puede coger a tu hermana. Miguel Ángel sí sabe dotar esa unción en la Piedad. Sí, más que a su mujer, a su niño, donde los rasgos se repiten.

—La fe —resume entonces Francisco Javier Cañete— es una cosa que tienes que ir cuidando. No te puedes estancar. La fe es una cosa viva hasta el último momento, y la Virgen fue una más en el sentido de que hacía todo como cualquier mujer de su tiempo, pero con una fe tan profunda que supo dar el paso hacia Dios.

Hemos hablado en algún momento de la mano derecha de la Virgen, en la que los dedos índice, corazón y pulgar parecen sostener algo. Para el vestidor, podía ser una parte del lienzo en que se envuelve el cuerpo de Cristo. En el siglo XX muchos se preguntaron qué faltaba allí y el cofrade José Murillo Rojas, hermano mayor en el momento de la coronación canónica del once de octubre de 1987, encontró la respuesta en el cuadro del convento de las Capuchinas. La Virgen llevaba en la mano derecha una espina, como si se la hubiera quitado al Cristo de la frente, de la ceja en que muestra todavía el agujero. Ahora vuelve a llevarla. Al final de su vida el escultor volvió otra vez a dejar la firma o a clamar por los hijos que no habían nacido.

A los cuarenta y cuatro años me miro y aunque no tengo en común con Juan de Mesa más que la edad con la que escribo este libro, también siento que he coronado una cima modesta. He hecho en mi vida más cosas que leer sobre él y buscar sus obras, pero la tinta de estas letras es la del niño fascinado por la Semana Santa, la del lector de suplementos de periódicos de Córdoba y Sevilla que miraba la letanía de advocaciones y de autores y más tarde las fotografías en color, y la del joven que por fin se asomó en persona y que alguna vez tuvo que retirarse para poder volver. Cuando me asomo al precipicio de terminar el libro y me tengo que atar las manos para no volver a quitar ni a poner, me he dado cuenta de que después de tantas quimeras es su sombra la que me ha obligado, mucho más que mi propia iniciativa, a escribir, aunque sea con magra creatividad. Corriendo como un pájaro sin alas ni fuerzas detrás de la sombra de un ave majestuosa que domina el paisaje.

Vuelvo a pensar en la Virgen de las Angustias en una tarde de Jueves Santo en que me volví para mirarla. Los ojos llorosos y serenos, la boca que gemía, la piel tan sutil y la mano que sostenía al Cristo como a un niño me secaron la garganta y tuve que bajar la cabeza bajo el capirote. Juan de Mesa no paró nunca de volar, pero la muerte no lo esperó hasta la decadencia o la rutina y lo quiso sorprender cuando iba camino de nuevas alturas.

Sevilla-La Rambla-Osuna-Las Cabezas de San Juan-Córdoba
Enero a septiembre de 2020

Acaba de morir y tiene el último suspiro. Cristo de las Angustias. Foto: Antonio Varo

La Virgen de las Angustias con su rubor, a pesar del llanto. Foto: Antonio Varo

El dolor de la madre, la curva de ballesta de la mano del Cristo. Foto: Antonio Varo

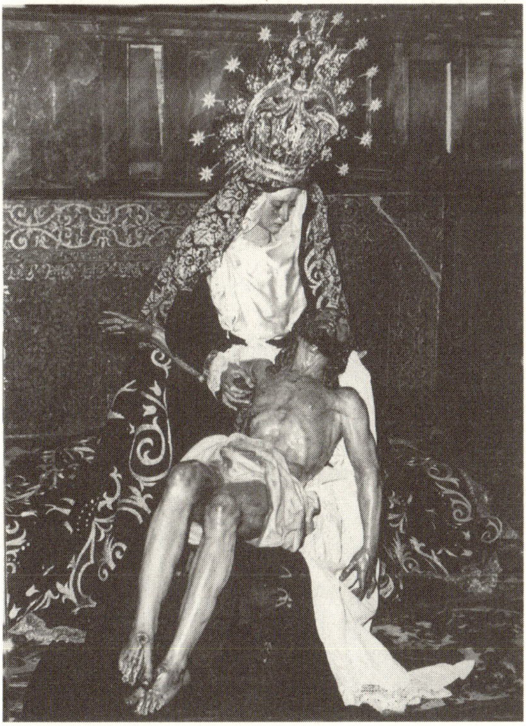

Una postura alternativa de las imágenes de las Angustias. Foto: Rafael Murillo Rojas

EN EL DEBE

Este libro tiene que anotar en la columna del debe un agradecimiento a todas las personas que, en estos meses, la mayoría sin conocerme en absoluto, me han concedido su tiempo para hablar de Juan de Mesa y sus imágenes. Sus nombres se reparten a lo largo de las páginas y bien se ve que todo esto habría sido imposible sin ellos. También me ayudaron Luis López de Letona, Manuel Ramírez y mis compañeros Javier Comas y Fran López de Paz al proporcionarme no sólo teléfonos, sino también la referencia —«me ha facilitado su número…»— que me abrió la puerta para que las personas a las que llamé quisieran hablar conmigo. Quiero hacer constar la generosidad con que Manuel Jesús Rodríguez Rechi, Javier Comas, Antonio Varo, María Dolores Marchena, Andrés Fresno, José Carlos Pérez Morales y José Antonio Cabello me han cedido las fotografías que ilustran este libro y que me sirven para revivir sin parar estos viajes inolvidables. Valerio Merino me hizo de forma espontánea la fotografía de la solapa, una de las pocas en que me reconozco, y en el archivo de ABC encontré algunas fotografías y páginas imprescindibles. Antonio Varo me ayudó a caer en la cuenta de que en un funeral del siglo XVII era más probable el terrible *Dies irae* que los consoladores salmos de hoy y Paco Román me dio el dato del momento en que se rotuló en Córdoba una calle con el nombre de Juan de Mesa. Mi editora, Rosa García Perea, también me pasó teléfonos valiosos y me insistió para escribir este libro.

Le agradezco el entusiasmo con que he pasado los meses de este año tan difícil. Mi esposa y mis hijas soportaron las ausencias de los viajes a los que no pudieron acompañarme y los muchos ratos escribiendo.

Debo hablar también de las lecturas que guiaron para escribir este libro a un periodista con conocimientos poco profundos en Historia del Arte. El principal es la gran monografía que editó Tartessos en 2006 con textos de Enrique Pareja, Álvaro Dávila-Armero del Arenal y José Carlos Pérez Morales, entre otros. Una obra capital son las actas del congreso *Juan de Mesa (1627-2002), visiones y revisiones* (Publicaciones de la Universidad de Córdoba, 2003) que coordinaron Alberto Villar Movellán y Antonio Urquízar Herrera. La bibliografía se completa con el clásico *Juan de Mesa*, de José Hernández Díaz (Diputación Provincial de Sevilla, 1983); *El Crucificado en la imaginería andaluza del siglo XVII*, de Ángel Aroca Lara (Cajasur, Córdoba, 1987); el manual *Escultura barroca en España (1600-1700)* de Juan José Martín González (Cátedra, 1983), y dos novelas: *El hombre que habló con Dios: Juan Martínez Montañés*, de Vicente Rus Herrera (Sevilla, Rodríguez Castillejo, 1990), y *El hombre que esculpió a Dios* (Córdoba, Almuzara, 2016), de Fernando Carrasco, con quien tanto me hubiera gustado hablar de este libro. *Aguaceros de luz. Meditaciones junto a la cruz*, de Marco Antonio Coronel, me ayudó no sólo a conocer al Cristo de la Misericordia, sino también a profundizar en la fe. Han sido imprescindibles, por gentileza de sus cofradías, el libro *La hermandad de los Estudiantes. Noventa años de historia*, de Antonio Gutiérrez de la Peña (Editorial Universidad de Sevilla, 2016), los anuarios del Gran Poder y de los Estudiantes y la publicación *Cristo de la Conversión del Buen Ladrón. Arte, iconografía y devoción*, que hizo la Fundación Unicaja por el Vía Crucis de Sevilla en 2019. Los libros de Carlos Colón no los repetiré por figurar ya en el capítulo de mi conversación con él, y no quiero olvidarme de la fundamental *Semana Santa. Antología literaria*, que preparó con tan buen gusto como exquisito criterio Francisco Robles. He recurrido además a *La hermandad de las Angustias y la Semana Santa de Córdoba durante los siglos XVI al XX*, de Juan Aranda Doncel (Córdoba, Cajasur, 2005) y al catálogo *Angustias. Fe, historia y patrimonio* (Diputación de Córdoba, 2009). Reconozco mi gratitud e invito a consultar, para saber mucho más, estas obras y también las muy completas páginas web de las cofradías y las publicaciones ABC y su revista *Pasión en Sevilla.*

Este libro se terminó de imprimir, en su primera edición, por encargo de la editorial Almuzara, el 19 de febrero 2021, festividad del Beato Álvaro de Córdoba, santo para el pueblo, que trajo a Occidente el rezo del Vía Crucis y difundió la iconografía y advocación de Nuestra Señora de las Angustias.